珞珈国学丛书研究系列

现代新儒家易学思想研究

刘乐恒 著

商务印书馆
2018年·北京

图书在版编目（CIP）数据

现代新儒家易学思想研究 / 刘乐恒著. — 北京：商务印书馆，2018
（珞珈国学丛书）
ISBN 978-7-100-16081-0

Ⅰ.①现… Ⅱ.①刘… Ⅲ.①儒学－研究②《周易》－研究 Ⅳ.①B222.05②B221.5

中国版本图书馆CIP数据核字（2018）第082339号

权利保留，侵权必究。

（珞珈国学丛书）
现代新儒家易学思想研究
刘乐恒 著

商 务 印 书 馆 出 版
（北京王府井大街36号 邮政编码100710）
商 务 印 书 馆 发 行
三河市尚艺印装有限公司印刷
ISBN 978-7-100-16081-0

2018年6月第1版　　开本 640×960　1/16
2018年6月第1次印刷　印张 17 1/4

定价：60.00元

本书为武汉大学人文社会科学青年学者学术发展计划
"中国哲学心性问题的现代性阐释"（项目号：Whu2016002）
阶段性成果，并受武汉大学国学院资助出版。

总　序

我们武汉大学有国学教学与研究的传统，近代以来有黄侃等国学大师及章黄学派的统系，有熊十力、闻一多、吴宓、李剑农、杨树达、高亨、范寿康、朱光潜、刘赜、刘永济、黄焯、谭戒甫、唐长孺、吴于廑、程千帆等大师，一直高度重视小学（古文字学）、经典新诠与中西学术互动，有深厚的基础。

2001年，我们综合文、史、哲的师资，在国内首先创办了国学本科试验班。此前全国高校尚没有办这样的国学班。我们坚持下来了，每年一届，至今已连续十二年招生。我们的宗旨是培养一批对我国传统小学、经学、史学、子学、文学与宗教的基本知识、基础典籍和治学门径有一定理解，能熟练阅读中国古典文献，至少掌握两门外文，且熟悉当今世界人文学科走向，又会熟练地使用计算机、互联网等现代化手段的复合型人才。国学班采用"小班授课、经典导读"的方式，克服了六十多年来我国大陆文科教育分科太细，又只有通论、通专史课程而不读经典的毛病。我们强调从认字开始，除文字学、音韵学、训诂学、目录学、文献学外，相继开出《说文解字注》《广雅疏证》《四书》《诗经》《尚书》《周易》《礼记》《左传》《史记》《汉书》《后汉书》《三国志》《老子》《墨子》《庄子》《荀子》《楚辞》《文选》《文心雕龙》与出土简帛文献等的导读或研读课程，还开了国学通论、国学研究方法论、海外中国学、印度佛学等课程。我们还请人用英语开了《理想国》《圣经》等西方经典课程。武汉大学国学班的创建与实践的经验在全国范围内产生了一定的反响。2010年12月，"国学"

专业作为武汉大学唯一的人文学实验班纳入武汉大学"基础学科拔尖学生培养实验计划（珠峰计划）"，成立了"弘毅学堂"国学班。

为了进一步推动国学研究和教学，同时为有志于国学研究的学子提供继续深造的专业平台，我们于2005年至2007年挂靠汉语言文字学专业，招收国学硕士生。2007年底，我校在哲学一级学科之下自行增列了国学专业的硕士点与博士点，于2008年上报国务院学位委员会备案，2009年正式招生。这也是国内首创。我校国学硕士、博士点设有：（1）经学研究方向；（2）子学研究方向；（3）史部典籍研究方向；（4）集部研究方向；（5）佛教与道教研究方向。目前已经有两届硕士毕业生，一届博士毕业生。

在十年学科建设的基础上，2010年3月，武汉大学国学院正式挂牌成立。我们在教学实践中强调打好坚实的基础，又强调开放性，我们常请海内外知名专家给国学班同学上课或做学术演讲。同时，把读万卷书与行万里路结合起来，强调实地踏访古文化遗迹。

武汉大学国学院是目前国内唯一具有国学本科、硕士、博士完整培养体系的教学研究单位。十多年来，我们在国家主管部门尚未正式设立国学学科的情况下，本着邓小平同志"不争论"与"摸着石头过河"的精神，努力实践，开拓创新。我们不为别的，只是想为将来留下一点能读古书的人，把文化传承下去，并与各文明对话。我们的教育不仅是知识性的，更重要的是培养学生具有崇高的社会理想与价值理想、较高的人生境界与认真做事的精神，故学生们一部分成为关心国事民瘼的读书种子，另一部分毕业后从事其他各项事业。他们都感到国学训练使他们受益无穷。我们鼓励学子们做推广国学、弘扬传统文化的志愿者。他们中有不少人到海内外名校继续深造。

国学班、国学硕博士点、国学院的设立，所为何事？

首先，是对世纪之交以来"国学热"的回应。自20世纪90年代起，中国大陆先后兴起了"中国传统文化热"和"国学热"。但我们认为，"国学"作为中国固有的学术传统，具有严肃的学术意义和艰深的学术内容，不应当徘徊在文化消费的"潮流"和"时尚"层面上。国学班的教育，是对社会上"国学热"浪潮的严肃的教育回应。

其次，是对大学文科教育模式的反思和超越。中国大陆现有的大学人文学科的培养模式主要是原苏联"概论加通史"的模式和西方现代学科体系文、史、哲的分割，存在一定的弊病。因此，我们尤其强调中西经典的教育与文、史、哲的融通，作为对现有人文学科分科的补充，希望探索出一套新的模式，更加有利于人的全面发展，特别是学生原创性的培育。

再次，是对复合型人才社会需求的认识。随着中国逐渐振兴富强，中国文化也在复兴。中国不仅越来越多地参与到国际事务中，中国文化作为人类文明最古老最悠久的传统之一，在国际上也应该参与到与异质文明，尤其是强势的西方文明的平等对话之中。面对转型与文化复兴，社会将逐渐出现对有深厚国学素养和传统文化底蕴的复合型人才的需求。

我们国学院正式成立之后，即谋划出版一套《珞珈国学丛书》，分为两个系列，一个是教材系列，另一个是研究系列。这套丛书的作者均是在我们国学院任教或做过研究的严谨的老中青学者。教材系列是经我们本科与研究生教学试用过的优秀教材，可供全国各高校文科教学选用。研究系列既有学术专著，也有专题学术论文集，书稿都经过学术委员会审查，力图为学术界奉献学术精品。当然，各书文责由各位作者自负。

承蒙商务印书馆领导与同仁的厚爱与支持，经协商，这套丛书在该社出版。衷心感谢商务印书馆的各级领导与各书的责任编辑同志。这套丛书卷帙浩繁,难免出现问题与瑕疵,敬请方家、读者不吝指教。

是为序。

郭齐勇
壬辰岁末于珞珈山

目 录

引 论……1

第一章 寂感·观象·六艺——马一浮易学思想新诠……16
    一、承续伊川易学……16
    二、寂感与六艺……24
    三、三易与六艺……32
    四、观象与六艺……37
    五、总结……52

第二章 《周易》语境下的"本体—工夫论"——马一浮知能观疏解……57
    一、全性起修……61
    二、全修在性……69
    三、性修不二……73
    四、总结……76

第三章 翕辟成变与乾元性体——熊十力易学思想抉要……79
    一、翕辟成变……80
    二、乾元性体……87

三、归宗孔《易》……93

四、《易纬》阐义……99

五、《易》通六艺……105

六、总结……109

第四章 常变、体用、翕辟之际——熊十力易学思想中若干重要论题新探……116

一、常与变之际……116

二、体与用之际……121

三、翕与辟之际……126

四、反己与外推之际……130

五、总结……133

第五章 疏解马一浮与熊十力围绕"三易"而引发的现代儒学公案……136

一、总述马一浮与熊十力的三易说……137

二、在不易与变易之间……140

三、熊马三易之辩省思……149

第六章 "一阴一阳之谓道"——论唐君毅哲学思想中的《周易》之维……153

一、心灵九境与阴阳感通……154

二、知识论与阴阳感通……165

三、道德实践与阴阳感通……173

四、形上境界与阴阳感通……177

五、总结……180

第七章　感通与阴阳——唐君毅《周易》研究述要……183
　　一、卜筮与感通……184
　　二、观象与修德……189
　　三、天道与人性……192
　　四、相继与相感……196
　　五、太极与生生……201
　　六、总结……205

第八章　道德的形上学与寂感真幾——牟宗三对《易传》思想的新界说……209
　　一、牟宗三对熊十力易学思想的继承与扩展……210
　　二、牟宗三对《易传》思想的定位……216
　　三、《易传》与道德的形上学……218
　　四、寂感真幾……227
　　五、总结……231

现代新儒家易学思想研究文献辑要……233

附录：论孟子的"外推"思想……239

参考文献……259

后　记……261

引　论

　　《周易》是中国哲学的源头。中国哲学中的阴阳、太极、天人、性命、体用、理气、动静、神化、寂感等重要论题，都以《周易》经传为其渊薮所在。在中国哲学史上，儒学与《周易》有着互动相通的关系。《周易》经传中所蕴含的"天人合一"、"以德配天"、"天道性命"、"生生不息"等重要思想，在先秦儒学各大家如孔子（约前551—约前479）、子思（前483—前402）、孟子（前372—前289）、荀子（约前313—前238）等的思想中皆有所体现。宋明理学则是儒学的第二个繁荣和创新的大时期。在这一时期中，理学与易学的关系更为密切。宋代的周敦颐（1017—1073）、张载（1020—1077）、程颢（1032—1085）、程颐（1033—1107）、朱熹（1130—1200）、杨简（1141—1226）等理学宗匠，或出于应对佛道挑战的考虑，或本于其对天道性命的体会，最终无不从《周易》思想中汲取精神营养，以作为其理学思想的重要资源。因此根据笔者的理解，在某种程度上说，宋明理学史其实就是一部宋明易学史。而作为儒学第三期发展之开辟阶段的现代新儒学，因其要超化国人乃至全人类的意义危机，兼回应西方与现代各种思想的挑战，因此也强调借鉴并转化《周易》经传（特别是《易传》）中的思想资源，以此建立各自的儒学与易学思想系统。在现代新儒家中，马一浮（1883—1967）的"六艺论"、熊十力（1885—1968）的"新唯识论"、唐君毅（1909—1978）的"心通九境"乃至牟宗三（1909—1995）的"道德的形上学"，都无不与《周易》哲学息息相关。而前三人的新儒学思想系统甚至就是建立在其对《周易》哲学的阐释的基础上的。正是通过将《周易》哲学与儒学精神进行互动互润,现代新儒学乃得以塑造出其独特、深邃、丰富、简易的思想特色。由此可见,如果我们不对现代新儒家的易学思想做出系统深入的研探,那么我们在现代新儒学乃至现代易学史的研究上,则未免有所遗憾。故笔者不揣学识荒疏,试图在这方面有所着力。本书的研究虽不能做到探赜索隐,钩深致远,然管中窥豹,时见一斑,此书或可作为相关研究第一阶段的基础性、总结性述著,如此则似非无益之事也。

一

我们辨析与评判现代新儒家的易学思想,具有三方面的研究意义。首先,这对于现代新儒学的研究意义重大。从整体上说,如前所言,对《周易》经传义理的诠释与发挥,在某种程度上是现代新儒家建立其儒学思想系统的关键性、基础性的内容。因此,专题性地研究现代新儒家的易学思想,有助于我们更深入地理解与评价整个现代新儒学思潮的思想特色与思想位置。而从具体上说,现代新儒学虽然是整全的思想与学术流派,但其内部存在着各种复杂的思想脉络与思想取向。围绕这些思想取向,现代新儒学内部亦曾有过探讨与辩论,而这些探讨与辩论有时是围绕易学思想而展开的。因此,深入研究现代新儒家的易学思想及其内部的互动与辩论,有助于我们深入把握新儒学内部各种根源性的哲学问题与线索。

其次,这对于易学思想和易学史的研究富含价值。现代新儒学思想不但是对传统儒学的继承与转进,而且也是对传统易学的继承与转进。新儒学诸家一方面辨析并阐发了传统易学如《易传》、伊川易学、船山易学等儒家易学的思想与精神,另一方面则在现代的背景下逐渐形成了新的义理易学的流派与方向。因此,系统研究现代新儒家的易学思想，无疑可以揭示出这个新的义理易学流派的内涵、脉络及其在易学史与哲学史上的位置。①

最后，现代新儒家易学思想可以推进中国哲学与中国文化的研究，并使之拓展出新局面、新视野。根据笔者的理解，现代新儒学在对《周易》与易学史的学术性研究上应该及不上其他学术流派与研究组织，同时它也并不以继承传统经学作为其最重要的志业，但它通过义理和哲学的角度，对《周易》哲学与易学思想确有推动与贡献。具体地说，现代新儒家要返本溯源，融会贯通，阐发大《易》，标立新思，在现代的背景下贞定中华文化与中国哲学的意蕴与价值，彰显出一个具有生机的人文世界与意义世界。据此，现代新儒家对于这个人文世界与意义世界的展示，则多以《周易》哲学中的"感通"、"寂感"、"生生"、"天人"、"翕辟"、"观象"、"乾元"、"不易、变易、简易"等论题为基本线索。新儒家对这些论题的阐发，既塑造了其思想的特色、旨趣、方向，同时也酝酿了中国哲学的新视野、新方法的可能性。例如马一浮通过《易传》"寂然不动、感而遂通"的思想阐发出其"本体—工夫论"，熊十力通过"翕辟成变"的思想展示出其"本体—宇宙论"，唐君毅则通过心与境的"阴阳感通"的思想呈现出其"心灵九境"的大系统。这些建立在《周易》哲学基础上的新儒学思想进路，都必将对未来的中国哲学构成深远影响。

综上所述，研究现代新儒家的易学思想，在现代新儒学的研究方面，在《周易》哲学与易学思想史的研究方面，都有重要而独特的意义。

正因为研究现代新儒家易学思想具有上述意义，同时因为现代

---

① 参见黄黎星：《乾坤大义的现代启示（上）——当代新儒家易学思想综论》，《周易研究》1998年第1期。

新儒学本身就与《周易》有着内在关联，因此当代学界对于这一论题亦有所重视，并积累了一些相关的研究成果。当然，这些研究在系统性、深度上尚有可推进之处，但其无疑可以成为本书以及我们日后进一步研究的基础。现先将相关的研究现状作一综述。综述分为整体性研究与具体个案研究两方面。

首先，在整体性研究上，学界的相关研究成果虽然不算太多，但皆能提纲挈领、抓住重点，颇具统领性与指引性。这主要体现在黄黎星《当代新儒家易学思想综论》与郭齐勇《现代新儒家的易学思想论纲》等论文中。① 这些研究（特别是这两篇论文）初步总结出现代新儒家易学思想的若干整体性特征，其中黄氏一文尤为详审。现将目前学界的相关观点凝练如下：一、学派特色。现代新儒学特别重视对《周易》的义理与哲学的阐发，而不太重视象数学与易学史方面的研究，甚至排斥汉《易》象数论与清人所崇仰的"汉学"，因此现代新儒学可称为易学上的"现代新义理派"。这一新义理派以继承和发展宋代义理派易学为己任。二、代表人物。学界普遍将熊十力、马一浮、冯友兰（1895—1990）、方东美（1899—1977）、唐君毅、牟宗三、徐复观（1904—1982）等视作在《周易》哲学或易学思想史的研究上有所成就的大家。三、思想资源。现代新儒家普遍重视并发挥《易传》的意义与价值，其中马一浮与熊十力等人更将《易传》视作与孔子有直接关联的文本。四、释《易》方式。现代新儒学对《易传》进行"本体宇宙论"的解读，与海外汉学的"宇宙演化"和中国大陆的"辩证发展"两种研究角度构成明显的对比；另外，除了"本

---

① 相关的研究成果主要有杨庆中：《中国易学研究在21世纪》，《中国哲学史》2001年第4期；黄黎星：《乾坤大义的现代启示（上）——当代新儒家易学思想综论》，《周易研究》1998年第1期；黄黎星：《乾坤大义的现代启示（下）——当代新儒家易学思想综论》，《周易研究》1998年第2期；郭齐勇：《现代新儒家的易学思想论纲》，《周易研究》2004年第4期；史怀刚：《现代新儒家易学思想特点论略——以马、熊、牟、唐四先生为中心》，《北方论丛》2011年第1期；等等。

体宇宙论"的解读外，新儒家还阐发了《周易》所蕴含的德性义理与实践智慧。五、现代意蕴。现代新儒家易学思想具有对比与会通中西哲学的特色，同时它重视并发掘出《周易》哲学中的体用互涵、生生健动、从体起用等思想维度，以此回应西方挑战，并在现代情景下彰显《周易》哲学的现代性意义。

当然，上述整体性研究尚有可推进之处。根据笔者的理解，这里可分出五个方面作推进：一、对于现代新儒家易学思想的得与失、贡献与不足，学界尚未有更深入系统的界说；二、对于《周易》在诸位新儒家思想中的位置与作用，尚需疏通辨析；三、尚未对各家在易学思想上的异同与分歧做出深入考察；四、尚未将现代新儒家易学思想与现代易学史上的其他流派做出充分对比；五、对现代新儒家易学思想与其所继承的思想资源（特别是先秦易学思想）之间的关系，尚缺乏深入论述。

二

前文从一个整体性的角度，将现代新儒家易学思想的研究意义和整体性的研究成果略作概述。在这里，我们将再作具体性、个案性的论述。

我们研究现代新儒家易学思想，则首先需要界说"现代新儒家"。对于现代新儒家的划分，比较流行的观点是由刘述先先生所提出的。刘述先既是新儒学第三代的代表人物，同时又是现代新儒学的研究者。他将现代新儒学作广狭二义的区分。狭义的新儒学被称作"当代新儒学"（Contemporary Neo-Confucianism），广义的新儒学则被称作"现代新儒学"（Contemporary New Confucianism）。广义的现代新儒学分为三代四群的架构，当中包含了众多人物；狭义的当代新儒学则仅包含熊十力及其弟子与后学。①笔者认为,这一观点将新儒家分作广狭二义,确实不无道理。不过相对之下,吴汝钧先生的提法则更为笔者所继承。他认为要能成为现代新儒学的代表性人物,那么他应可提供出具系统性并有思想分量的论著,以展示出他对传统儒学的创造性诠释。据此,他认为有六位思想家具备这一条件,即马一浮、熊十力、梁漱溟、唐君毅、徐复观、牟宗三六人。笔者继承这一观点,并在此基础上再将之分为三系,此即:思想—政治系,以梁漱溟、徐复观为代表;心性—思辨系,以熊十力、牟宗三为代表;心性—人文系,以马一浮、唐君毅为代表。②本书的相关研究将以这一划分为基本的背景和脉络。据此,一些重要的哲学思想家如方东美等并未纳入本书的研究当中。③另外,在上述六家当中,马、熊、唐、牟四家的儒学思想与其对《周易》哲学的阐发有着内在的相关性,而梁、徐二家虽然对《周易》哲学与易学思想也有深度的研探,但因为易学思想在梁、徐二氏的学术思想中并不具有重要而关键的位置,因此本书对二氏之易学思想与易学研究不作详探。

在这里,我们应逐一概述当代学界对马、熊、唐、牟四家易学

---

① 参见刘述先:《论儒家哲学的三个大时代》,香港中文大学出版社2008年版,第191—193页。

② 参见刘乐恒:《马一浮六艺论新诠》,上海古籍出版社2015年版,第328—334页。按:思想—政治系为谢远荀博士所提出,并被笔者所采纳。另外,杨少涵博士也认为现代新儒家可分为这三系,但他向笔者指出,马一浮、唐君毅一系可名为"仁者型的新儒家",熊十力、牟宗三一系可名为"智者型的新儒家",梁漱溟、徐复观一系则可名为"勇者型的新儒家"。他并认为以智、仁、勇三名分表三系,并非仅就其人格风范而言,而其中可具哲学思想上的意义。

③ 按:方东美先生通过《周易》思想而推演出一套"生生哲学"。"生生哲学"的内涵相当丰富,它融合中、印、西的文化与智慧,契合伯格森、怀特海的生命哲学,创造性地诠释了《周易》经传中"生生之德"、"旁通之理"、"趣时变通"、"宇宙演化"等论题,并由此构建出一套以生命为本体的机体主义哲学。不过,就其思想的整体取向而言,方氏是兼通儒、佛、道思想的哲学大家,他倾向采取综合性、横向性的视野与思路,并栖心道家境界。这与马、熊、唐、牟等的纵贯性思路以及明确的儒家立场,构成很大的差异。

思想的研究现状。首先是马一浮易学思想的研究。马一浮在现代新儒家中颇具独特性。他文风古雅，不事著述，坚持传统学问的治学风格与表达方式，因此经常被当代学界所忽略。但马一浮是现代新儒学的一位大家，这确是毋庸置疑之事。同时，因为马氏的新儒学思想系统"六艺论"就是建立在其易学思想的基础上，因此马氏的易学思想更值得我们深入研探。在这论题上，相关的研究论文有陆宝千《马一浮之易学——儒学新体系之基础》、陈来《马一浮的理气体用论》、高迎刚《论马一浮"六艺之学"视野中的易学研究》、周山《马一浮的易学研究——读〈观象卮言〉有感》与杨淑琼《马一浮〈易〉学观略论》等等。[①] 拙著《马一浮六艺论新诠》对相关内容也有所涉及。不过，对于马氏易学思想中的一些问题，我们应可深入重探。例如，马一浮"三易"之论为何是其六艺论思想的终极根据所在？马氏易学思想与其以"本体—工夫论"为特色的新儒学思想取向有何关联？马一浮所强调的观象之道、寂感之理，其脉络与价值如何？马一浮继承和发展了易学史上的哪一家哪一派？这都是比较重要而关键的问题。本书对于上述问题将作具体的梳理与研探。

其次是熊十力易学思想研究。熊十力毕其一生归宗大《易》，而熊氏"新唯识论"、"体用不二"、"翕辟成变"、"创化生生"、"乾元性海"、"乾坤变化"、"不易变易"等重要思想与论题，都植根在他对《周易》哲学的理解与展示之上。因此，学界对熊十力易学思想的研究已经比较深入、丰富、成熟。郭齐勇老师《熊十力思想研究》一书即有专章论述"熊十力的易学观"，对熊氏易学思想的关键内容都有深刻的揭示。此外，相关的研究尚有郭胜坡《论熊十力易学的基本哲学路向》、任俊华《熊十力的新易学》、郭丽娟《熊十力易学的新发展及其创新》、王汝华《熊十力易学思想之研究》等论文或专著。

[①] 具体内容参见本书后文《现代新儒家易学思想研究文献辑要》，下同。

上述研究成果主要体现在下述四方面：首先，相关研究对熊氏易学思想的渊源有深入的探究，揭示出熊氏对于宋明理学与易学颇能取精用宏，认为熊氏能阐发阳明易学思想中的良知本体说，兼能继承与扩展船山易学，据此可见"二王"易学是熊氏易学思想的主要渊源。其次，熊氏易学思想是其"新唯识论"思想的根据与基础，对此学界早有定说，同时这也是熊十力本人所屡次强调的。再次，学界对熊氏易学思想的演变也有较为细致的疏解。最后，对熊氏易学思想所透显出来的张力、矛盾与问题，做出了辨析、讨论与评价。

本书认为，在上述研究的基础上，我们对于熊氏易学思想的界说与思考，仍可自不同角度切入，以呈现出更多的研究价值。首先，与马一浮一样，"三易"也是熊氏易学与儒学思想的方法、宗旨与基础。因此，对于熊氏"三易"之论以及与他的体用不二、翕辟成变、创化生生等观点的内在关联性，我们仍可作进一步的探明。其次，如果说马一浮易学思想是伊川易学的现代性转进，那么熊氏易学思想则可以说是船山易学的现代性转进。熊十力对船山易说的继承、扩展与批判，在中国哲学史的发展上有着重要意义，有待我们作进一步的疏解与评判。再次，熊十力在不易与变易、体与用、现象与本体、复性与创性（扩充）等问题上，曾有着立场与取向上的摇摆变化。学界对这个问题的分析尚显不足。最后，围绕易学思想上的三易、体用、常变的问题，熊十力与马一浮两人曾经展开过微妙而深入的辩论，学界对此有所注意，但研究终不深入。

其次是唐君毅易学思想研究。唐君毅新儒学思想深邃博大，而同时他的新儒学思想特别是"心通九境"的系统也与《周易》哲学有着内在的关联。另外，唐君毅的《周易》研究也颇具原创性与丰富性，其中他对"寂感"、"感通"、"天人"、"幽明"、"时空"等问题的探讨相当独特。可惜的是，学界的相关研究成果较少，而其中比较突出的有赖惠姗的硕士论文《唐君毅之易学研究》，另外郭齐勇老师在其《现代新儒家的易学思想论纲》一文中也比较详细地展示出唐氏易学思想的基本面相。唐君毅在《周易》哲学中特别重视其"感通"之理,感通之理是他的《中国哲学原论》与《生命存在与心灵境界》两部巨著的基本线索。对感通之理的阐发,体现出他的思想方向与学术旨趣所在。因此,以"感通"为中心线索的唐君毅易学思想尚有待深入的疏解、辨析与评价。目前为止,系统论述唐君毅"感通"思想的论文有黄冠闵《唐君毅的境界感通论:一个场所论的线索》等。

最后是牟宗三易学思想研究。牟宗三的易学思想大致可分为早晚二期。早期牟宗三集中研究象数之学,对胡煦(1655—1736)、焦循(1763—1820)等人的易学有所阐发。在其晚年阶段,牟宗三则集中阐发《易传》"穷神知化"、"圆而神方以智"等思想;他同时还判析先秦儒学经典,判《论语》《孟子》与《易传》《中庸》为两组,前者由主体上达天道,后者自天道证立性体,两组思想相辅相成,即内在即超越,从而达致儒家的圆融之学。当代学界对牟宗三易学思想的研究成果较为丰富,具体有王兴国《论牟宗三易学中的哲学研究》、程林《牟宗三对胡煦易学思想的发掘》、陈明彪《牟宗三的汉代易学观述评》(专著)、蒋玉智《从自然主义道德论到道德形而上学》、田致远《从〈周易哲学演讲录〉看牟宗三对儒家哲学的阐释》、蒋玉智《论牟宗三易学思想的演变》、张健捷《牟宗三后期易学思想研究》等。上述研究成果主要体现为:首先,界定出牟宗三早年受怀特海哲学、罗素哲学、新实在论与数理逻辑的影响,其易学思想表现为一种自然哲学,而他晚年的易学思想则转为对《周易》义理的发挥,以此充实其"道德的形上学"的观点。其次,对于牟氏早期的易学思想,论者指出这是牟氏哲学思想的前逻辑起点,具有象征意义,而并非真正的逻辑起点。再次,对于牟氏晚年的易学思想,学界概括出其"乾坤并建"、"创生终成"、"易简原则"、"超越内在"等观点。而相关研究的不足之处则在于:首先,牟宗三是熊十力的嫡传弟子,牟氏易学思想在哪些方面继承乃师，其对熊氏易学思想有何推进或扩展？其次，熊十力的易学思想，一直在不易与变易、称体起用与摄用归体的两端摇摆，对此牟宗三是如何看待与处理的？最后，我们对于牟氏晚年易学思想的研究，还应多将之与其"道德的形上学"联系起来，以界定出《周易》哲学在牟氏新儒学思想中的位置所在。

综上可见，学界对现代新儒家易学思想的研究，取得了初步的成果，也即疏通出其基本的面向与特征。而不足之处，则在于其未能深入到新儒家易学思想的内在问题线索中去，由此做出易学与哲学上的清理与分析。

三

本书在上述研究的基础上，试图对现代新儒家的易学思想做出全面系统的疏解，从而全幅展示出现代新儒学建立与发展的过程，蕴涵着儒学与《周易》哲学互动互润的线索。另外，本书还试图以若干问题意识为基本线索，以求勾画出现代新儒家易学思想的演进，是围绕若干基本的论题而展开的。另外，本课题所研究的"易学思想"，指的是广义的《周易》哲学，也即与《周易》有关的哲学思想，或者与哲学有关的《周易》思想。因此，本书虽然中间涉及具体的易学史的内容，但主体还是以讨论《周易》义理、思想、哲学为主。

本书通过八章内容，对现代新儒家易学思想做出专题性的探讨。

第一章系统疏解马一浮的易学思想及其与六艺论的关系。马一浮对《周易》经传以及易学史都有深湛的体会。本书研究认为，马氏易学思想虽以十翼为宗，但它受到伊川易学的影响既深且巨。马氏对于伊川易学有自觉的继承与推进，并在某种程度上展示出一个"义理派象学"的方向，这是其易学思想的一大特色。同时，本章通过"寂感与六艺"、"三易与六艺"、"观象与六艺"三方面内容，揭示出马一浮六艺论是以《易传》的寂感体用为其内在的机理与机制，同时这一机理与机制的义理根据则在三易（不易、变易、简易）的互动互通。另外，本章还详细疏解马一浮是如何通过"观象"与"六艺"的互动，以演绎汉人《易》为六艺之源这一观点的。相信通过本章的疏解与阐发，马氏的易学思想得到基本的呈现。第二章则集中疏解马一浮以《易传》思想为背景的知能观。本书之所以要论述这一内容，是因为马一浮新儒学思想的特色是"本体—工夫论"，这与熊十力的"本体—宇宙论"构成某种对比与呼应关系。而马氏的知能观是其"本体—工夫论"的集中体现，而同时他的知能规则是通过其对《易传》乾坤知能义的阐发引申出来的。当代学界对这一问题的研究较少，希望本章略能弥补相关空白。

第三章则要将熊十力易学思想的基本内容与机理做一概述，揭示出熊氏是如何自佛教唯识学中脱胎出来，并通过"翕辟成变"、"体用不二"、"乾元性体"的思想最终建立起其新儒学思想系统的。此后，本章还总结熊十力关于"三易"、"六艺"的思想。熊氏在这方面的观点与马一浮六艺论颇为接近，可谓相映成趣。这体现出第一代现代新儒家彼此的思路有相近之处，这相近之处使得其共异于第二代新儒家。第四章则再通过新的角度，辨析熊十力的易学思想在不易与变易、体与用、翕与辟之际，实未能臻至合理圆融之境。本章最后考察孔子的儒学思想，指出孔子的"体用"观应是"以体为本的体用互动"的思想，这可以融摄与超化熊十力易学思想所具有的内在张力与矛盾。这一章可以为下一章的内容做出铺垫。

本书另有一文作为附录，论述孟子的"外推"思想。本书之所以将此文作为附录，是因为要揭示出孟子重视"外推"、"推扩"，这也是熊十力所重视的思想向度。但除此之外，孟子更为重视"反己"、"反求"的向度。进一步说，孟子重视"反己"与"外推"的圆融互动，而同时在两者之中更重视以"反己"为本。如果通过"体用"的角度来看，其实孟子如孔子一样也主张"以体为本的体用互动"。孔、孟两家的相关思想都可以对熊十力的易学思想做出调适与超化。

第五章是思想史的梳理。此前数章已经概述马一浮与熊十力的儒学思想皆以"三易"以及不易、变易、简易的相涵互摄，作为其最终的义理根据。据此可见，"三易"是熊、马二氏的易学与儒学思想的根本视野与基础。但是，围绕着"变易"与"不易"及其关系的问题，两人从1930—1940年的十年间，有一个持续性的讨论与辩论，而这个讨论与辩论则最终以两人的分道扬镳而结束。笔者认为，这是现代新儒学上一个颇值得深思的公案。同时，本章最后指出，熊、马二氏的三易论与体用观，必各具殊胜，亦皆有不足，因此需要做出互动与融合。

第六章开始论述第二代新儒家唐君毅的易学与哲学思想。这一章集中深入考察唐君毅晚年的"心通九境"或"心灵九境"的哲学大系统，由此揭示出贯通"心通九境"系统的基本线索是《周易》哲学中的"阴阳感通"机制。本章将"心灵九境"的论题分为知识论、道德实践、形上境界三大方面。通过辨析，本章突出唐君毅对这三大方面的各种问题，都通过《易传》的"一阴一阳之谓道"的阴阳感通次第流行的机制，以做出深入的疏导以至解决。由此可见，唐氏的哲学思想是以《周易》哲学中的阴阳感通为基础的。另外，本书第七章则继续呈现和概括出唐君毅是如何通过"阴阳感通"的机制与视野，来研究和辨析《周易》哲学以及易学史的问题的。以感通之理为基础，他对《周易》哲学与易学史上的卜筮、修德、天道、人性、继成、太极、生生、神明之知等论题，都有相当深刻而又融贯的论析。通过上述两章内容，我们可见唐氏洵为《周易》哲学之一大家。当代学界对唐君毅的易学思想与《周易》研究尚未有充分的重视与肯认。本书略为表出，望能引起重视。

第八章为最后一章，本章重点就牟宗三晚年的易学思想作出疏解与概述。与马一浮、熊十力、唐君毅不同，《周易》哲学在牟氏哲学与儒学思想中并不具有关键性的位置。相比于《周易》经传，他更为重视《孟子》等经典中的思想资源，因为后者较之前者更为侧重道德主体性，而道德主体性则是他建立道德的形上学的基础。不过，牟氏对《周易》哲学的理解亦可谓独具一格，我们理应做出深入疏解；同时，在某种程度上，他对道德形上学之证立，也是通过他对《易传》"寂感真幾"之义的诠释而完成的。因此本章试图以牟氏"道德的形上学"为中心，勾画出他对《周易》特别是《易传》的理解与阐释。

通过上述八章内容，本书试图继续呈现出现代新儒家易学思想的若干特色。首先，马、熊、唐、牟四家的易学思想各有其中心线索。例如，马一浮的易学思想可以通过"寂然不动，感而遂通"来概括，熊十力的易学思想可以通过"一翕一辟之谓变"来概括，唐君毅的易学思想则可以通过"一阴一阳之谓道"来概括。这三句话都是《周易·系辞上》中的语句。同时，这三句话也是他们各自的哲学与儒学思想的核心与关键。相对之下，牟宗三的哲学与儒学思想虽然更侧重在《孟子》而非《易传》（笔者认为《孟子·尽心上》的"尽其心者，知其性也"一句话可以概括牟氏的哲学与儒学思想），但是《易传》的"寂感真幾"之义也在某种程度上塑造了牟氏思想的特色。由此可见，新儒学诸家的易学思想虽然丰富而复杂，但其核心与关键都是相当简易而精约的。他们就是围绕这个简易而精约的思路而不断引申出其思考与体会。

其次，通过本书对马、熊、唐、牟四家易学思想的初步研探，我们大概可以疏导出马一浮与唐君毅的易学与儒学思想具有相承性，而熊十力与牟宗三则又可构成另外的一系。马、唐二氏的思想相承性，体现出他们两人皆以仁德仁心之"寂感"与"感通"为其思想的主线。同时，二氏以"寂感"、"感通"为基础，最终皆是要归结为成就德性的人文之思、人文之教，这也是马、唐构成一系的根据。相对之下，熊、牟二氏其实也重视"感通"与"人文"。熊十力的"翕辟成变"即是"翕辟施受"，当中也蕴涵感通的机理，而牟宗三的"寂感真幾"说的也是感通之理。同时，熊、牟二人也很重视人文与文教。不过，相对之下，熊、牟二氏更重视思辨，这在两人的易学思想中也多少可以体现出来。因此，马、唐可以归为"心性—人文系"，熊、牟则可归为"心性—思辨系"。

再次，通过本书的内容，我们可以看到从马、熊再到唐、牟，现代新儒家的易学思想乃不断地转趋精密系统。马、熊对于《周易》的阐发，其主要的问题意识为"体用"、"常变"、"三易"、"寂感"、"翕辟"、"六艺"、"本体—工夫论"、"本体—宇宙论"；而唐、牟的主要问题意识则是"阴阳"、"感通"、"体相用"、"继善成性"、"心灵九境"、"心境感通"、"道德的形上学"等等。据此约略可见，第一代新儒家易学思想的相关问题是第二代的基础与先导。而同时，第一代的问题意识具有大体性、宽泛性；而第二代则更为精密系统。例如第一代比较重视"体用"与"三易"的问题，但对其内在的各种义涵则缺乏充分的界说。比如在"体用"之"用"上，熊、马皆笼统言之；但其实"用"可有"功用"与"现象"二义，这约略相应于"体性"与"相状"两个层面。因此，唐君毅在其"心灵九境"中并不多谈体用，而是分出体、相、用三方向以论体性、形相、功能三义，显得更为细密清晰，更能与西方哲学对话。另外，第一代新儒家熊十力侧重在宇宙论的展示上，而第二代的唐、牟二人则并不特别关注宇宙论的问题，而转向主体性、心性论、形上学，这也体现出新儒家相关的思考有一个转进，能够进一步推动中西哲学的对比与会通。

最后，现代新儒家的易学思想仍有待继续发展与推进。例如，我们对马一浮与熊十力围绕"三易"、"常变"、"体用"的论辩，仍可继续探析与思考。同时，马一浮、熊十力、唐君毅、牟宗三所强调的

"寂感"、"知能"、"观象"、"翕辟"、"阴阳"、"感通"、"寂感真幾"的思想，如何能够进一步地深入至中西哲学的脉络中，以更充分体现出其作用与价值，则是我们需要继续推进的内容。人能弘道，非道弘人，希望当代的中国哲学、易学、儒学能够承接上述问题意识并有实质性的推进。

第一章　寂感·观象·六艺——马一浮易学思想新诠

　　马一浮与熊十力、梁漱溟并称为现代新儒学的三位奠基者，马氏的新儒学思想主要体现在他的"六艺论"上，而六艺论的基础则在于他的易学思想。因此，要研究马一浮新儒学思想，其中最为关键的论题是其易学思想。本章内容在相关研究的基础上，主要从如下四方面对马一浮易学思想的研究做出推进。首先，本章总结马氏易学思想的渊源及其在易学史上的位置，指出其易学思想是承续伊川易学而来，而同时又有所推进。其次，本章简要概述马氏六艺论的新儒学思想系统，并揭示出六艺论的内在机制即是《易传》中的"寂然不动，感而遂通"。再次，本章进一步审视六艺论的义理根据，指出马一浮将"三易"与"六艺"关联起来，并将"三易"视作六艺论的终极根据所在。最后，本章还展示出马一浮是如何通过《易》教之"观象"而将《易》道与六艺之道融通起来的，据此，马氏阐发出他对《易》为六艺之源一说的理解。

一、承续伊川易学

　　现代新儒学诸家如熊十力、马一浮、唐君毅、牟宗三等人，其新儒学思想都与《周易》有着密切的关联。同时，他们的易学思想也大多是继承、发挥、转化先秦《易传》与宋明易学的思想而来。就熊十力与马一浮二人来说，通过对《易传》的阐扬，熊十力发挥出"乾元性海"、"体用不二"、"翕辟成变"等思想；而马一浮则扩展出"感兴"、"简易"、"观象"等观点。在宋明易学中，熊十力继承了心学特别是王阳明（1472—1529）的易学观，并融合了王船山（1619—1692）的气论易学观，由此展示出健动生生的心体流行境界；而马一浮则沿袭了理学特别是程颐的易学思想，强调见性、复性的重要性，指出人们复归性德的根本性意义。可见，熊、马两先生易学思想的渊源有同有异，我们可作深入的对比与辨析。在本节中，我们主要论述马一浮易学思想的渊源。

在宋明理学与易学中，马一浮采取融合性的立场，他认为无论是心学还是理学、气学，无论是程朱还是陆王，都能够"见性"。换言之，宋明理学中的程朱陆王诸家都能够理解、体贴、展示出天地人生的至极本源以及原始真实的存在，都能够直接继承儒家通极天人、穷理尽性的传统与血脉。而他们内部的思想差异，则多是为人悉檀、临机施设之事，也即他们的思想差异与互相批评，都是在见性基础上涉及特定的环境与工夫但是不关涉根本大义的细节问题。这样的一种立场体现出马一浮圆融会通的思想取向，同时也体现出现代新儒学对宋明理学已经进行整体性的总结与转化工作。不过，虽然马一浮在理学上持有圆融会通的思想取向，但他在宋明理学与易学中，最倾心的还是程朱理学特别是程颐（字正叔，世称伊川先生）的思想。

伊川理学的基础在于其易学思想。程伊川关于"理"的论述是从其易学思想中延伸出来的。《周易》经传的一个重要内容，是展示出卦爻中辞、变、象、数等内容的义涵及其相互关系。程伊川对此有系统的看法。他说："理无形也，故因象以明理。理既见乎辞矣，则可由辞以观象。故曰：得其义，则象数在其中矣。"①"在理为幽，成象为明。""言所以述理。'以言者尚其辞'，谓于言求理者则存意于辞也。"②"至微者理也，至著者象也。体用一源，显微无间。"③综言之，伊川揭示出一个理——象数——辞的结构。在这个结构中，理与象是体用、幽明、隐显的关系：理不可见，而象则有形；同时理与象是一体的隐显两面，两者并非分离。程氏又认为，学《易》之最终旨趣应在"明理"，也即"得其义"；但是因为理不可见，所以必须通过理的显现形态也即象以明理，而象则表现在辞中，所以学《易》者应该通过玩辞、观象的方法，从而默识心融，最终达致明理的旨趣。因此，程伊川一方面强调理、象、辞是一体的，另一方面则强调象、辞的重要性，并认为人们观象玩辞则明理之旨趣自然涵具其中。从前一方面说，他明显坚持一本论的立场；从后一方面说，他则要通过对象辞的重视而针砭佛家有理一而无分殊的流弊。通过上述关于理、象、辞的思想，程伊川还引申出"即气明理"的理气观与"即物穷理"的格物说，从而既保证理气、理物一体的立场，又重视理与气、理与物的对比性关系。

马一浮对上述程伊川所主张的"体用一源"、"观象玩辞"、"玩辞明理"的易学思想取向，可谓推崇备至。他指出《易》教应以发明义理为主，而发明义理则须观象玩辞，这与伊川易学的观点完全一致，所以马一浮认为学者若要宗归义理，则必以程颐为法，因为"伊川作《易传》，重在玩辞，切近人事，而后本隐之显之旨明，深得孔子赞《易》之志，故读《易》当主伊川"④。在这基础上，马一浮还回

---

① （宋）程颢、程颐：《河南程氏文集》，第9卷，《二程集》，中华书局1981年版，第615页。
② （宋）程颐：《河南程氏经说》，第1卷，《二程集》，中华书局1981年版，第1028—1030页。
③ （宋）程颐：《〈易传〉序》，《二程集》，中华书局1981年版，第689页。
④ 马一浮：《复性书院讲录》，《马一浮全集》，浙江古籍出版社2013年版，第1册，第117页。

应了朱子对伊川易学的批评。朱子批评伊川一意发明义理,最终或自觉或不自觉地忽视了《周易》本为卜筮之书。马一浮对此回应道:"《本义》立名,即以《易》本为卜筮之书,然《大传》明言'《易》有圣人之道四〔焉〕',谓因卜筮示诫则可,谓《易》道尽在卜筮则不可,故读《易》当从伊川入。"① 在他看来,《易传》明确指出《易》有辞、变、象、占四大方面的内容,而朱子欲通过对"占"的重视而批评程颐对"辞"、"象"、"理"的重视,这是不恰当的;同时,伊川"观象"、"玩辞"、"明理"的方向实际上比朱子"卜筮"、"尚占"的方向要恰当切实得多。因此,马一浮对程伊川的易学思想是自觉地继承的。

  对于马一浮的这一取向,本书也是赞同的。朱子易学思想的其中一个问题,便是欲将《周易》的"原始义"(也即朱子自己所说的"本义")取代《周易》的"引申义"。《周易》本为卜筮之书,这是事实,当然是要承认的;但我们不能因为《周易》本为卜筮之书,便认为后世不通过卜筮的方式而通过别的方式来理解《周易》,便是错误或有问题的。事实上,孔子本人便自觉地不用卜筮的方式而用发掘其德性义理的方式来理解和研究《周易》。从卜筮到德性义理,体现出人的哲学与思想水平的不断提升。在出土文献马王堆帛书中,孔子说"吾百占而七十当",说明孔子自己是掌握某种占筮之法的。但孔子认为《周易》之书从上古流传下来而尚未失坠,书中包含了文王等圣人的遗言,所以他是"乐其辞也"。孔子玩辞而好之乐之,实际上是要通过玩味其中的文辞而体会文辞中所蕴含的义理,从而对德性修养的提升和增进有所帮助,故谓"《易》,我后其祝卜矣,我观其德义耳也"。② 由此看来,孔子不重视卜筮而特别强调玩辞以观德明理

---

① 马一浮:《语录类编》,《马一浮全集》,浙江古籍出版社2013年版,第1册,第578页。
② 《周易经传·要》,《长沙马王堆汉墓简帛集成》,中华书局2014年版,第1册,第38—39页;第2册,第116—118页。

的方式，实际上被程颐所继承下来，其后又被马一浮所阐扬。马一浮对此已经看得很清楚，他虽然没有看到马王堆《易传》，但他从传世《易传》中，便深知程伊川是"深得孔子赞《易》之志"（他认为《易传》大概是孔子所作）。但相对之下，朱子因为过分强调《周易》的"本义"，而容易以"原始义"代替"引申义"。这不但将两个层面的问题混为一谈，而且也忽略了孔子研究和阐发《周易》的深意所在。

马一浮不但对程伊川的易学思想和方法有着自觉的继承，而且他还对之做出提升和推进，使之更显圆融和丰富。因此可以说，马氏易学思想是伊川易学的进一步发展。那么，马一浮提升和推进之处何在呢？笔者认为，马一浮虽然继承伊川"观象明理"、"玩辞明理"的方法，但伊川在"象"与"辞"之中更重视"辞"，而马一浮在两者之中则更重视"象"。可以说，程氏是"以辞摄象"，马氏则是"以象摄辞"，两者微有不同。马一浮指出说："学《易》之要观象而已，观象之要求之十翼而已。"《周易》中的一切思想，天地间的一切内容，都是"象"的体现。例如太极是一心之象，八卦则是万物之象，数是象的一种体现，辞也是象的一种形态，故"伊川特重玩辞，然辞固未能离乎象也"。在另一方面，《周易》经传设卦观象，是为了发明义理，这是因为"数犹象也，象即理也"、"数在象后，理在象先。离理无以为象，离象无以为数"[①]。综合上述两方面立场，马一浮既批评王弼（226—249）等人"忘象"之说为不妥，认为《周易》经传只说"尽"而不说"忘"[②]；同时又批评汉人的象数之学多拘泥滞碍，

---

① 以上引文参见马一浮：《复性书院讲录》，《马一浮全集》，浙江古籍出版社 2013 年版，第 1 册，第 341—343 页。
② 参见马一浮：《复性书院讲录》，《马一浮全集》，浙江古籍出版社 2013 年版，第 1 册，第 341—342 页。按：马一浮通过《易传》的"立象尽意"之说批评王弼的"忘象忘言"之说，应是合理的。不过，马一浮这里只是从文献思想的角度来说；如果从哲学的角度来说，则可以说，《易传》论言、象是从"性理"、"德性"的角度来说的，王弼论言、象则是从"玄理"、"名理"的角度来说的。《易传》说"立象以尽意"，这里的"意"指的是心中所蕴含的德性、德义，而心中所蕴含的德性、德义需要通过言、象以

只是形成一套宇宙演化论,而不能通于性命义理。因此可以说,马一浮是要提出并建立"义理派象学",也即阐发《周易》之象以发明义理。从易学史的角度看,马氏的义理派象学很可能受到元代儒者黄泽(生卒年不详)的启示。黄泽继承了程氏易学重视义理的方向,同时又指出在这基础上我们应该恢复古代"象学"。他认为无论是王弼的得意忘象之论,还是汉儒对于象的穿凿附会之说,都阻碍了文王、孔子之象学的恢复与呈现。[①] 可惜的是,由于黄泽的相关阐发过于简略,加上他自己的易学思想也容易走向拘泥,所以其义理派象学的思想在后世并未获得充分引申,而马一浮则可以说接续了这一方向而有所阐明。由此而言,马一浮对于伊川易学思想的提升,主要体现在他继承了黄泽等的义理派象学的取向上。他通过观象之法而涵摄程颐的玩辞之法,指出玩辞是观象的其中一种方式,但观象还有另外的非玩辞的方式。很明显,伊川的玩辞是为了发明义理,而马一浮的包含玩辞在内的观象也是为了发明义理;对比之下,后者对于义理的发明与展示应更显圆融、具体、丰富。

那么,马一浮是如何理解和界说《周易》之"象"的呢?疏通马氏的相关说法,象可有广狭二义。狭义的象,是指"器之所从出而道之所由显也"[②]。道之流行能够显现为流动变化而蕴涵秩序的象,这些象是处于道和器之间的状态。道隐而象显,象无形体而器有范围。而

(接上页)表达出来,象与意是一体感通的关系,因此《周易》经传中的相比较积极正面。相对之下,王弼等的言意、象意之辨,则是要去体会到名言、言象所提示出来的意蕴,这个意蕴可以与具体的言象相关联,也可以不与具体的言象相关联,因为这个意可以是超言象的意蕴与玄理,如果是超言象之意,那么言象只不过是筌蹄而已,因此在王弼玄学思想中"象"并非如《周易》经传一般具有积极正面的意义。上述这个"性理"与"玄理"的对比,可以为马一浮的观点提供支持。相关内容可参见唐君毅:《中国哲学原论·导论篇》,中国社会科学出版 2005 年版,第 17—25 页。

① 参见(元)黄泽:《易学滥觞》,影印文渊阁《四库全书》,第 24 册,上海古籍出版社 1987 年版。
② 马一浮:《复性书院讲录》,《马一浮全集》,浙江古籍出版社 2013 年版,第 1 册,第 390 页。

广义的象则相当丰富，不但狭义的象是象，而且天地间一切有形无形、有相无相的内容（包括道与器在内）都可以归为象。对于这个广义的象世界，佛家特别是华严宗所说的"法界"差可比拟。华严宗认为天地间的一切，无不从此法界流，无不还归此法界。[①]佛家的"法界"含有"轨持"义，也即法界具有某种道理、秩序、脉络、方向、价值的意味。通过观照省察整个法界及其流行，人们可以从中透入天地人生的价值和意义的根源中去，从而安顿身心，安常应变。马一浮广义的观象之学，其实与华严宗的深观法界的旨趣是内在相通的。他指出说："统之以《乾》《坤》，而天地之德可通也；约之以六子，而万物之情可类也。故以气之流形言之，则为天、地、雷、风、水、火、山、泽之象；以其德之力用言之，则为健、顺、动、入、陷、丽、止、说之象；（原注：动、陷、止皆健之属，入、丽、说皆顺之属。）以其相对言之，则为刚柔、起止、上下、见伏之象；以其相成言之，则为定位、通气、相薄不相悖、相逮不相射之象；以其屈伸聚散言之，则有动散、润烜、止说、君藏之象，亦即雷霆、风雨、日月、寒暑之象：所以行变化、成万物者略摄于是矣。观于天地之道而人道可知，观于《乾》《坤》六子之象而六十四卦之象可知，而一心、阴阳、动静之象可知。乾道变化，各正性命，非精义入神，其孰能与于此？此性命之原也。"[②]据此，马一浮欲通观《周易》卦爻中所蕴含的天地人生的法界流行之起承转合、脉络关键，并从中提点出所有的起承转合、脉络关键都是心性义理的丰富有序的展示而已。因此，马一浮观象的妙用在于通过演示诸象之大用繁兴，而最终让人悟入性命之理。但是，我们为什么不直接揭明心性义理，而需要通过观象的方

---

① 参见马一浮：《复性书院讲录》，《马一浮全集》，浙江古籍出版社 2013 年版，第 1 册，第 342 页。

② 马一浮：《复性书院讲录》，《马一浮全集》，浙江古籍出版社 2013 年版，第 1 册，第 346 页。

式来揭示心性义理的意蕴呢？在马一浮看来，这是因为心性义理是隐而非显的，而心性义理之流行所显现出来的象则是显而非隐的。古代的圣人是要通过《周易》之象以立教，让受教者能够通过观象的方式而由显入隐，达致对于心性义理的深入理解与把握；如果直接揭示心性义理，则容易流于空洞，最终可能适得其反。据此，马一浮指出圣人设卦观象以发明义理，这是《周易》之"教体"。其云："在《易》则曰'设卦观象'、'立象以尽意'、'系辞焉以尽其言'，若是，则举《易》之教体固不离卦象，亦不即卦象，而言与意乃所以为体，而意又言之体也。"①

据此，马一浮立足心性义理，发明《易》象大端，阐扬十翼精神，通过考察"卦始"、"吉凶"、"德业"、"言行"、"大小"、"德"、"位"、"人"、"业"、"时"、"义"、"道"、"器"等各种象之大端，揭示出整部《周易》就是发明心性义理之书。所以他自认为"吾讲观象，刊落枝叶，直抉根源"、"皆是提出一个大头脑，直接本源之谈，惜听者等闲视之耳"②。

综上可见，马一浮对于《易》象的强调，既不同于汉代易学家横向地将象数之学演成一套宇宙生成论，而与心性义理无关，同时又略异于宋代理学家纵向地直接揭示出天道性命相贯通之理，而不特别重视象的作用。通过他的创造性诠释，观象的功能包含了玩辞一项但却比玩辞更为丰富。通过观象的作用，心性义理得到更丰富、微妙、系统的呈现。这是马一浮的义理派象学对伊川易学的推进之处。

---

① 马一浮：《复性书院讲录》，《马一浮全集》，浙江古籍出版社2013年版，第1册，第369页。
② 王培德、刘锡嘏：《语录类编》，《马一浮全集》，浙江古籍出版社2013年版，第1册，第579页。

二、寂感与六艺

马一浮新儒学思想的特色在于他通过"六艺论"的文化哲学、经典诠释、本体诠释，展示出儒学活泼的生命与精神。根据笔者的理解，六艺论呈现出一个本源而本真的意义机制，这个意义机制试图对治与超化近现代社会的深度意义危机，并显出中华经典和文化的意义与价值。故其六艺论思路宏阔，所系甚大。而据笔者研究，六艺论作为意义机制，是由三个向度所构成的，此即六艺之为全体、六艺之为大用、六艺之为工夫。这三个向度的互构互摄，乃呈现出六艺之道与六艺之教。而六艺的兴发与流行，则是寂感之理所致。在本节中，我们对此做出简要的呈现。

众所周知，六艺是指孔子删定的《诗》《书》《礼》《乐》《易》《春秋》六经（《乐经》可能失传或本无其书）。六经体现出孔子的六艺之教。经学就是对六经或六艺的诠释与阐发。但是，马氏六艺论与传统的经学有一定的距离。他关注的主要是六经或六艺所蕴含的根本义理，也即"六艺之道"。这个六艺之道就是"心性"、"性德"。他竭力指出孔子的六艺之教就是要发明六艺之道，而六艺之道则是性德的自然流露而已。因此，"性德"是六艺论的思想出发点。在他看来，性德是义理之根、心性之本，同时又是天地生化之源。因此，他对六艺之道的展示与阐发，也蕴涵着他对天地宇宙、生活世界的终极思考。

对于性德自然流出六艺之道一义，马一浮有三段话最为重要。录出如下：

性具万德，统之以仁，修德用敬，都摄诸根。①

---

① 马一浮：《童蒙箴》，《马一浮全集》，浙江古籍出版社2013年版，第4册，第14页。

仁者，德之总相也，开而为二曰仁智、仁义，开而为三曰智、仁、勇，开而为四曰仁、义、礼、智，开而为五则益之以信，开而为六曰智、仁、圣、义、中、和，如是广说，可名万德，皆统于仁。①

以一德言之，皆归于仁；以二德言之，《诗》《乐》为阳是仁，《书》《礼》为阴是知，亦是义；以三德言之，则《易》是圣人之大仁，《诗》《书》《礼》《乐》并是圣人之大智，而《春秋》则是圣人之大勇；以四德言之，《诗》《书》《礼》《乐》即是仁、义、礼、智；（原注：此以《书》配义，以《乐》配智也）以五德言之，《易》明天道，《春秋》明人事，皆信也，皆实理也；以六德言之，《诗》主仁，《书》主知，《乐》主圣，《礼》主义，《易》明大本是中，《春秋》明达道是和。②

根据马一浮的理解与体会，性德是天地人生之意义的真实源泉与渊薮。性德本身统摄为仁德。性德或仁德蕴涵着无穷无尽的德相，这些德相之交织，使得性德成为精微不测的义理境域，是天地人生之意义的深密之源，而这个意义之源乃蕴涵着六艺之理。同时，正因为性德具有这样的结构，因此性德含具无限无量的潜能与功用，此潜能与功用可兴发出真实善美的意义世界。而这个意义世界就是六艺之理所流淌呈现出来的六艺之道。这里，我们可能会问：为何马一浮断定性德之兴发与流行所呈现出来的意义世界，即是六艺之道呢？为何性德中蕴涵着六艺之理呢？马一浮对此并未有充分说明。而根据笔者理解，这是由于马一浮在体会六艺之道的过程中，不断地返本归源，省

---

① 马一浮：《复性书院讲录》，《马一浮全集》，浙江古籍出版社2013年版，第1册，第99页。
② 马一浮：《泰和宜山会语》，《马一浮全集》，浙江古籍出版社2013年版，第1册，第17页。

思和体会到六艺之道是如如相通、交错交摄的关系。这个关系的有序性与和谐性，使得马一浮体认到六艺之道以六艺之理为根据，六艺之理以不同的德性为根据；同时，六艺之道如如相通、交错交摄，六艺之理也必定是如如相通、交错交摄的关系，我们由此更可体会到不同的德性也是如如相通、交错交摄的关系。而不同德性之间之所以能够相通错摄，则必定有一具有涵摄力的本体，以涵化诸德，融成一德。而此德即可名为性德或仁德。由此可见，马一浮不但对于六艺体会甚深，而且还能够将六艺之道反归心性本体，揭示出性德蕴涵六艺、性德流出六艺的机制。

马一浮对于性德这种阐发，与现代新儒学另一奠基者熊十力的思想立场有相通处。相应于"性德"，熊氏有"乾元性体"或"乾元性海"之说。熊十力吸收和超化佛教哲学，并通过"翕辟成变"之义以论健动生生的大化流行，同时将翕辟成变的根据归摄为"乾元性体"或"乾元性海"。正因为乾元性体、乾元性海为天地宇宙之本体，因此其自身也蕴涵全体的德性与义理。故熊氏云："万德万理之端皆乾元性海之所统摄。""乾元性海实乃固有此万德万理之端，其肇万化而成万物万事者，何处不是其理之散著，德之攸凝。"[①] 熊、马二氏的这种取向，为现代新儒学奠基了一个大方向。

性德作为天地人生之意义的本体与源泉，可谓蕴涵万德，含藏六艺。万德是德之总，六艺是艺之全，因此性德本体即是六艺之全体。同时，性德未有所感发，体现为寂然不动的精微幽深状态。这种寂然不动的状态具有《易传》所说的"诚"、"神"、"几"诸义，因此性德作为寂然不动之体，自然就蕴含有能感、能生的潜能与方向。马一浮对性德之寂的状态，有着很深的体会，他展示道：

---

① 熊十力：《原儒》，《熊十力全集》，湖北教育出版社 2001 年版，第 6 卷，第 567—568 页。

《易·系辞》曰："唯深也，故能通天下之志；唯幾也，故能成天下之务；唯神也，故不疾而速，不行而至。"深是志至诗至，幾是礼至乐至，神则乐至哀至。诚于此、动于彼之谓通，举因该果之谓成，无声无臭之谓速。通即是至，成亦是至，"不疾而速、不行而至"，则是理无不通，诚无不格，"范围天地之化而不过，曲成万物而不遗"，心体无亏欠时，万德具足。三世古今，不离当念；十方国土，不隔毫端。故神用无方，寂而常感。如是言"至"，义乃无遗。当知体用全该，内外交彻，志气合一，乃是其验。无远非近，无微非显，乃为至也。此之德相，前后相望，示有诸名，总显一心之妙，约之则为礼乐之原，散之则为六艺之用。①

这段话揭示出了性德全体、六艺本体的寂而常感的深密状态。而寂而常感的性德有所触动，便即感而遂通，渊源不断地流出本源而本真的意义。在这状态中，无形无象的性德本体由隐而显、自幽而明，呈现出有形有象的六艺流行大用，成就出人的合理真实的生活状态。这就是全体起用，也即六艺之全体显发为六艺之大用。马一浮对六艺之全体起用的阐发，是通过他对《礼记·孔子闲居》篇的诠释而体现出来的。《孔子闲居》记录孔子通过"五至"（志至、诗至、礼至、乐至、哀至）、"三无"（无声之乐、无体之礼、无服之丧）、"五起"（即"三无"之化隐为显）这三个环节，揭示出六艺之道的酝酿、流行、显现过程。经过马一浮的诠释，六艺之全体从体起用、感而遂通，呈现和流出六艺之大用。其云：

---

① 马一浮：《复性书院讲录》，《马一浮全集》，浙江古籍出版社2013年版，第1册，第230—231页。按："通即是至"，《马一浮全集》原文作"能即是至"，"能"应作"通"。

《诗》以道志而主言，在心为志，发言为诗。凡达哀乐之感，类万物之情，而出以至诚恻怛，不为肤泛伪饰之辞，皆《诗》之事也。《书》以道事。事之大者，经纶一国之政，推之天下。凡施于有政，本诸身、加诸庶民者，皆《书》之事也。《礼》以道行。凡人伦日用之间，履之不失其序、不违其节者，皆《礼》之事也。《乐》以道和。凡声音相感，心志相通，足以尽欢欣鼓舞之用而不流于过者，皆《乐》之事也。《易》以道阴阳。凡万象森罗，观其消息盈虚变化流行之迹，皆《易》之事也。《春秋》以道名分。凡人群之伦纪、大经、大法，至于一名一器，皆有分际，无相陵越，无相紊乱，各就其列，各严其序，各止其所，各得其正，皆《春秋》之事也。其事即其文也，其文即其道也。学者能于此而有会焉，则知六艺之道何物而可遗，何事而不摄乎！①

性德全体蕴涵着天地人生全幅真实的意义与价值。性德寂然不动时，全幅真实的意义与价值摄用归体，自显归隐；性德感而遂通时，全幅真实的意义与价值从体起用，由隐入显，化为六艺之流行大用。而马一浮这里所说的六艺，已经不是经典与学术意义上的六经了，而主要是六经所蕴涵的天地人生之大义。

由上可见，六艺之全体与六艺之大用只是性德流行或意义兴发的收放、卷舒、隐显、神化而已。就放、舒、显、化而言，是全体起用，即六艺全体展现为六艺大用；就收、卷、隐、神而言，是摄用归体，即六艺大用摄归为六艺全体。要之，只是体用一源，显微无间；

---

① 马一浮：《复性书院讲录》，《马一浮全集》，浙江古籍出版社2013年版，第1册，第95页。

而这六艺之全体与大用的隐显收放之道,则是通过《周易》的寂然不动、感而遂通之理而实现出来的。马一浮总结道:"此理(笔者按:理即性德)自然流出诸德,故亦名为天德。见诸行事,则为王道。六艺者,即此天德王道之所表显。故一切道术皆统摄于六艺,而六艺实统摄于一心,即是一心之全体大用也。《易》本隐以之显,即是从体起用。《春秋》推见至隐,即是摄用归体。故《易》是全体,《春秋》是大用。"①

另外,马一浮将六艺展示为体用圆融的意义机制、至真善美的生活世界。但现实中,人们往往由于习气的遮蔽,使得意义的自然机制受到扭曲破坏,从而导致意义兴发的变异或失败。其结果,就是合理正常生活的消隐,并形成生活与意义危机。但在马氏看来,这可以通过"工夫"进行疗救。通过工夫的落实,习气去除,性德显露,我们最终可以恢复至真善美的生活大用。可以说,"工夫"乃深入地参与到六艺意义机制的流行与发用之诸环节中去,并持续地令六艺全体通透并流出六艺大用。因此,工夫与全体、大用一样,也是六艺论的重要向度。全体、大用、工夫这三个向度的互涵相摄,构成了六艺意义机制的内在脉络。

那么,六艺工夫包含何种内容?马一浮认为,六艺意义能够顺畅地兴发与流行,关键在于习气是否全体去除。习气去除,则性德自显;性德显现,则大用流行。而去习之道则在于"见性"与"复性"。在此,马一浮继承了程朱理学的修养工夫论,指出"主敬"与"孝弟"的工夫是人的见性、复性、体仁、行仁的根本工夫。主敬属"知",孝弟属"行"。知行互动,相涵相生。主敬则能见性体仁,孝弟则能尽性行仁。故云:"唯敬而后能知性,唯敬而后能

---

① 马一浮:《泰和宜山会语》,《马一浮全集》,浙江古籍出版社2013年版,第1册,第16页。

尽性,唯敬而后能践形。"①主敬作为工夫,能让性德逐渐开显,意义自然流出。同时,性德乃是天地人物之共通根源,因此性德之显发、意义之周流必然会"溢出"。这种溢出首先地表现为"一念爱敬之心"。此爱敬之心,使得人们不敢恶慢他者,不敢损伤草木,而求与天地共生共育。同时,性德所流出的爱敬之心,其最初的表现即是"孝弟"。我们的生命与意义的流淌扩展,首先体现在与父母亲人的一体互通上;换言之,一念爱敬之心作为意义之流动,必先通达至父母亲人身上。于是,性德之仁便成就为爱敬之孝弟。马一浮云:"有生之伦,谁无父母,孩提之童无不知爱其亲者,未知私其身也。至于以身为可私,则遗其亲、怼其亲,倍死忘生者有之。然当其'疾痛惨怛,未有不呼父母'者,则本心之不亡,虽瞑而终通也。……指出一念爱敬之心,即此便是性德发露处,莫知所由,然若人当下体取,便如垂死之人复活,此心即是天地生物之心。本此以推之,礼乐神化皆从此出。"②在马一浮看来,孝弟工夫即是礼乐之源泉、神化之根柢、六艺之总归。换言之,孝弟工夫乃是全体参与到六艺意义机制中去,并使得六艺全体显发为六艺大用的构成环节。其云:"子夏问'何如斯可谓民之父母',孔子答以'必达于礼乐之原'。孝弟者,即礼乐之原也。"③孝弟之所以为礼乐之原,是因为孝弟所本的一念爱敬之心,即性德之自如通达,亦即仁义之自然生发,仁义而以孝弟推扩通达出来,便兴发出本源之礼乐与礼乐之大用。综言之,主敬与孝弟的一知一行的修养工夫,能够保证六艺之全体显发为六艺之大用,使得六艺意义机制的兴发与流行畅通无

---

① 马一浮:《复性书院讲录》,《马一浮全集》,浙江古籍出版社2013年版,第1册,第284页。
② 马一浮:《复性书院讲录》,《马一浮全集》,浙江古籍出版社2013年版,第1册,第188—189页。
③ 马一浮:《复性书院讲录》,《马一浮全集》,浙江古籍出版社2013年版,第1册,第150页。

碍。马一浮总结道：

> 须知六艺皆为德教所作，而《孝经》实为之本；六艺皆为显性之书，而《孝经》特明其要。故曰一言而可以该性德之全者，曰仁；一言而可以该行仁之道者，曰孝。此所以为六艺之根本，亦为六艺之总会也。①

主敬与孝弟的修养工夫，使得六艺之全体寂而常感，亦使得六艺之大用感而常寂，从而保证六艺之全体大用寂感一如，显微无间。马一浮曾说："寂而常照，寂即是感。寂感同时，性之本体如此。人心所以昏失，皆因散乱。散乱是气上事，敬则自不散乱，自不昏失，所以复其本体之工夫也。"②

综上，本节基本揭示出马一浮六艺论，是一个展示出天地人生之意义的流行和生成的思想系统，它通过"六艺之为全体"、"六艺之为大用"、"六艺之为工夫"这三个相互构成、相互涵摄的向度，试图证立孔子的六艺之教蕴涵着理事双融、体用不二的特色。马一浮的六艺论呈现出意义的发生、酝酿、交织、流行、发用的结构与环节，丰富系统地阐发了存在境域、意义世界、生活世界的内容和消息，因此六艺论及其所揭明的六艺之道，构成了一个"意义机制"。而这个意义机制所蕴含的体用隐显之道，则是通过《易传》的"寂然不动，感而遂通"③这样的感通之理而实现出来的。表示如下：

---

① 马一浮：《复性书院讲录》，《马一浮全集》，浙江古籍出版社2013年版，第1册，第220页。
② 王培德、刘锡嘏：《语录类编》，《马一浮全集》，浙江古籍出版社2013年版，第1册，第716页。
③ 《周易·系辞上》。

寂然不动	六艺之为全体
感而遂通	六艺之为大用
寂感一如	六艺之为工夫

前文内容已经简述了马一浮六艺论的基本结构及其所蕴含的《周易》寂感之理。在下一节中,我们将进一步探析马一浮关于"三易"的思想,并且指出马一浮将"三易"视作六艺的终极根据。

三、三易与六艺

马一浮的易学思想,一方面主张观象明理,在宋明易学中继承和推进了伊川的易学思想,而另一方面则在先秦两汉易学中楷定和发挥了"三易"的思想。所谓"三易",指的是"不易"、"变易"、"简易"。"三易"的表述见于《易纬·乾凿度》,但其思想或可溯源至《易传》。《乾凿度》认为"三易"之说本自孔子。按《乾凿度》首句云:"孔子曰:《易》者,易也,变易也,不易也。管三成为道德苞籥。"又谓"易者以言其德也"、"变易也者,其气也"、"不易也者,其位也"[1]。这是三易的最早表述。同时,郑玄曾为《乾凿度》作注,其论三易谓"《易》之为名也,一言而含三义:易简一也,变易二也,不易三也"[2],郑氏并援引《易传》论之。简要地说,郑氏是以阴阳之爻之变动不居、迁流无常以解"变易";以乾坤定位、天地生成而万事有序以解《乾凿度》之"位",即"不易";以《乾》《坤》之

---

[1] (清)赵在翰辑:《易纬》(附《论语谶》),中华书局2012年版,第30—31页。
[2] (清)黄奭辑:《易纬》,上海古籍出版社1993年版,第5—6页。

德相合相融以解"易简"或"简易"①。在郑玄处,三易之义得到基本的阐释与确立。

马一浮对郑氏的三易之说甚为赞赏,并谓其"说三易绝精"②,不过他对三易之义作出自己的调整,即对其作重新的"楷定"。其云:

> 《易》为六艺之原,《十翼》是孔子所作,一切义理之所从出,亦为一切义理之所宗归。今说义理名相,先求诸《易》。易有三义:一变易,二不易,三简易。学者当知气是变易,理是不易。全气是理,全理是气,即是简易。(原注:此是某楷定之义,先儒释三义未曾如此说。然颇简要明白,善会者自能得之。)只明变易,易堕断见;只明不易,易堕常见。须知变易元是不易,不易即在变易,双离断常二见,名为正见,此即简易也。③

马氏以程朱理学所常言的理气关系以解释三易之义,指出"不易"即"理","变易"即"气",气是理所流淌、呈现出来的变动周流的状态。同时,在本源本真之情形下,不易之理与变易之气构成一个相涵相即(全气是理、全理是气)的整体机制与境域,这一机制与境域即是"简易"。换言之,不易之理与变易之气并非二分,理气具有既对比又相通的体用关系。相对之下,西方哲学则不免在现象主义(变易)与不变实体(不易)之间摇摆晃荡,执常则不知变,观变则不知常,未能达致常与变、本体与现象、不易与变易的圆融互摄的简

---

① 按《世说新语·文学》注亦曾引郑氏此段文字,然"易简"则作"简易"。参见徐震堮:《世说新语校笺》,中华书局1984年版,第118页。
② 马一浮:《与张立民书》,《马一浮全集》,浙江古籍出版社2013年版,第2册,第791页。
③ 马一浮:《泰和宜山会语》,《马一浮全集》,浙江古籍出版社2013年版,第1册,第31—32页。

易境界。马氏指出,义理的终极根源,是一个"变易元是不易,不易即在变易"、即不易即变易、即理即气的意义源头,这个源头包含有天地人物之本源消息的"简易之旨"。他同时认为,我们如果要阐发这一根源性境域,那么就需要将不易、变易、简易三个维度都讲明,因为"只明不易,易堕常见",即容易将不易之理视作固定不变的实体;"只明变易,易堕断见",即容易将变易之气视作断灭无常。只有展示出变易不易相涵相摄的圆融完备的简易构成,才得以收摄、纠正人们的偏颇倾向,使得人们常具正见、常住中道。

"三易"或"简易"是马一浮在易学和哲学思想上最深入精微的阐发。本着简易的视域,他试图会通儒、佛乃至人类思想中的一切义理名相。他指出,简易表现在"体用"上,即佛家的"从体起用"、"摄用归体"、"体用不二";表现在"知行"上,即儒家的"知行合一";表现在"性情"上,即宋儒的"心统性情";表现在"理气"上,即"全理是气"、"全气是理";等等。如是可至无穷,可谓摄无不尽,举无不周。[①]

现代新儒家特别重视《周易·乾凿度》中的三易之说,其中马一浮、熊十力两人最能对之作出充分系统的楷定。马、熊二氏之所以重视三易并对之重新诠释,是因为他们有如下两方面考虑:首先,他们试图对《周易》思想、儒家思想、中国哲学以至整个中国传统文化寻找到终极性的义理根源。这个根源具有简易、微妙、深厚、永恒的生命力,能够普遍地融会、涵摄儒佛道的各种义理名相并超化之。此根源足以贞定天地人生的价值和意义,安顿身心,化成人文。同时,在现代学术背景下,这一义理根源在性质上有别于西方近代哲学离析体用、分裂本体与现象的取向,并且可以对治之、超化之。这正如马一

---

① 参见马一浮:《三易略义》,《马一浮全集》,浙江古籍出版社2013年版,第4册,第84页。另参见王汝华:《观"象"玩"辞"、观"变"玩"占"——由四个面向观马一浮易学》(《周易研究》2012年第12期)一文对马一浮三易思想的相关整理。

浮门人乌以风所说,三易之说是"揭出中国易学精髓,可以解中西哲学'常'、'变'两宗之蔽;判老氏学术得失,可以泯儒道同异之争"①。据此,马一浮提出并诠释三易之义,意在从义理和思想的根源上融会传统学术,展示意义机制,化解思想危机。当然,马一浮是否真正做到泯化与超越传统儒佛道在义理名相上的分别,是否真正克服西方哲学析分现象与本体的问题,则并非没有可以讨论的空间。其次,三易之义也是马一浮与熊十力各自的儒学思想系统的根源与基础。熊十力的新儒学思想关注人们能否"见体"(悟入本体)的问题。在此基础上,他特别关注本体如何显为大用流行之真实世界的问题,因此他建立和展示出"翕辟成变"、"体用不二"的哲学。而这一哲学则是借助《易传》与《周易·乾凿度》的即不易即变易、即变易即不易之义而落实下来的。他指出:"余穷玄累年,深觉东西哲学家言,于此一大根本问题,都无正解。常旷怀孤往,豁然有悟。以为体用不二,确尔无疑。遂求征于大《易》,而得《纬》文。乃知即不易即变易,即变易即不易。古圣已先获我心,非余小子独得之秘也。《新论》(笔者按:即《新唯识论》)由是作焉。"②同样地,马一浮的新儒学思想系统六艺论也以其所楷定的三易之义为基础。只不过熊、马二氏在三易之义上的侧重有所不同。通过三易的视野,熊十力比较关注性智如何转出量智的知识论方面的问题,马一浮则比较关注本体如何成就出人文化成的文化哲学。熊十力侧重在本体如何化为大用的"本体—宇宙论"问题,因此善于阐发变易一义;马一浮则侧重在如何摄用归体、复归本性的"本体—工夫论"问题,因此善于阐发不易一义。

另外,马一浮指出,不易、变易、简易的义涵既然涵摄至广,因

---

① 乌以风:《马一浮先生学赞》,1987年自印本,第5页。
② 熊十力:《读经示要》,《熊十力全集》,湖北教育出版社2001年版,第3卷,第922—923页。

此三易之义可以与人的心性关联在一起。人心所本来涵具的性德是全体，是不易，是寂然不动；性德所流淌显现出来的生活世界或意义世界是大用，是变易，是感而遂通；心性的全体大用、体用不二、寂感一如，为即不易即变易、即变易即不易的简易之境。但是在实际生活中，人们往往很难达致体用不二、寂感一如的简易之境。这是因为性德往往为习气所遮蔽而发露不出，最终变易与不易打成两橛，不能相通。这时候我们就需要"主敬"与"孝弟"的修养工夫，达致性德之纯然昭露，体用之相通不二。马一浮云：

> 闻说易简，便以为已得之，谈何容易，须知求之实有功夫在。又闻说敬义，亦只是换一种名言，若不实下直内、方外功夫，济得甚事？学若不能入德，只是说闲话。[1]

> 孝弟因心爱敬自发，仁义之实，礼乐之文，皆从此流出，不假安排，是为至简至易。……《易》曰："知崇礼卑，崇效天，卑法地。"知以德言，礼以行言，知是天道，礼是地道。合内外之道，合天地之道，是为人道。又天道健，地道顺，人受天地之中以生，合健顺以为五常之德，所以显道神德行者莫着于孝。故以体言，则曰"德之本"；以用言，则曰"人之行"也。[2]

由此可见，马一浮认为，主敬与孝弟的德性修养与践行工夫可令我们的心灵或身心的状态，达致体用相涵、寂感一如、即不易即变易的简易之境。据此，相对于不易之性德本体与变易之生活世界来说，主敬与孝弟因为能够使得两者如如相融而达致简易之境，因此主

---

[1] 马一浮：《复性书院讲录》，《马一浮全集》，浙江古籍出版社2013年版，第1册，第359页。
[2] 马一浮：《复性书院讲录》，《马一浮全集》，浙江古籍出版社2013年版，第1册，第200—201页。

敬与孝弟的修养工夫可以视作一种简易工夫。至此，三易之义的不易（体）——变易（用）——简易（以工夫保证体用不二）的整体统一结构已基本呈现出来。我们如果将本节所论三易之义与马一浮的六艺论参照起来，便会发现后者完全脱胎于前者，后者的义理依据在于前者；这同时也就清楚解释了为何马氏所论六艺之三向度会以六艺之为全体——六艺之为大用——六艺之为工夫这样的构成展示出来。在他看来，这样的构成并非他的孤明先发，亦非古代圣人的安排创造，而是三易之义、简易之旨的自然推明与展现。图表表示如下：

不易	寂然不动	摄用归体	理	六艺之为全体
变易	感而遂通	从体起用	气	六艺之为大用
简易	寂感一如	体用一源	全气是理，全理是气	六艺之为工夫

马一浮将三易与六艺关联起来，表明其六艺论是以其易学思想为最终的根据，同时也体现出他肯定和继承古人的说法，认为《易》是六艺的源头与渊薮。不过，仅仅通过"三易"来说《易》为六艺之源，尚显得单薄。据此，马一浮进而通过《易》教的观象一义，来展示出大《易》确为六艺之原。

四、观象与六艺

马一浮有一个观点，这就是从义理的角度说，《易》为六艺之原，亦为六艺之归。下文就此展开。

在马一浮看来，六艺论构成了一个流动的意义机制，而意义流动之所以可能，则因为《易》教的作用。而理解《易》教的关键，则在于"观象"。象之周流、变化、牵引、伸缩、流动、出入，使得六艺之道得以生成。因此可以说，《易》教贯通了六艺意义机制的始终。在马一浮看来，盈天地之间者皆是象，因此《易》道无他，只是发明象之显现流行而已。故谓"太极以象一心，八卦以象万物"①。《周易》中的辞、变、象、占皆统摄于象，故云："《易》者，象也。象也者，像也。卦固象也，言亦象也，故曰'圣人立象以尽意'，'系辞焉以尽其言'，所以设卦为观象也，系之以辞为明吉凶也。"②因为《易》不外乎象，故学《易》尽《易》不外乎观象。同时，根据马氏的观点，他的观象之学与汉人的象数易学有所不同。他指出"吾讲观象，刊落枝叶，直抉根源"，因此是"提出一个大头脑，直接本源之谈"③。换言之，他自认为他的观象之学直达天地性命之本源，而汉人的象数易学则多囿于象数，而不能即象明理、通达本源。在本节中，我们具体考察马氏"观象"是如何观法。

首先，观象之初门在于《乾》《坤》。马一浮说："体《乾》《坤》，则能知《易》矣，是以观象必先求之《乾》、《坤》。"④在他看来，乾坤变化是象所以发端、生成的几微状态，我们必须从这个几微状态观起，才能获得观象的真义。而我们如果将"乾道变化"这一几微状态再往上推，那么这个境界更是"无象"可得，不可名，不可状，因为"名"、"状"本身也是象。如果牵强以名言表出，则可称为"太极"或"心"。马氏谓《易》与太极总是假名"，又谓"邵子曰：'心为太极。'此语最谛"，又谓"太极无象，

---

① 马一浮：《复性书院讲录》，《马一浮全集》，浙江古籍出版社2013年版，第1册，第346页。
② 马一浮：《复性书院讲录》，《马一浮全集》，浙江古籍出版社2013年版，第1册，第342页。
③ 王培德、刘锡嘏：《语录类编》，《马一浮全集》，浙江古籍出版社2013年版，第1册，第579页。
④ 马一浮：《复性书院讲录》，《马一浮全集》，浙江古籍出版社2013年版，第1册，第352页。

本不可图"①。但是,为何太极是心?对此马一浮并没有做出交代和展示。不过,他在此处所说的"心"应指"本心"、"本体",也即性德。熊十力就曾说过:"心非即本体也。然以此心毕竟不化于物故,故亦可说心即本体耳。""以本体言心,此心即性,亦即天,亦即命,亦即理,亦即《新论》所谓生命力。"②

那么,心或太极既无象,为何却能生出象来?其实在马一浮看来,"太极无象"并非是说真的是没有象。从根本上说太极其实也是象,只是象而未形而已。换言之,太极是无形之有。马一浮论"太易"(即太极)云:"未见气,即是理,犹程子所谓'冲漠无朕'。理气未分,可说是纯乎理,然非是无气,只是未见。故程子曰:'万象森然已具'。"③"冲漠无朕"与"万象森然已具"正好彰显出太极或心的幾微态势,这是象将显而未显的状态,是意义生发之渊薮。而在这个幾微态势中,不但象未形现,而且动与静也未完全显发。而这一幾微情状则是寂然不动的本心或性德。这里说的寂然并非死寂,而是寂而常照的灵妙状态,故谓"此心常存,体自湛寂。湛寂之相,乃其本然,唯寂始感。常人习静以求寂者,非真寂也。永嘉谓之'无记寂寂非'"④。此湛寂之本体即性德因为蕴涵着诸多德相,所以精微深密,具有感通的潜质与可能。本体越湛寂精微,就越能有所感通,所谓"湛寂之中,自然而感"⑤(此即构成了《诗》之本源,下文再述)。而

---

① 马一浮:《复性书院讲录》,《马一浮全集》,浙江古籍出版社2013年版,第1册,第347页。
② 熊十力:《新唯识论》(文言本),《熊十力全集》,湖北教育出版社2001年版,第2册,第83、146页。
③ 马一浮:《泰和宜山会语》,《马一浮全集》,浙江古籍出版社2013年版,第1册,第32页。
④ 马一浮:《复性书院讲录》,《马一浮全集》,浙江古籍出版社2013年版,第1册,第234页。
⑤ 马一浮:《复性书院讲录》,《马一浮全集》,浙江古籍出版社2013年版,第1册,第230页。

有所感则必然有所"动"。"动"是本心幾微态势的自我牵引与显发，从而展示出阴阳动静之象交织互摄的意义发生流行机制。在这个过程中，象自引而显，自然地呈现出来。马一浮说：

> 心外无物，凡物之赜、动皆心为之也。心本象太极，当其寂然，唯是一理，无象可得。动而后分阴阳，斯命之曰气，而理即行乎其中，故曰"一阴一阳之谓道"。①

这里，马一浮展示出意义发生与流行的原初环节。值得注意者：由寂然一理而至于阴阳二气，一理并不是"没有"了，而是行乎二气中。一展现为二，二展现为多，多统摄为一，总体现为别，别归本为总。一多相即，总别不二。在神妙不测的对比、关联、交织与融合中，阴阳两仪生四象、四象生八卦，八卦之行布、刚柔、上下、进退、变化又展现为六十四卦之象……最终成就出一个周遍涵容、生生不息的象世界、意义世界与生活世界。总言之，在马一浮看来，象的流行就是意义的生成，从而呈现真实存在，安顿天地宇宙，所谓"天地万物由此安立"②。

前文只涉及到"象"的发生，而并未说到"观"。其实展示象的发生流行，那么观就自在其中了。因为心或太极作为终极根源，不但是天地之心，而且也是一人之心、一念之仁。此马一浮所谓"盖人心之善端，即是天地之正理"③。因此，象之生发与流行，同时就是人心之发端与展现，《易》生两仪、两仪生四象八卦以至万象，其实也都

---

① 马一浮：《复性书院讲录》，《马一浮全集》，浙江古籍出版社 2013 年版，第 1 册，第 349 页。
② 马一浮：《复性书院讲录》，《马一浮全集》，浙江古籍出版社 2013 年版，第 1 册，第 349 页。
③ 马一浮：《泰和宜山会语》，《马一浮全集》，浙江古籍出版社 2013 年版，第 1 册，第 5 页。

是本心之通达与开显而已,此外更无身外之象、心外之物。马一浮云:"应知天地者,吾心之天地也;万物者,吾心之万物也;幽明者,吾心之幽明也;生死者,吾心之生死也;鬼神者,吾心之鬼神也;昼夜者,吾心之昼夜也;神是吾心之神;《易》是吾心之《易》:此之谓'性命之理'。"①可见,天地之象的兴发流行、意义的酝酿生成,即是吾人本心的自我通达与开显而已,因此我们一开始便无可逃避地在参与着天地之象的兴发流行。

但是,不可否认,在现实生活中,并非人人都能全幅参与象的流行、意义的生成。人具有有限性,人心也可能在与现实生活的互动交接中,不能与现实生活感通无碍,从而形成虚妄的执着。人心因为有所执着,所以人心所形成的象可以是非真实的虚妄偏曲之象,而非本真之象。本真之象是本心即性德的真实显现,故其所兴发之象是至诚无息、本源本真的;而虚妄之象则是本心因受遮蔽而形成的妄心妄念之显露,故其所兴发之象将至于险阻、凶悔吝。《易传》中有"变动以利言,吉凶以情迁,是故爱恶相攻而吉凶生,远近相取而悔吝生,情伪相感而利害生"②之语,马一浮阐释说:

> 曰攻、曰取、曰感,皆指一心之动象,所谓情也。迁即易也。吉凶、悔吝、利害皆无定而可易,及其已形已见,则定矣。《易》之为教,在随时变易以从道,故"惧以终始,其要无咎","因贰以济民行,以明失得之报"。贰者何?吉凶是也。动而得其理,则阴阳、刚柔皆吉;失其理,则阴阳、刚柔皆凶。故阴阳有淑慝,刚柔有善恶。……圣人之言实至明白,若无此二途,则《易》亦可不作,何由生大业邪?故曰:"乾坤毁,则无以见

---

① 马一浮:《复性书院讲录》,《马一浮全集》,浙江古籍出版社 2013 年版,第 1 册,第 375 页。

② 《周易·系辞下》。

《易》。《易》不可见，则乾坤或几乎息矣。"[1]

攻、取、感也是象，是吾人之心的变动之象，但这并非本真本源之象，因为此象并不本乎真心（理）而来，也即"失其理"，所以只是本源之象的变异形式，而此变动之象能够生起凶悔吝等险阻的虚妄之象。不过，因为这些象尚未成形定形，因此这时候我们可以发挥"观"的作用以超化之。君子如有虚妄之动，便能自我观照，领会出凶悔吝等险阻之象尚未定形，于是"随时变易以从道"、"惧以终始"，反身修德，通过切实的修养工夫重新回复到真心性德上去。性德既已莹澈显照，亦即"得其理"，那么就自然能够转化此攻、取、感等虚妄之动象，而成为本源的无妄之动象，而其所发之象便能吉无不利，更无凶悔吝。

马一浮进而认为，君子因观象之功，故能随时变易以从道，因此亦能得其理而兴发出本源之象，流出本真之意义，从而阴阳、刚柔之象皆吉。而阴阳之象相对于八卦之象而言，则是乾坤之象。此乾坤之象，以气之流形言之，即是天地之象；以德之力用言之，即是健顺之象。这些本源之象是真心本体、性德全体的全幅通达与大用流行，从而生起更为富盛美善之意义——盛德（大乐）与大业（大礼）。其云：

"《乾》知大始，《坤》作成物。《乾》以易知，《坤》以简能。易则易知，简则易从。""易简而天下之理得矣。天下之理得而成位乎其中矣。"……"夫《乾》，天下之至健也，德行恒易以知险。夫《坤》，天下之至顺也，德行恒简以知阻。"由此

---

[1] 马一浮：《复性书院讲录》，《马一浮全集》，浙江古籍出版社 2013 年版，第 1 册，第 351 页。

观之,险阻者,易简之反也。得之以易简,失之以险阻。易简为吉,险阻为凶。不得乎易简者,不能知险阻,即不能定吉凶也。……君子得《乾》之易以为德,故可久;得《坤》之简以为业,故可大。可久故日新,可大故富有。"《乾》知大始",故主乎知而为乐。"《坤》作成物",故主乎行而为礼。"知崇礼卑,崇效天,卑法地",故乐由天作,礼以地制。大乐必易,大礼必简。明乎天地,然后能兴礼乐。和且序,夫何险阻之有?此谓吉凶贞胜,此谓盛德大业。[①]

《乾》为纯阳之卦,在德上表现为"天下之至健"之象,故能始物而易知;《坤》为纯阴之卦,在德上表现为"天下之至顺"之象,故能成物而易从。君子如能保有全体真心之莹澈显照,保持随时变易以从道、动必以理,那么就不但得以兴发出本真善美的阴阳、刚柔之象,且进而能得《乾》之易知而成就善德,从而能刚健日新、长久不息;亦能得《坤》之简能而成就善业,从而能可久可大、充盈富有。由此,君子得乎乾坤易简之德,从而也就更深入地参与本源之象之显发与本真意义之生成。同时,这里也需要用"观"。因为君子也有可能因为举心动念之间有所悖理,而不能维持本真意义之流行,因此君子应该深观《乾》之易知之象与《坤》之简能之象,从而深知"易"是本真之象,其相反则是"险"这一非本真之象;也深知"简"是本真之象,其相反则是"阻"这一非本真之象,并由此继续修省畏惧,不使有一毫之邪妄,使得性德全体继续充盈通达,从而参与并保养乾坤易简这一意义机制,最终成就出盛德与大业。而这盛德与大业,便是本源之大《乐》与本源之大《礼》的源头。礼乐是盛德大业之自

[①] 马一浮:《复性书院讲录》,《马一浮全集》,浙江古籍出版社2013年版,第1册,第349页。

然呈现：《乾》有易知之德，易知故能和，故"主乎知而为《乐》"；《坤》有成物之德，成物故有序，故"主乎行而为礼"。又天地是乾坤之象，天的崇显之象能够兴发出乐，故《礼记·乐记》谓"乐由天作"、"大乐必易"；地的卑顺之象能够兴发出礼，故《礼记·乐记》谓"礼以地制"、"大礼必简"。所以乐之和与礼之序乃自乾坤天地而来。同时，马一浮认为，大礼与大乐的关系是和与序、礼与乐相互涵摄的关系，这是因为阴阳、乾坤之象本是相融相摄的关系。故马氏谓"'天高地下，万物散殊，而礼制行矣；流而不息，合同而化，而乐兴焉。'散者必合，殊者必同，行者必化，是谓乾坤合德，礼乐同原。序则无险，和则无阻也"①。

总言之，马一浮自《易》之观象而通达至德业，而德业则是礼乐之原，故《易》能涵摄礼乐并成为礼乐之原。马氏总结云："德业者，体用之殊称，知能之极果，亦即礼乐之本原，乾坤之大法也。"②

在马一浮看来，观象之初门在于《乾》《坤》，而要登堂入室，则需要求之于《咸》《恒》。他指出，如君子欲崇德广业，则必以言行为重，言行则本之《咸》《恒》。《乾》《坤》是《周易》上经之首二卦，而《咸》《恒》则是《周易》下经之首二卦。故如得《咸》《恒》之义，观象之不二法门乃自在其中。首先，我们需要理解马一浮为何认为崇德广业必以言行为重。他说：

> 知易斯能用《易》矣，尽性斯能至命矣。观《乾》《坤》则知其用备于六子也，顺性命则知其理不离五事也。盖六子各得《乾》《坤》之一体，故欲体《乾》《坤》则必用六子。五事并出

---

① 马一浮：《复性书院讲录》，《马一浮全集》，浙江古籍出版社2013年版，第1册，第355页。
② 马一浮：《复性书院讲录》，《马一浮全集》，浙江古籍出版社2013年版，第1册，第352页。

性命之一源，故欲顺性命则必敬五事。效《乾》《坤》之用者莫大于《坎》《离》，顺性命之理者莫要于言行，故上经终《坎》《离》，下经首《咸》《恒》。圣人示人学《易》之要，所以"崇德广业"者，必以言行为重也。天地之道，所以行变化、成万物者，雷、风、水、山、泽是已；人之道，所以定吉凶、生大业者，视、听、言、动、思是已，岂别有哉！①

真心本体自然地显为乾坤易简之象，从而天地宇宙得以安顿；而乾坤之象之交会、互摄、流行，则显现为"六子"（震☳、巽☴、坎☵、离☲、艮☶、兑☱），六子分别相应为雷、风、水、火、山、泽之象，六子合乾坤二卦，于是八卦得以安立。而此六子之象可以说是意义流行的进一步兴发与充扩，从而天地万物乃得以进一步具体成就与安顿。这是"天地之道"的展现，其实也是"人之道"的展现，因为天与人在本源上皆是真心之开显而已，故人之"观象"乃自然地参与了"乾坤生六子"的意义生成环节。人们自身也应该参与乾坤六子之道，这样才是真正的观、真正的人道之立。我们已展示出君子观乎乾坤易简之象而生发出盛德大业、并进而开启出本源之礼乐；在这里马一浮则要展示出君子观乎乾坤六子之象而能成就出"顺性命之理"的"五事"。这如何可能？

"五事"即貌、言、视、听、思，本《尚书·洪范》"敬用五事"。马一浮谓"今以五事配八卦，明用《易》之道，当知思用《乾》《坤》，视听用《坎》《离》，言用《艮》《兑》，行用《震》《巽》"，他并表示这并非他的创见，而是"称理而谈"②。先就"思"而言，其

---

① 马一浮：《复性书院讲录》，《马一浮全集》，浙江古籍出版社2013年版，第1册，第356—357页。

② 马一浮：《复性书院讲录》，《马一浮全集》，浙江古籍出版社2013年版，第1册，第357页。

谓"'顺性命之理'者，必原于思。思通乎道，则天地定位之象也，亦《乾》君《坤》藏之象也"，因为"资《乾》以为知，资《坤》以为能。思也者，贯乎知能，即理之所由行也。汝若不思，同于土木；汝若邪思，则为凶咎。思睿作圣，乃知天命"①。此即马氏所谓"思睿观通"②之义：乾坤之互摄交会乃以知能易简之象而通达出本源之理、性命之原，而人之"思"作为观的一种形式，能够"通乎道"，而"道"即是乾坤知能之互摄交会开启出来的，所以思乃是乾坤之用。另外，马一浮谓"视极其明，听极其聪，声入而心通，物来而自照，此水火相逮之象也"③，《离》卦为火（明）之象，《坎》卦为水（流）之象，在人则相应为视、听，因为"人之视必有所丽，如火之必丽于薪。听则远近无隔，如火之有然灭明暗，水则不舍昼夜，此《楞严》所以赞耳根圆通也"④。至于五事中的"言"，则本乎《艮》《兑》，"'或默或语'，《艮》《兑》之象也"、"《艮》止，《兑》说"⑤，因为《艮》为山之象（重卦则为兼山），《兑》为泽之象（重卦则为丽泽），故"观于兼山而得内外皆止之象，则动静、语默一如，莫非止也。观于丽泽而得彼己皆说之象，则主伴相融、机教相感，莫非说也"⑥。因此很明显，"言"这种观象方式乃摄于《艮》《兑》二卦。《艮》之静默其实也是言的一种特殊样式。最后，五事中的"貌"，马氏认为实

---

① 马一浮：《复性书院讲录》，《马一浮全集》，浙江古籍出版社 2013 年版，第 1 册，第 357 页。
② 马一浮：《泰和宜山会语》，《马一浮全集》，浙江古籍出版社 2013 年版，第 1 册，第 80 页。
③ 马一浮：《复性书院讲录》，《马一浮全集》，浙江古籍出版社 2013 年版，第 1 册，第 358 页。
④ 马一浮：《复性书院讲录》，《马一浮全集》，浙江古籍出版社 2013 年版，第 1 册，第 361 页。
⑤ 马一浮：《复性书院讲录》，《马一浮全集》，浙江古籍出版社 2013 年版，第 1 册，第 358 页。
⑥ 马一浮：《复性书院讲录》，《马一浮全集》，浙江古籍出版社 2013 年版，第 1 册，第 358 页。

即"行"之象，所谓"发于心则谓之动，形于事则谓之行，见于威仪四体则谓之貌"①，故能以行统貌，而行即《震》《巽》之用，"'或出或处'，《震》《巽》之象也"、"《震》起，《巽》伏"②。《震》为雷之象，《巽》为风之象，雷即起之象，风即伏之象，雷风之相薄亦即或出或处，皆是行之用。综上，马一浮展示出五事作为人之道，乃全幅参与至乾坤六子之象的意义流行过程。

同时，乾坤六子交织互摄而生成流行之象，而五事之象则本于乾坤六子而来，故五事之间也是互融互摄、互通互达的关系。不然，敬用五事是绝不会思睿观通，从而通达出性命之原的。而互为通达的五事则又可为"言"、"行"二事所涵摄无遗。因为"视听者，思之存；言行者，思之发。思贯五事而言行亦该余三，就其见于外而能及人者言之也"③，思于五事中最为本源，因为"心之官主思，四事皆统于一心，故思贯四事"④；而同时思所显发通达出来的是言、行之象，所以思贯五事，言行作为思之发，也同时得以涵摄五事。故而言行之象是乾坤六子这一意义流行机制的进一步显发与引申。上文曾展示出君子观乎乾坤易简之象而成就盛德大业，从而显发流淌出本源之礼乐；而这里，马一浮进一步指出，乾坤之交会流行乃展现为六子之大用，亦即《易》之意义机制得到进一步的引申触类，故君子成就盛德大业之后必然不会没事可做，此盛德大业必然会自我展现为五事之用，亦即五事作为观象的方式参与至盛德大业的开显与流行之中。又五事为言行所摄，故马一浮认为崇德广业，"必以言行为重也"。

---

① 马一浮：《泰和宜山会语》，《马一浮全集》，浙江古籍出版社2013年版，第1册，第59页。
② 马一浮：《复性书院讲录》，《马一浮全集》，浙江古籍出版社2013年版，第1册，第358页。
③ 马一浮：《复性书院讲录》，《马一浮全集》，浙江古籍出版社2013年版，第1册，第357页。
④ 马一浮：《泰和宜山会语》，《马一浮全集》，浙江古籍出版社2013年版，第1册，第59页。

言行是六子中《艮》《兑》《震》《巽》四卦之大用，如果说《易》上经为《乾》《坤》二卦所主，以显"天之道"；那么言行作为观象之要，实涵摄了"人之道"，《易》下经乃显人之道，故马氏认为《艮》《兑》《震》《巽》四卦全在下经，缘由在此。[①] 同时，就六十四卦而言，言行则是《咸》《恒》二卦之大用，因为主言的《艮》《兑》合而为《咸》卦，主行的《震》《巽》合而为《恒》卦。其云：

> 合《艮》《兑》而成《咸》。"圣人感人心而天下和平"，言之感以虚受也。合《震》《巽》而成《恒》，"圣人久于其道而天下化成"，行之久而不易也。[②]

"咸"即"感"。《咸》卦乃会合《艮》《兑》而来，故感通必主乎言。《咸》卦之《象》谓"天地感而万物化生，圣人感人心而天下和平；观其所感而天地万物之情可见矣"，而欲令人有所感，则当有音声言语，故马一浮认为圣人之所以能感发人心而令天下和平，乃在于"言之感以虚受也"，《周易·系辞上》亦谓"子曰：君子居其室，出其言善，则千里之外应之，况其迩者乎？居其室，出其言不善，则千里之外违之，况其迩者乎"。实际上，如结合上文，便明显可知《咸》卦乃涵摄《诗》教，并流出本源之诗，因为"《诗》以感为体"。据此，我们再考察《咸》卦卦辞，初六象"志在外也"，九三象"志在随人"，九五象"志未也"，乃明显显示"志"与"感"是相通的，志即感，所谓"《诗》言志"，实际上就是"《诗》以感

---

① 马一浮：《复性书院讲录》，《马一浮全集》，浙江古籍出版社 2013 年版，第 1 册，第 358 页。
② 马一浮：《复性书院讲录》，《马一浮全集》，浙江古籍出版社 2013 年版，第 1 册，第 358 页。

为体"的另一个表述而已。而《恒》卦则是会合《震》《巽》而来，《震》《巽》主行，而《恒》卦之《彖》则谓"日月得天而能久照，四时变化而能久成，圣人久于其道而天下化成；观其所恒，而天地万物之情可见矣"，久于其道必以行，故马氏谓"行之久而不易也"。令"天下和平"与令"天下化成"略有不同。前者需要"言"，而后者则需要"行"，故谓"《系辞》上传终之曰：'神而明之，存乎其人。默而成之，不言而信，存乎德行。'此明德行既成，乃不待于言也"①。所以"化成"需要"行"，"行"是较"言"更为深入的一种观象形式与意义参与方式。同时，本源之"行"是与"德"相联系的，"行"即"德行"，亦即行是德之通达与显发，故《恒》卦卦辞九三象为"不恒其德，无所容也"，九四象为"恒其德，贞"。实际上，《书》教就是以德为本的，据此马一浮谓"《论语》'为政以德'一章，是《书》教要义。德是政之本，政是德之迹"，又谓"六经总为德教，而《尚书》道政事皆原本于德"②，故《恒》卦实涵摄《书》教。

　　君子以言行的观象方式，亦即以《咸》《恒》二卦进一步参与意义生成流行的机制。实际上，言行自身也是流行之象。同时，在现实生活中，言行有可能为善，也有可能为恶。故君子于此中也需要修省畏惧，辨乎几微之域，从而以本源本真之言行令盛德大业引申触发，并流淌充盈于天地万物、天下百姓，促使这个意义的流行机制得以成就为人类善美充实之生活。言行直接关系到人类本真善美的生活是否可能的问题，故《诗》《书》二教皆为孔子之所雅言。

　　总言之，马一浮所示观象法门，首在《乾》《坤》，次在《咸》《恒》。对此观象法门之展示，即可知本源之《诗》《书》《礼》《乐》

---

① 马一浮：《复性书院讲录》，《马一浮全集》，浙江古籍出版社2013年版，第1册，第442页。
② 马一浮：《复性书院讲录》，《马一浮全集》，浙江古籍出版社2013年版，第1册，第139、269页。

实根源于大《易》。而六艺中的《春秋》，我们虽于此中未曾涉及，其实观象则《春秋》已然具备其中了。马一浮认为，《易》是"隐"之《春秋》，而《春秋》则是"显"之《易》，故谓"《易》本隐以之显，即是从体起用。《春秋》推见至隐，即是摄用归体"①，又谓"《易》以忧患而作，设卦观象，系辞焉而明吉凶；《春秋》名伦等物，辨始察微，拨乱世反之正。故《易》之所作、《春秋》之所作一也"②。由此他总结道：

  教体之大，本通六艺言之。如正得失，动天地，感鬼神，《诗》教之大也。恢宏至德，以显二帝、三王之治，《书》教之大也。乐与天地同和，礼与天地同节，《礼》、《乐》之大也。善善恶恶，贤贤贱不肖，存亡国，继绝世，补敝起废，拨乱反正，《春秋》之大也。而《易》以《乾》、《坤》统礼乐，以《咸》、《恒》统言行，则《诗》、《书》、《礼》、《乐》之旨在焉。"亦要存亡吉凶，则居可知矣"，则《春秋》之义在焉。故《诗》、《书》、《礼》、《乐》、《春秋》之教皆统于《易》，所以为六艺之原。以六艺别言之，则教体俱大；合言之，则所以为《诗》、《书》、《礼》、《乐》、《春秋》之教体者莫非《易》也。一摄一切，一切摄一。一入一切，一切入一。一中有一切，一切中有一。交参全遍，融无碍。故以《诗》、《书》、《礼》、《乐》、《春秋》望《易》，则又以《易》教为至大也。③

---

① 马一浮：《泰和宜山会语》，《马一浮全集》，浙江古籍出版社 2013 年版，第 1 册，第 16 页。
② 马一浮：《重印宋本春秋胡氏传序》，《马一浮全集》，浙江古籍出版社 2013 年版，第 2 册，第 33 页。
③ 马一浮：《复性书院讲录》，《马一浮全集》，浙江古籍出版社 2013 年版，第 1 册，第 371 页。

这里，马一浮实际上是藉《易》教统摄六艺之义，从而展现出一个一多互摄、周流无碍的意义流行与构成机制。在他看来，这个意义机制既是孔子六艺之教的本源面相，也是中国固有文化的至极根源，同时也是天地宇宙得以安立安顿、人类生活得以充实善化的本源依据。而这一意义机制之总根源则在《易》教。大《易》流行，展现为一个意义的整体结构，并扩散为每个个体的多样性，而这个意义机制则又因为个体与整体地往回关联、互为融摄、共生共创中形成丰富与充实的意义流行，从而安顿天地、充实人生。在这个方面，每个个体都是整体，每个个体都与整体共创相通。因此就六艺而言，大《易》展现为六艺，因此《易》为六艺之整体，而六艺之每一艺则为个体，然而每一艺也表现为六艺整体。所以马氏谓六艺之每一艺，"教体俱大"。而又因为每一艺皆自大《易》之流行中自然流出，故《易》教是六艺之原，是六艺诸教体中之至大至深者。

《易》为六艺之原既明，然则何以谓《易》为六艺之归？在马一浮看来，《易》为性命之原，能流出六艺之道，安顿天地人生；同时我们亦可反过来看，六艺之道、天地人生最终都可以摄归为性命之原，归本大《易》。这就是从体起用、摄用归体、原始反终。六艺为一心（太极）之展现，也定将摄归为一心（太极）。此马一浮所谓"摄归唯是一心，散之则为六艺"[①]。马一浮故云："知《易》'冒天下之道'，即知六艺冒天下之道，'无不从此法界流，无不还归此法界'。故谓六艺之教终于《易》也。"[②]《易》教以"观象"涵摄六艺的结构，表示如下：

[①] 马一浮：《举香赞》，《马一浮全集》，浙江古籍出版社2013年版，第2册，第281页。
[②] 马一浮：《复性书院讲录》，《马一浮全集》，浙江古籍出版社2013年版，第1册，第342页。

```
心           ┌→《乾》、《坤》→《礼》、《乐》                    心
(太极) →《易》─┤                           ⟩→《春秋》←《易》← (太极)
            └→《咸》、《恒》→《诗》、《书》
```

本节详细梳理了马一浮是如何通过《周易》中的观象一义，阐释和呈现出《易》统六艺、《易》为六艺之原以及《易》为六艺之归的具体义涵，并试图落实这些古人就已经提出的观点的。同时，通过将观象与六艺关联起来，马一浮也揭示出他的义理派象学的义涵，并以此将孔子六艺之教展示成为一个互摄圆融的意义机制，这无疑从思想的角度，丰富了我们关于《周易》在先秦经典、六艺中的位置与功能的理解，同时也深化了我们对生活世界、意义世界的脉络的体知。

五、总结

本章从四大方面梳理了马一浮易学思想的几个关键性内容。首先，本章指出，在宋明理学与易学中，马一浮继承并推进了伊川的易学思想，并发展出"观象明理"的义理派象学思想。再次，本章简述了六艺论的内在结构，指出六艺论呈现出一个本源而本真的意义机制，这个意义机制由"六艺之全体"、"六艺之为大用"、"六艺之为工夫"这三个向度之互通互摄所构成。同时，六艺之全体大用则是通过《易传》的"寂然不动，感而遂通"的寂感之理而实现出来的。复次，在先秦两汉易学中，马氏独有取于《易纬·乾凿度》的三易之说并对之做出自己的楷定。通过他的楷定，三易之义成为六艺论的义理根据与基础所在，与六艺之全体、大用、工夫相对应。六艺的兴发与流行的脉络，就是不易、变易、简易三者的内在融通。最后，本章通过较长的篇幅，具体细致地呈现出马一浮是如何阐释《易》为六艺之原这一思想的，从而揭示出马一浮的六艺论是以《周易》的人文精神作为其基础与底色。总言之,马一浮上述几方面的展示与论述是否合乎传统思想史的真义、实义,尚可商榷和讨论;但是我们却难以否认其思想与哲学上的意义。总言之,与熊十力一样,马一浮是通过对《周易》以及易学思想的借鉴、融合、提升、转化,而建立起他的新儒学思想的。易学思想对于他的新儒学思想具有奠基性的意义。同时,从当代社会和思想的语境与脉络出发,马一浮易学思想具有如下当代性的价值与启示。

首先,马氏易学思想具有会通性。会通性(融通性、互通性、互动性)是马一浮易学与哲学思想的一个基本品质。从前文可见,马氏易学思想因为要面对近现代复杂丰富的社会与思想环境,以求重塑《周易》与中国哲学的精神与当代性价值,所以采取了会通性的进路。寂感与六艺、观象与六艺、《易》与六艺、易学思想与先秦宋明儒学、易学思想与儒佛义理名相等等这些深层次的思想问题,在马一浮那里都能够进行深度的圆融会通。通过这些会通,马一浮不拘限在对传统经学、传统文献的整理、编排、胪列上,而是要阐发出传统经典、《周易》经传中所蕴含的创造性与开放性的意义向度,并展示出一个植根于东方思想经验基础上的生活世界、意义世界、意义机制。当代社会与学界越来越强调科内与科际的整合,马一浮展示出《易》与六艺等诸多环节的融通,无疑给科内、科际的整合带来或多或少的启发意义。

其次,马氏易学思想具有溯源性。马一浮虽然借鉴、融化了宋明易学特别是易传易学的思想,但他与熊十力等新儒家一样,还自觉地调适上遂,反本溯源,从先秦两汉经典特别是六经、《易传》、《易纬》中探赜索隐、钩深致远,竭力展示出他所理解的孔子易学思想的真实意蕴,以开启出新的思想境界。他对"寂感"、"观象"的阐发,对"三易"、"简易"的楷定,对《周易》与六艺关系的探析,都体现出其反本溯源的努力。马一浮以及其他新儒家人物之所以将其易学与哲学思想溯源至先秦经典，并从中吸取营养，引发哲思，是因为他们明白到思想会通与思想创新的基础正在于反本与溯源。会通与溯源、开新与反本是相互滋润、互动互成的关系。没有溯源就没有会通，没有反本就没有开新。马一浮深知此意，所以他主张"直抉根源"、"直探之十翼"①，以开启新的思想境界。当代社会是多元化、全球化主导的社会，面对这种情景，国人必须面向全球、反本溯源、再植灵根、赋予新运。马一浮等现代新儒家的奠基者，对此已有相当程度的觉悟了，马氏易学思想正体现出这一点。

再次，马一浮易学思想具有人文性。马氏易学思想的"感兴"与"观象"，都体现出典型的人文性思维与方法。他关注的是《周易》经传中所蕴含的人文向度，侧重在阐发《周易》经传中所蕴含的"盛德大业"、"人文化成"，以及通过"六艺"这一宏大的意义与文化脉络，让"盛德大业"与"人文化成"得到更为丰富系统的呈现。这是中国近现代以来的典型的"人文易"思想。② 中国近现代的"人文易"思想，植根于传统易学史与经学史，同时又不囿于传统义理、象数之

---

① 马一浮：《复性书院讲录》，《马一浮全集》，浙江古籍出版社2013年版，第1册，第342页。

② 按："人文易"之说由萧萐父所提出。萧先生认为，"合《经》《传》为一体的'易学'，摆脱了原始巫术形态，容纳和体现了古先民的科学智慧、人文理想与神道意识，三者既相区别，又相联系，且互为消长，在不同历史时期与不同学术思潮相激荡而发挥其不同的文化功能。""'科学易'与'人文易'，可说是相对而形成的名称；用'科学易'与'人文易'来划分易学流派，似乎有其现实的客观依据。'科学易'与'人文易'，虽也有其历史渊源，但就其思想内容和研究方法的特征而言，都属于近现代的易学流派，对于传统的易学诸流派都有所扬弃和超越。""'人文易'所注视的是《易》象、数、图和义理中内蕴的人文精神。它研究的不是筮数而是'筮之德'，不是卦象而是'卦之德'，不是爻变而是'爻之义'，是'圣人以此洗心，退藏于密，吉凶与民同患'的价值理想。所以，'人文易'并非对传统的晋易、宋易中义理内容的简单继续，而是对传统易学中'象数'和'义理'的双向扬弃和新的整合。"萧先生另总结出"人文易"的思想学术传统，孕育和塑造出"时代忧患意识"、"社会改革意识"、"德业日新意识"和"文化包容意识"四大民族精神。上述内容参见萧萐父：《人文易与民族魂》，载萧萐父：《萧萐父选集》，武汉大学出版社2013年版，第140—152页。

学及其争论,而是先立其大,综摄会通,试图充分把握和阐发其中所蕴含的人文精神、道德价值、人格尊严、社会理想,以求延续传统文化生命中活的精神与血脉。从这个角度看,现代新儒家马一浮、熊十力、唐君毅、牟宗三等人的易学思想,都是一种"人文易"的思想,而马氏易学思想则在这一方面体现得相当充分。

笔者认为,现代新儒家可以界分为三大系。一是心性—人文系,以马一浮、唐君毅为代表;一是心性—思辨系,以熊十力、牟宗三为代表;一是政治—思想系,以梁漱溟、徐复观为代表。马一浮与唐君毅的新儒学思想,都是通过"感通"、"观象"这两种人文思维和方法而展开的,而他们的这些思维和方法,在很大程度上是对《周易》经传的相关思想资源的发掘、诠释、阐扬。不过,马一浮对于其"感通"、"观象"的人文观念,深入的洞见和体会有余,而系统的辨析和展示不足,这在某种程度上阻碍了学界对其易学思想及其价值的理解和界定。

另外,放在现代的背景下,马一浮的易学思想也有着明显的不足、欠缺甚至局限性。这可以体现在两方面。一方面,正如前文所言,马氏对于其易学思想地表达继承了传统的方式与风格,其中多半是其心证的道出,也即直接"单刀直入"、"从体起用",称说他对《周易》思想与精神的理解。这种方式有利于我们直接理解到《周易》经传所蕴含的人文精神与德性义涵,但由于其在道出的过程中,缺乏环环相扣、层层推进的展示、探索、论证,因此马一浮的相关观点也许并不特别令人信服。相对之下,第二代新儒家如唐君毅等人则弥补了这个缺陷。正如唐君毅在其代表性著作《文化意识与道德理性》的序言中所说:"西方哲人之论文化,与中国哲人之论文化之方式有一大不同。中国哲人之论文化,开始即是评判价值上之是非善恶,并恒是先提出德性之本原,以统摄文化之大用。所谓明体以达用,立本以持末是也。而西方哲人之论文化,则是先肯定社会文化之为一客观存在之对象,而反溯其所以形成之根据。本书之作法正是如此。"[1] 由此可见,马一浮的上述易学思想,是明体达用、立本持末之教,这种教法需要通过即用显体、自末反本的方式以作补充和支持。如果没有这种补充和支持,今人也难以深切合理地理解到其中的胜义与价值。笔者认为,唐君毅的易学思想和易学研究,或多或少地弥补了马一浮的这一缺憾。

另一方面,相对于现代新儒家的其他人物如熊十力、唐君毅、牟宗三等,马一浮的易学思想对于现代的哲学、科学、政治等问题的具体、系统的回应不够。换言之,他对于"现代性"的向度缺乏充分的意识与自觉,他的易学思想尚集中在对传统的会通与溯源上,而缺乏对"现代性"的回应,或者说这种回应尚处于潜而未显的状态中。事实上,身处"现代"以至"后现代"背景下的易学研究和易学思想,不能不面对"现代性"的问题。"现代性"关注的是"主体"、"自我"、"启蒙"、"理性"、"知性"等向度的问题,这些向度深刻地塑造与影响了现代人类社会。在这个背景下,人文性的学术思想的探索,不可避免地要面对、思考现代性的问题。我们对《周易》思想的研究与阐发当然也不例外。我们关注现代的哲学与科学的各种论题,有利于对《周易》经传作出切合时代性的诠释和思考,从而推进《周易》哲学与思想的发展。

---

[1] 唐君毅:《文化意识与道德理性》,台北学生书局1986年版,第9页。

第二章 《周易》语境下的"本体—工夫论"
——马一浮知能观疏解

马一浮新儒学其中一个特色,在于他展示出以性德、性理为基础的"本体—工夫论",这与熊十力以本体、心体为基础的"本体—宇宙论"构成一个对比与呼应。[①]熊氏的"本体—宇宙论"是通过他对《周易》特别是《易传》哲学的阐扬而展示出来的;同样道理,马一浮的"本体—工夫论"也与《易传》哲学内在相关。他并不满足于恪守宋明理学的工夫修养论,他将工夫修养特别是知行的工夫溯源至《易传》的乾坤知能说,并将《易传》的乾坤知能说与宋明理学的知行修养论进行互动互观,最终形成马氏自身的知能修养论。在他看来,宋明理学中程朱一系所论知行义,与阳明一系所论知行义,无论在角度上还是表述上多有差别。如果我们顺着这两系的思想进路直接讨论下去,恐怕难有合理确切的判定。但如果我们反本溯源,在孔子儒学中寻找到相关的思想资源,并对之作出充分阐发,也许可以开启新思,进而融摄和超化宋明理学各派的知行观。据此,马一浮特别注意《易传》中的乾坤知能论。他认为《易传》本是孔子所作,那么理所当然地,乾坤知能之说亦是孔子自觉表达出来的观点。[②]

按《易传》中的乾坤知能说主要体现在《系辞传》的内容上。

[①] 参见郭齐勇:《现代新儒家易学思想论纲》,《周易研究》2014年第4期。
[②] 参见马一浮:《泰和宜山会语》,《马一浮全集》,浙江古籍出版社2013年版,第1册,第31页。

《系辞传》云:"乾道成男,坤道成女。《乾》知大始,《坤》作成物。《乾》以易知,《坤》以简能。易则易知,简则易从。易知则有亲,易从则有功。有亲则可久,有功则可大。可久则贤人之德,可大则贤人之业。易简而天下之理得矣。天下之理得,而成位乎其中矣。"① 这段话是说,知本《乾》而来,能本《坤》而来。本《乾》而来之知是平易明通、自在无碍之知,因此称作"易知";本《坤》而来之能是简要顺畅、约而能达之能,因此称作"简能"。易知与简能则是本《乾》《坤》二卦之德性而来的。朱子解释道:"《乾》健而动,即其所知便能始物而无所难,故为以易而知太始。《坤》顺而静,凡其所能,皆从乎阳而不自作,故为以简而能成物。"② 这是很精要的解释。另外,《系辞传》这段话在揭出乾坤易简之义后,指出《乾》之易知与《坤》之简能不但是并列的关系,而且是交错、互动、相润、融会的关系,易知与简能共同成就出贤人君子的盛德与大业,易简相合而共同通达或获得天下之理,获得天下之理就可以成就人道,与天地相参。这正如朱子所解释:"成位,谓成人之位。其中,谓天地之中。至此则体道之极功,圣人之能事,可以与天地参矣。""此第一章,以造化之实明作经之理,又言乾坤之理分见于天地而人兼体之也。"③ 贤人如果能够体取乾坤易简之理,那么就可以达到如《礼记·中庸》所说的"致中和,天地位焉,万物育焉"的状态与境界。

围绕《易传》的这一段话,马一浮引申出他以乾坤知能为特色的修养论。在此之前,马一浮有三点相关的说明。第一,知能与知行有同有异。他指出:"知是本于理、性所现起之观照自觉自证境界,亦

---

① 《周易·系辞上》。
② (宋)朱熹:《周易本义》,《朱子全书》(修订本),上海古籍出版社、安徽教育出版社2010年版,第1册,第124页。
③ (宋)朱熹:《周易本义》,《朱子全书》(修订本),上海古籍出版社、安徽教育出版社2010年版,第1册,第124页。

名为见地。能是随其才质发见于事为之著者，属行履边事，亦名为行。故知能即是知行之异名，行是就其施于事者而言，能是据其根于才质而言。"① 在他看来，知能与知行没有根本的差异，能主要体现为行，故其又谓"'《乾》知大始'，故主乎知而为乐；《坤》作成物，故主乎行而为《礼》"②。只不过，能偏重在材质能力，行则偏重在行事践履。从这个角度说，能要比行更为根本一些，有此能则能发为此行。因此马一浮偏重说知能而非知行。他要通过乾坤知能易简之理，涵摄后世的各种知行之论。

第二，孔子的知能观要较孟子的知能观要完备圆融。孔子思想的特点是体用、内外、本末、上下等两方面皆能照顾得到，同时他自己也能够将这两方面圆满地融合在一起。孟子以孔子为法，不过孟子单刀直入，先立其大，在完备度与圆融度上及不上孔子。马一浮认为，孔子的全提与孟子的直指的对比，在两者的知能观上也体现出来。孔子说知能，是先天与后天并举，既点出人心先天所具的本体性德，又指出人心后天应有的修为工夫，所以孔子提出乾坤易简之教，融通全体、大用、工夫三者而成为简易之境。相对之下，孟子说知能，则只是点出先天的良知良能，而未能照顾到后天的修为工夫，因此相比孔子的乾坤知能易简之教、体用工夫相融之境，尚有所不足。其云："孟子曰：'人之所不学而能者，其良能也；所不虑而知者，其良知也。'其言知、能，实本孔子《易传》。在《易传》则谓之易简，在《孟子》谓之良。就其理之本然则谓之良，就其理气合一则谓之易简，故孟子之言是直指，而孔子之言是全提。何谓全提？即体用、本末、隐显、内外，举一全该，圆满周遍，更无渗漏是也。盖单提直指，不

---

① 马一浮：《泰和宜山会语》，《马一浮全集》，浙江古籍出版社2013年版，第1册，第34—35页。
② 马一浮：《复性书院讲录》，《马一浮全集》，浙江古籍出版社2013年版，第1册，第351页。

由思学,(原注:虑即是思。)不善会者便成执性废修。全提云者,乃明性修不二,全性起修,全修在性,方是简易之教。(原注:'性修不二'是佛氏言,以其与'理气合一'之旨可以相发,故引之。)性以理言,修以气言。知本乎性,能主乎修。性唯是理,修即行事,故知行合一,即性修不二,亦即理事双融,亦即'全理是气,全气是理'也。"[1]据此,在马一浮看来,孟子只说到理、性的层面上,而难以照顾到气、修的层面,更未能臻至孔子的理气合一、性修不二的简易之境、易简之教。由此可见,马氏之知能说,乃欲正本清源,本孔子简易之旨而立言。不过在事实上,孟子其实也很重视养气、修德、践形、尽性的工夫。笔者认为,马一浮不应该不知道这一点,只不过他要强调孟子尚未能圆熟地将知能两端自如地融合起来而已。

这里还需要指出一点,就是马一浮特别强调各种义理名相的相通性。正如引文的内容所显示,马一浮阐发知能之义,也是通过将之与其他义理名相如理气、理事、体用等的相通互发而揭示出来的。"理"与"体"、"知"相通,"气"与"用"、"能"相通,并在义理根源上本然地呈现为理气合一、理事不二、体用不二、知能合一的简易或易简之境。诸名相在简易之境的观照下,乃本源地相即圆融。这是马一浮新儒学思想的特色之一,同时也体现出现代新儒家兼综统摄传统各家思想的特点。表示如下:

不易	乾	易知	性	体	理
变易	坤	简能	修	用	气
简易	乾坤一元	知能合一	性修不二	全体大用	理气合一

第三,马一浮通过佛家的性修说阐发《周易》的知能观。马一

---

[1] 马一浮:《泰和宜山会语》,《马一浮全集》,浙江古籍出版社2013年版,第1册,第34页。

浮的新儒学思想是会通儒佛的思想,在修养工夫论上他也同样如此。正如前文所引,他通过佛家特别是天台宗的"全性起修"、"全修在性"、"性修不二"之说来扩发知能合一、即工夫即本体的简易之境。不过,他这里的性修论已经与佛家天台宗的脉络有所不同,他要借助佛家性修不二的圆融之蕴来扩发儒家《周易》的知能思想中的某些精微之蕴。例如,佛家性修论中的全性起修的修德之说,可以扩发儒家之成能的蕴义。马氏云:"学者当知有性德,有修德,性德虽是本具,不因修证则不能显。故因修显性,即是笃行为进德之要。全性起修,即本体即功夫;全修在性,即功夫即本体。修此本体之功夫,证此功夫之本体,乃是笃行进德也。"[1] 在他看来,我们如果能够借鉴佛家全性起修、因修显性之说,就可以深切理解到我们不能将知与能打成两橛、分为二事,体认到知与能始终是一体互动的关系,从而不堕入执性废修、执性废能的戏论之中去。马一浮援引性修不二以证知能合一的思想,也在某种程度上影响到了熊十力。[2]

在这三个背景下,马一浮展示出他以《周易》思想为背景与脉络的知能修养观。我们在此分三部分疏解:首先,全性起修、举理成事,也就是即不易即变易、即本体即工夫;其次,全修在性、即事是理,也就是即变易即不易、即工夫即本体;最后,性修不二、理事不二、知能合一,也就是简易之境、易简之理、本体与工夫相融之教。

一、全性起修

马一浮指出,我们每个人都可以成就出《乾》之易知与《坤》之

---

[1] 马一浮:《复性书院讲录》,《马一浮全集》,浙江古籍出版社2013年版,第1册,第99页。
[2] 参见郭齐勇:《熊十力哲学研究》,人民出版社2011年版,第100—102页。

简能。《坤》之简能则是与修养工夫相对应的,如果没有全性起修的修养工夫,那么性德中所蕴涵的潜能便不能充分地落实与发挥。我们知道,儒家重视德性修养工夫,同时认为修养工夫可以变化气质,复归性德,成就人道,扩展人能。这应是人尽皆知之事。不过,对于为何修养工夫具有这样的作用,对于具体的修养工夫应该如何而不应该如何,则并非人人都有自觉系统的理解和阐明。兼且自古以来,人们对于这两个问题的解答可谓见仁见智,各有门庭。在这个背景下,马一浮相关思考的独特之处,在于他要重新回到《周易》特别是《易传》中寻找思想的资源。

首先,马一浮以理气及其关系来说知能。他强调理气关系是知能关系的根据所在。知通于性德,是理;能通于修德,为气。修德如果要有所成就,那么就必须顺性起修、全性起修,其根据就在于理与气是体用相即的关系。离理则无以立气,但同时离气则无以见理。作为现象与功能的气,是作为本体的理所呈现出来的动态而真实的存在。如果我们将理气之义放在人道上考察,则在日常的生活中,我们的气(如视听言动等活动)有可能顺乎理,但也有可能不顺乎理。当气顺乎理时,这是合理、真实、应该、自然的状态;当气不顺乎理时,这是不合理、不真实、不应该、不自然的状态。据此,气顺乎理,全气是理,这是我们应该如此,所以我们理应全性起修以成就简能。马一浮认为,我们之所以要全性起修的根据(即理气关系论)可以在《易传》中找到。这一方面是因为"理""气"二字见于孔子《易传》,并非只是从程朱理学才开始有的;[1]而另一方面,《易传》中的论简能

---

[1] 马一浮说:"'易简而天下之理得矣,天下之理得而成位乎其中矣。''圣人之作《易》也,将以顺性命之理。'此用理字之始。'精气为物,游魂为变。'(原注:魂亦是气。)'同声相应,同气相求。'(原注:声亦是气。)此用气字之始。故言理、气皆原于孔子。"马一浮:《泰和宜山会语》,《马一浮全集》,浙江古籍出版社2013年版,第1册,第32页。笔者按:马一浮这一说法其实并不符合事实,因为理气二字早在孔子之前即已有,至于通过理气二字而自觉地表达出一种哲学观之事,是否起源于孔子,则需要再作考察。

之"易从则有功"则点出了气顺乎理之义。其云:

> "云从龙,风从虎。圣人作而万物睹。"'从之为言气从乎理也。……气从乎理,即性命于德矣。……"易从则有功"者,此"能"若是矫揉造作,随人模仿的,无功用可言;必是自己卓然有立,与理相应,不随人转,方有功用。……"有功则可大"者,动必与理相应,其益无方,自然扩充得去,不限一隅一曲,故可大。……天地设位,圣人成能,能之诣极即功用之至神矣。①

马一浮指出,易从而有功才能真正达致简能。这里的"从"当然是合理而通于真实存在的"从",这样才是易而有功的。如果是不合理不真实的从,那么便是险而无功的,而决然不能达致易而有功。而这样的道理,当然可以通过"气顺乎理"之义以显豁出来,表示全性起修是应该之事。换言之,如果我们要达致简能的境界,就必须通过修养工夫使得气顺乎理。

对于这个道理,马一浮进一步从《乾》《坤》二卦中寻找根据,因为《乾》《坤》二卦是知能之源。他认为从《乾》《坤》二卦中,我们可以理解到乾坤、知能、理气的一体相通之义。其云:

> 易简之理于何求之?曰:"敬以直内,义以方外",则可以入德而幾于易矣;"庸言之信,庸行之谨",则可以居业而得于简矣。或疑既言德本于《乾》知,业本于《坤》能,曷为《乾》、《坤》文言乃互易之?曰:昔贤以《坤》六二为贤人之

---

① 马一浮:《泰和宜山会语》,《马一浮全集》,浙江古籍出版社2013年版,第1册,第34—35页。

学,当知《坤》承天而合《乾》德,易乃所以为简,气顺于理也;《乾》九二为圣人之学,当知乾道变化流形则为《坤》业,简必根于易,理见于气也。此之谓天地合德。《乾》以统天,地在其中;《坤》以应地,天在其中。乾坤一元也,易简一理也,德业一心也。故言德必该业,言业必举德。是故"忠信所以进德","修辞立其诚所以居业",于《乾》之九三言之;"敬义立而德不孤","不疑其所行",于《坤》之六二言之。学者苟欲求学《易》之道,舍此末由也。①

这一段话主要是揭示出《乾》《坤》二卦之义相互错综、相互涵摄之理。因此,知与能、易与简、德与业是内在相通的关系。马一浮指出,《文言》以言行解释《乾》卦九二,以敬义揭示《坤》卦六二;但言行属于《坤》能之事,敬义属于《乾》知之事,两者是否说反了?他指出其实这大有深意。因为《坤》六二所发明的贤人之学与《乾》九二所发明的圣人之学是一体互动的关系。《坤》之贤人之学要求《坤》合乎《乾》德,以成乎《坤》之简能,可见《坤》能本于《乾》知;同样道理,《乾》之圣人之学要求乾道变化,以显为《坤》之功业,可见《乾》知发为《坤》能。同时,《乾》之易知为理、为德、为知、为不易;《坤》之简能为气、为业、为能、为变易。《乾》《坤》之关系即如此,那么自然地理必见于气,气必顺乎理,言德必该业,言业必举德。因此乾坤、知能、德业必然是相通相成、互涵互摄的关系。而就《坤》能一方面来说,我们如要成就简能,则必须通过修养工夫使得气顺于理。这是马一浮观省《周易》象辞及其蕴义而得出的结论。

---

① 马一浮:《复性书院讲录》,《马一浮全集》,浙江古籍出版社 2013 年版,第 1 册,第 356 页。

第二章 《周易》语境下的"本体—工夫论"

如果我们要在这个基础上再问深一层：为何《坤》之简源于《乾》之易知，《乾》之易知显为《坤》之简能？或者说，为何《坤》必承天而合《乾》德，《乾》必流形而为《坤》业？在另一个地方，马一浮不再从《乾》《坤》诸爻出发来解释这个问题，他直接从《乾》《坤》二卦的德性出发作出揭示。其云："《坤》之直方即《乾》之直专。翕是《坤》德，辟是《乾》德。'其动也辟'，是与《乾》合德。在人则是气之动顺乎理，而理气合一也。"①按《易·系辞上》："夫《乾》，其静也专，其动也直，是以大生焉；夫《坤》，其静也翕，其动也辟，是以广生焉。"马一浮认为，本来辟（发散）是《乾》之德，翕（聚敛）是《坤》之德，但《坤》"其动也辟"，《乾》则"其静也专"，可见《乾》《坤》二卦之德是本然相通的。而就《坤》一边说，《坤》之德其动也辟，也即《坤》之动必合《乾》德。据此马一浮指出，这就是说气应该顺乎理的理由所在。放在人身上说，则可以说人的真正的修德应本乎性德，所以是从性起修、全性在修；真正的工夫应本乎本体，所以是气顺乎理、即本体即工夫。

但是，马一浮指出，在现实生活中，并非人人能够达致从性起修、气顺乎理，在许多时候人们是性修相离、理气相隔的。那么，全性起修、气顺乎理的工夫便是转性与修、理与气之"相离"而为"相即"。故谓"以有不即义，故全性起修；以有即义，故全修在性。未证则不即，证而后能即也。故谓此非言说边事，直须修证始得"②。气与理不即不通，则此气不能成能，因此需要全性起修的工夫，以达致气顺乎理的相即义，方得以成能。既然性修、理气是相即不离的，所以性与修并不能分为二事，我们不能认为在性德之外别有一个修德。

---

① 马一浮：《复性书院讲录》，《马一浮全集》，浙江古籍出版社2013年版，第1册，第381页。
② 马一浮：《尔雅台答问续编》，《马一浮全集》，浙江古籍出版社2013年版，第1册，第453页。

故云:"'全性起修'之'全'字,与'全真起妄'之'全'字用法一般。言举体即是此物,非离此而别有也,不可作全其性之义。"① 修是本乎性之修,也即此修是性之全幅显现而已,所以说"举体即是此物"。

马一浮相当重视全性起修,他认为学术思想史上许多问题,都是由于不知全性起修之理所致。而这些问题又可分为"执修废性"与"执性废修"两种。前者以荀子为代表。荀子重视通过礼义化性,但是他所理解的性并非性德也即义理之性,而是一种气质,因此他通过礼义以化性的做法只不过是通过好的气质换却不好的气质而已,因此属于知修而不知性的一路,故荀子不能真正达致全性起修。② 不过,相比起"执修废性",那么"执性废修"的流弊更大。顾名思义,"执性废修"就是认为自己已经见性知性,于是不再通过全性起修的修养工夫以作保证与落实,最终必将性与修打成两橛。因此执性废修与知能易简之旨是相违背的。同时,既然执性废修违背易简之理,那么执性废修的人其实不但不知修,兼且不知性,因为性与修本来就是一体的,《乾》知与《坤》能本来就是互摄的。马氏认为,禅宗之末流、王学之末流、道家之末流,往往不免此病。例如他指责王学末流说:"理虽本具,亦要学而后明。精义入神,方能致用,所以说性修不二。专言守良心,便是执性废修。""龙溪之言疏而无当。王学末流,只见个昭昭灵灵底便以为是,更不穷理,此所谓光影门头事也。学者必从朱子入,方可千了百当。"③ 在他看来,"昭昭灵灵"与"门头光影"都是执性废修的后果,因为这个"昭昭灵灵"、"门头光

---

① 王培德、刘锡嘏:《语录类编》,《马一浮全集》,浙江古籍出版社 2013 年版,第 1 册,第 660 页。
② 参见马一浮:《尔雅台答问续编》,《马一浮全集》,浙江古籍出版社 2013 年版,第 1 册,第 468 页。
③ 马一浮:《尔雅台答问续编》,《马一浮全集》,浙江古籍出版社 2013 年版,第 1 册,第 517—518、475 页。

影"都是属于习气边事,而不能真正达致气顺乎理。同时,马一浮在此肯定朱子的修养工夫论,可见他在宋明理学中还是比较偏重程朱一派的。其实,除了"执修废性"与"执性废修"两种问题之外,我们还有"性修俱废"的一路。马一浮批评现代行为主义(Behaviorism)所强调的"本能"(instinct)说,以及柏格森主义所强调的"直觉"(intuition)说,认为这些观点说的都是盲目的习气与气能,这与孟子的良能良知之说似相近而实相远,更不要说与《易传》的乾坤知能易简之义作对比了。[1]

在批评了各种执修废性、执性废修、性修俱废的问题后,马一浮要正面展示出全性起修的具体工夫与方法。简要地说,马一浮强调全性起修的关键在于《论语·颜渊》所说的"四勿":非礼勿视,非礼勿听,非礼勿言,非礼勿动。如果能够做到"四勿",那么就是能够落实孟子所说的践形尽性,也即气顺乎理。其云:

> 行之不笃,即是不诚,不诚则无物。一有欠阙,一有间断,便是不笃。行有欠阙,即德有欠阙;行有间断,即德有间断。故虽曰性德无亏,亦须笃行到极至处始能体取,所以言笃行为进德之要也。易言之,即是践形所以尽性,进德即尽性之事,践形即笃行之事。孟子曰:"形色,天性也。唯圣人而后可以践形。"气之凝成者为形,形之变动者为色。……天性,即行乎气中之理也。如视听言动皆有其理,视极其明,听极其聪,言极其从,貌极其恭,始为尽视听言动之理,始为得耳目口体之用,是谓尽性,是谓践形。[2]

---

[1] 参见马一浮:《泰和宜山会语》,《马一浮全集》,浙江古籍出版社2013年版,第1册,第36—37页。
[2] 马一浮:《复性书院讲录》,《马一浮全集》,浙江古籍出版社2013年版,第1册,第100页。

这是说，身体的视听言动等是形色，形色为气所摄。形色有其理，这是人所本有的天性。但在日常生活中，我们的视听言动等形色不能顺其理尽其性，因此需要践形的工夫，使得形色皆能顺其理尽其性。正如朱子所解释："人之有形有色，无不各有自然之理，所谓天性也。践，如践言之践。盖众人有是形，而不能尽其理，故无以践其形；惟圣人有是形，而又能尽其理，然后可以践其形而无歉也。"① 根据这个道理，马一浮指出视听言动等形色如果未能顺理尽性，那么都是未能达致全性起修、性修不二的简能之境的。

不过，视听言动分别是人所表现出来的不同方向、不同层面的形色，那么全性起修的工夫如何才能够将这些不同的形色统摄在一起，并使之皆顺理尽性呢？马一浮指出，这需要主敬、居敬、用敬的工夫作用。而能够统摄视听言动四事的是思的作用。《论语》之视听言动四事加上思即成为《尚书·洪范》的视听言貌思五事。五事之中，思居其中而主乎四事。而思如果能够统摄四事，其最根本的方法是心思专一，心思专一即是敬的发用。据此，马一浮云：

性具万德，统之以仁，修德用敬，都摄诸根。②

五德之相，贯之者思；五事之用，发之者敬。故程子曰："敬也者，体信达顺之道，聪明睿智皆由此出。"唯敬而后能知性，唯敬而后能尽性，唯敬而后能践形。③

马一浮指出，通过主敬的作用，心思专直，以往虚妄的习气将会不断得到刊落，最终身体的视听言动都能顺理尽性，达致气顺乎理、

---

① （宋）朱熹：《四书章句集注》，中华书局1983年版，第360页。
② 马一浮：《童蒙箴》，《马一浮全集》，浙江古籍出版社2013年版，第4册，第14页。
③ 马一浮：《复性书院讲录》，《马一浮全集》，浙江古籍出版社2013年版，第1册，第284页。

全性起修的状态,那么我们逐渐地就会性德发用,形色充润,人格挺立,最终更可臻至与天地之道相参相赞的境界。这就是圣人成能(成就简能)的境界。他认为,这种境界是极高明而道中庸的境界。说它高明,是因为它可以参赞天地;说它中庸,是因为它的根基就在于平常的庸言庸行、视听言动。马氏会通《易传》的简能义与《中庸》的尽性义,展示出圣人通过全性起修的工夫而成能的境界:

说"能"莫大乎《中庸》,"唯天下至诚,为能尽其性。能尽其性,则能尽人之性。能尽人之性,则能尽物之性。能尽物之性,则可以赞天地之化育。""唯天下至诚为能化。""唯天下至诚,为能经纶天下之大经,立天下之大本,知天地之化育,夫焉有所倚。"由此可见圣人成能是何等事。[①]

综上可见,马一浮在展示出其全性起修的成能之义的时候,虽然倾向于继承程朱理学的思路,但其实他力图从《周易》特别是《易传》中寻找到根据,并会通《易传》《论语》《中庸》《孟子》诸说,试图返本溯源,直接孔孟,使得其"本体—工夫论"具有深厚的义理根据。

二、全修在性

在马一浮看来,《周易》的《乾》《坤》合德之义决定了知能合一、性修不二之理。因此,修德不能脱离性德,因此要从性起修;同

[①] 马一浮:《泰和宜山会语》,《马一浮全集》,浙江古籍出版社2013年版,第1册,第35—36页。

样的道理，性德之显现亦不能脱离修德，因此要因修显性。马一浮特别强调离开修德便不能显现性德。其云：

> 学者当知有性德，有修德，性德虽是本具，不因修证则不能显。故因修显性，即是笃行为进德之要。全性起修，即本体即功夫；全修在性，即功夫即本体。修此本体之功夫，证此功夫之本体，乃是笃行进德也。①

《易传》的知与能之义，相应于性德与修德、本体与工夫、笃行与进德。性、修在义理根源上是相即不二的，因此作为本体之性德，其实即是蕴涵工夫之性德。因此，性德实际上跟随修德而转，修德达至何种境地，性德也就开显至何种境地。性德随着修德之逐渐成熟、扩充，而逐渐地由偏至兼、由兼至全、由狭至宏、由乏至裕、由隐至显。马一浮将此称作"进德"。其云：

> 行之积也愈厚，则德之进也愈弘。故《大畜》曰："刚健笃实，辉光日新其德。"《商颂》曰："汤降不迟，圣敬日跻。"言其进也。《乾·文言》："君子以成德为行，日可见之行也。"故行之未成，即德之未裕。《系辞》曰："默而成之，不言而信，存乎德行。"此所以言笃行为进德之要也。②

笃行即是修德，也即通过主敬的作用，让视听言动皆顺理尽性。而笃行的修德工夫非可一蹴而就，而需要不间断的积德过程，工夫

---

① 马一浮：《复性书院讲录》，《马一浮全集》，浙江古籍出版社2013年版，第1册，第99页。
② 马一浮：《复性书院讲录》，《马一浮全集》，浙江古籍出版社2013年版，第1册，第98页。

日积则德性日进。马一浮认为，进德至于大全大成之境，便是圣人之事。圣人是兼该全德的，故称"大成"。其云："孔子合下兼综众理，成就万德，便是大成。"① 不过，我们如果能够达至圣人之全德，那么此后是否就不需要修德的工夫呢？马一浮的回答是否定的。他指出，圣人成就全德，可以与天地合其德，可以参赞天地之化育，这已经是人道之极致了。但是，天地之道至诚无息、生生不已，圣人与天合德，因此圣人之德也必定与天同进，决然不会止息。所以马一浮谓"虽圣人不能执性废修，必因修以显性"，其又云："性德本无亏欠，何以须进？当知天地之道只是至诚无息，不息即进也。'与天地合其德'，只是贵其不已。所谓'不息则久，久则征，征则悠远，悠远则博厚，博厚则高明'，'博厚配地，高明配天，悠久无疆'，此进德之极致也。"② 天地之德至诚无息，圣人因修显性、笃行进德之工夫亦必不会止息；天地辉光日新，圣人之进德亦必辉光日新。天人合德，性修俱进。从修德一边说，修德之无尽展现为成就《坤》能，即至于圣人之"大业"；而从性德一边说，性德之日进则展现为成就《乾》知，即至于圣人之"盛德"。而在圣人身上，性德与修德是相兼相融、互摄互进的，因此《周易》也是性修并摄、知能双该、盛德与大业并言。马一浮云："尽其知能，可期于盛德大业矣。'盛德大业至矣哉'，日新之谓盛德，富有之谓大业。'学有缉熙于光明'，斯日新矣。六通四辟，小大精粗，其用无乎不备，斯富有矣。"③ 在他看来，圣人既能盛德光明日新，又能大业完备富有，可谓既至且尽。这是圣

---

① 马一浮：《泰和宜山会语》，《马一浮全集》，浙江古籍出版社 2013 年版，第 1 册，第 23 页。
② 马一浮：《复性书院讲录》，《马一浮全集》，浙江古籍出版社 2013 年版，第 1 册，第 302、100 页。
③ 马一浮：《泰和宜山会语》，《马一浮全集》，浙江古籍出版社 2013 年版，第 1 册，第 36 页。

人性修互摄、知能合一的效验。

我们在这一章论述的是乾坤知能之义,而马一浮则将其置于性修不二的背景中作出展开。我们知道,从性起修的修德是"简能",但因修显性的性德与"易知"有何关系?马一浮认为,知本乎德,因此知与德是内在相通的。其云:"德性是内证,属知;(原注:非闻见之知。)行道是践履,属行。""'知周万物者',德也。'道济天下'者,业也。""德是人人本有之良知,道即人人共由之大路,人自不知不行耳。"①在马一浮,性德是需要靠自己证悟出来的,证悟则属于本然、自然、天然之知,因此性德自然地统摄于知。

马一浮强调,因为修德之简能而所显出的性德之易知,并非闻见之知、徇物之知,而是德性之知、真实之知。前者体现出心知局限并执著在物象上,而不能作自我超化之功,从而流为虚妄的戏论;后者则体现出心知能够不为物象所囿,全幅皆是性德之通透和流行。他说:"德性之知,元无欠少,不可囿于闻见之知遂以为足,而置德性之知任其隐覆,却成自己辜负自己也。"②"有德性之知,有闻见之知。闻见之知亦有浅深、小大、邪正不同,然俱不是真知;德性之知方是真知。学自是知行合一,即知即行,岂有分成两橛之理?"③马氏的闻见之知与德性之知的区分,明显是继承了宋明理学中的张载、程朱的思想,并试图将之与《易传》的《乾》知、易知之说作出融合。

最后需要说明一点,即马一浮自德性之知与闻见之知、真知与妄知之区分,而引申出对经验主义(Empiricism)之"感觉"说以及柏格森主义的"直觉"说之批评。他认为今人所谓"感觉",与德性

---

① 马一浮:《复性书院讲录》,《马一浮全集》,浙江古籍出版社 2013 年版,第 1 册,第 178、352、185 页。
② 马一浮:《复性书院讲录》,《马一浮全集》,浙江古籍出版社 2013 年版,第 1 册,第 90 页。
③ 马一浮:《尔雅台答问》,《马一浮全集》,浙江古籍出版社 2013 年版,第 1 册,第 429 页。

真知有着性质上的差别，前者则是一种"恶觉"。其释佛家"八种恶觉"云："念起名觉。此八者，引生出一切烦恼，故名恶觉。一念无明，倏尔而起，计著转深，随世言觉，实是不觉也。（原注：今谓感觉当此。）"[①]感觉自无明烦恼而来，并非无妄清净的德性之知，这种无明烦恼亦即是习气。在他看来，性与习是相对的，经验主义所说的感觉即是习气，那么它就与性德之知存在着实质性的差异。同时，前文曾引述马一浮对"直觉"说的批评，他认为今人所说的直觉虽然与孟子的良知之说有相近之处，但实际上两者差别悬远：直觉是气边事，是盲目的，并无理行乎其中；而良知则本乎性德之真，故纯乎天理，而纯然天理之知具有自然的分别与脉络，而不会如直觉一样陷入盲目鲁莽的境地。马一浮将《乾》知、易知、良知、德性之知，与西方哲学的感觉、直觉说作出区分，表现出其欲彰中土义理之学在根本处别于西方哲学传统。就这一点而言，马一浮要比梁漱溟理解得更为清楚到位，后者试图笼统地通过直觉之说诠释儒家的仁学。不过，马一浮上述说法过于简略，没有形成系统，他自己的关注也不侧重在这里。

三、性修不二

马一浮强调，《乾》《坤》二卦是内在相通的。《乾》之易知必体现为《坤》之简能，而《坤》之简能则必顺承《乾》之易知。《乾》《坤》有着这样的德性，这决定了《乾》《坤》最终必然展现为乾坤合德、理气一元、知能不二的圆融简易义。用佛家的话说，就是性修不二。与能（行）相应之修德，必应是从性起修、全性在修的；与知相

---

① 马一浮：《法数钩玄》，《马一浮全集》，浙江古籍出版社2013年版，第4册，第138页。

应之性德，则必应是因修显性、全修在性的。马一浮有一段话展现出以《乾》知《坤》能、性德修德的相即不二之义。其云：

> 以性、修二德言之，则"元亨利贞""仁义礼智"是性德，"敬义""直方"是修德。又"元亨"是性德，"利贞"是修德。"仁义"是性德，"礼智"是修德。亦可"仁智"是性德，"礼义"是修德；唯"仁"是性德，"义礼智"俱是修德。全性起修，故《乾》统《坤》。全修在性，故《坤》承《乾》。《乾》《坤》合德，故性修不二也。性德必易，仁智也；修德必简，敬义也。性德亲而久，纯乎德者也；修德有功而大，兼乎业者也。"穷理尽性以至于命"，亦兼性、修言之。（原注：曰穷、曰尽、曰至，皆修也。曰理、曰性、曰命，皆性也。圣人之教皆因修以显性，不执性以废修。）[①]

马一浮这段话的主要特色在于，他圆熟地通过《乾》《坤》之卦爻的易简的德性交错融通起来，呈现出《乾》《坤》合德、性修不二的简易之境。他强调当我们臻至性修不二、知能合一的境界时，在这状态中性德与修德是没有固定的界限与分际的，如就《乾》之四德元亨利贞而言，有时元亨利贞都是性德，有时元亨二德是性德、利贞二德是修德，等等。其实，这种体用重重无尽、相即相入的圆融通彻之境，要数佛家的华严宗发挥得最为丰富系统。马一浮明显受到了佛教华严宗的启示，并由此探明孔子《易》教本来就涵具这种体用、性修相融相摄的境界。这是马一浮的"本体—工夫论"的其中一个特色与贡献。

[①] 马一浮：《复性书院讲录》，《马一浮全集》，浙江古籍出版社 2013 年版，第 1 册，第 378—369 页。

因为马一浮强调知能合一、性修不二的全提义,因此他自然也主张知行合一、知行互发、即知即行。他说:"学自是知行合一,即知即行,岂有分成两橛之理?"①"总该万行,不离一心。即知即行,全理是事;即博即约,全事是理。始终本末,一以贯之,即下学即上达。"②我们知道,"知行合一"本是王阳明的主张,故马一浮对阳明此说颇加肯定,并以佛家的悲智双运之说形容之。其云:"善财参五十三员善知识,发迹于文殊,归咎于普贤,是为悲智双融。成己,仁也;成物,智也。物我不二,仁智相成,在儒方为尽性,在佛氏谓之成佛。故至诚者合仁与智为一体,佛者合文殊、普贤为一人。王阳明'知行合一'之说,见得此意。"③当然,马一浮肯定王阳明知行合一之论,并不就表示他主张心学的立场,他还是继承程朱理学的立场为多,只不过他在理学的基础上,返溯孔《易》,融会儒佛,这使得他的思想与观点具有某种本源性与圆融性。

同时,马一浮的知能合一、理气合一、性修不二、知行合一的简易之旨,也是其新儒学思想系统六艺论的根据与基础所在。此中的关键是马一浮会通了《乾》卦《文言》之"知至知终"说与《孟子》的"始终条理"说,以阐发其知行观。他说道:"'知至至之,可与幾也',致知而有亲也。'知终终之,可与存义也',力行而有功也。'始条理者,智之事也',明伦察物尽知也。'终条理者,圣之事也',践形尽性尽能也。"④他指出,"知至"与"始条理"相当于"致知"之事。"知终"与"终条理"相当于"力行"之事。而圣人则能

---

① 马一浮:《尔雅台答问》,《马一浮全集》,浙江古籍出版社2013年版,第1册,第429页。
② 马一浮:《复性书院讲录》,《马一浮全集》,浙江古籍出版社2013年版,第1册,第101页。
③ 马一浮:《尔雅台答问续编》,《马一浮全集》,浙江古籍出版社2013年版,第1册,第567页。
④ 马一浮:《泰和宜山会语》,《马一浮全集》,浙江古籍出版社2013年版,第1册,第35页。

知至知终、始终条理、知行合一、性修不二。圣人的始终条理之境，即体现为六艺之为全体与六艺之为大用的两个向度。马一浮说："圣人往矣，其道则寓于六艺，未尝息灭也。六艺是圣人之道，即是圣人之知。行其所知之谓道，今欲学而至于圣人之道，须先明圣人之知。知即是智。"[①] 所谓六艺是圣人之知，是指圣人之《乾》知或易知通于性德之全体；所谓圣人之道，是指圣人之《坤》能或简能将性德之全体全幅展示为生活之大用。孔子作为圣人，则既能知六艺本体，又能行六艺大用，兼总条贯，知至知终，亦即涵蕴六艺之体用以尽知能之大义，故能达至大成之境。可见，知行合一、知能不二之说，与六艺之全体大用的结构是内在相通的。另外，正如前文所述，马一浮认为我们如果要达致知能合一、性修不二的简易之境，就需要从性起修的修德工夫，而修德工夫的关键则在于主敬，而主敬即是关键的六艺工夫。综上可见，马一浮的知能合一、性修不二之说，蕴涵着全体、大用、工夫三向度，因此构成了六艺论的某种思想与义理的根据所在。

四、总结

本章具体疏解了马一浮独特的知能观，以此可窥见马氏"本体—工夫论"及其所蕴涵的《周易》哲学的背景。他以《易传》的《乾》知《坤》能、乾坤易简之说为基本的资源与根据，并融合了佛家的性修不二观，圆熟地呈现出以知能合一为特色的"本体—工夫论"。首先，从全性起修的角度说，马氏指出我们如果要达致《坤》之简能之境，就需要通过主敬的修养工夫使得气顺乎理、全气是

[①] 马一浮：《泰和宜山会语》，《马一浮全集》，浙江古籍出版社2013年版，第1册，第21页。

理,从而践形尽性,建立人道,参赞化育,而这当中的根据则可求诸《乾》《坤》二卦。其次,从全修在性的角度说,他揭示出即工夫即本体、性德随修德同进的道理;同时又显出修德之简能所显出的性德之易知,属于德性之知、天德良知,而非见闻之知、徇物之知。最后,从性修不二、知能合一的角度说,马一浮吸收和借鉴了孟子、阳明和佛氏华严宗等说,扩发《乾》《坤》二卦之义,彰显出知能互通、知行合一的易简一元之旨,意在对治现实社会中人们的执性废修与知行二分之病。同时,性修不二、知能合一之旨中也蕴涵着六艺论的基础与根据,这也显豁出马氏六艺论作为"本体—工夫论"的特色。

  从本章所疏解的内容可见,马一浮的知能具有比较明显的传统色调。他强调《周易》经传的文字义理与反求诸己的修养工夫相互发明,以求得修养工夫上的印证。他也希望这同时可以揭示出《周易》特别是《乾》《坤》二卦所显出的知能易简之境,是要通过本体(性德)与工夫(修德)的互发才能呈现出来。因为马一浮重视从《周易》文本中体证知能性修及其关系,因此他的相关表达文字可以构成某种"经典诠释"或"本体诠释"。只不过他并不汲汲于此,以求构建系统的诠释学,而是要不求人知,反求诸己,将其在《周易》思想中的体证所得,化为切实的修养工夫,以此自树自立,践形尽性。这种精神与方向值得后世学习与取法。

  马一浮的"本体—工夫论"与熊十力的"本体—宇宙论"都以《周易》哲学为思想的资源和背景,两者都重视《乾》《坤》二卦的德义及其关系,兼且两者都以见体、见性为其思想旨趣所在。只不过,马一浮强调体会《乾》《坤》易简之理中所蕴含的主敬工夫以求见性复性,而熊十力则强调发掘《乾》《坤》二卦中的翕辟成变的健动流行以求明见本体。前者颇有"敬以直内"特点,后者则颇有"义以方外"的取向。熊、马二氏的易学思想的同与异,我们将在本书第四章中再作出辨析。

另外,作为第一代现代新儒家,马一浮的知能论可谓修证深入而思辨不足,有其殊胜之处,也有其缺憾所在。就缺憾的方面来说,就是未能做到思修交尽。而根据笔者的理解,唐君毅能够对马一浮的知能观有所推进。特别是在知行关系、天命所知的阐发上,唐君毅深能弥补马一浮在思辨上之所阙,而显出马氏的相关观点确有其真知灼见所在。[①]

[①] 参见唐君毅:《生命存在与心灵境界》,台北学生书局2006年版,上册,第24—27页;下册,第230—243页。

第三章　翕辟成变与乾元性体——熊十力易学思想抉要

熊十力先生是现代新儒学的奠基者和核心人物。他通过其系统的"新唯识论"思想，开启了狭义的当代新儒学思潮，并培养出唐君毅、牟宗三、徐复观等现代儒学的中坚力量。熊氏新儒学思想博大深邃，纵横捭阖，关切当下，意义深远。同时，与他的好友、同为现代新儒学奠基者的马一浮一样，熊氏新儒学思想也建立在其易学思想的基础之上；换言之，他的新儒学思想与其易学思想是内在相通的。当然，作为新儒学的哲学家与思想家，熊十力的易学思想并不特别关注（甚至忽略）作为经学形态与学术研究的易学，而多注重对《周易》特别是《易传》中的哲学精神的阐发，并以此作为他展示其新儒学思想的资源。学界对于熊氏易学思想的研究成果相当丰富深厚。[①] 其中尤其是郭齐勇在《熊十力哲学研究》一书中独辟一章，系统疏解与阐发了熊氏以"乾元性海"为核心的易学本体论，以"三易"（不易、变易、简易）为根据的易学方法论，以及熊氏易学观与宋明理学中的理学、心学、气学三系的易学思想的关系。这一疏解与阐发可以作为当代学

---

① 笔者所收集到的比较重要而全面的研究成果有：郭齐勇：《熊十力的易学观》，参见郭齐勇：《熊十力哲学研究》，人民出版社2011年版，第182—211页；王汝华：《熊十力易学思想之研究》，台北花木兰文化出版社2009年版；杨庆中：《二十世纪中国易学史》，人民出版社2000年版，第151—160页；郭丽娟：《熊十力易学的新发展及其创新》，《四川大学学报》2010年第4期；等等。

界继续推进对熊十力易学思想研究的基础。

有鉴于学界已有的研究成果,本书将略其所详,而详其所略,并通过一个整体性的视野以及若干基本线索,对熊十力的易学思想作出概述与辨析。据此,本书分两章作出展开。这一章主要概述熊氏的易学研究与易学思想的基本旨趣,下一章则在本章的基础上,着重探析熊氏易学思想中所蕴含的几个相互关联的重要论题(即常变、体用、翕辟、工夫等论题),并梳理与审视其中的问题所在。

一、翕辟成变

笔者认为,如果用《易传》中一句话概括马一浮的易学思想,那么这无疑是"寂然不动,感而遂通天下之故"[①]。马一浮深于寂感辩证之理,并通过寂感之道来阐发其六艺论。相对之下,熊十力的易学思想也可以通过《易传》中一句话来概括,这就是"一翕一辟之谓变"[②]。在熊十力思想中,"翕辟成变"体现出本体流行的屈伸之妙。熊氏原来研习佛家的唯识学,后因不满唯识学思想内部的问题,而毅然自造新论,建立其"新唯识论"的新儒家思想系统。而他从旧唯识论转变至新唯识论的关键之处,就在于他体悟到本体流行的"翕辟成变"之义,从而使得他走向主张"生生不息"、"灭故生新"的儒家大《易》境界。因此,我们需要首先疏通出熊氏"翕辟成变"思想的确立过程,然后才可以进而理解他的整体易学观以及他对于易学史的理解与研究。

熊十力"早宗护法,搜玄唯识",对于佛教唯识宗特别是护法、

---

① 《周易·系辞上》。
② 《周易·系辞上》。

世亲等的唯识思想研探甚深,但是后来他"悟其乖真,精思十年"[①],最终在1932年写出文言本的《新唯识论》,后来在1944年又出版了语体本的《新唯识论》。文言本与语体本的新唯识论后来成为他的哲学的代表性著作。马一浮给熊十力的《新唯识论》文言本作序,概述了此书各章的基本大义,其云:"其为书也,证智体之非外,故示之以《明宗》;辨识幻之从缘,故析之以《唯识》;抉大法之本始,故摄之以《转变》;显神用之不测,故寄之以《功能》;征器界之无实,故彰之以《成色》;审有情之能反,故约之以《明心》。"马一浮并将此书的主旨界定为"破集聚名心之说,立翕辟成变之义"[②]。笔者认为,马氏的上述概括都十分精到。在这里,我们根据这个概括作出比较系统的展开。

首先,在《明宗》章中,熊十力指出《新唯识论》以"见体"为宗。见体即是明见本体、本心。本体、本心因为是最原初真实的本体,所以又称作实体。但是,本体、本心、实体并不容易理解和体会。我们需要通过"性智"来见体而不能通过"量智"来见体。性智指的是本心自身的自觉自悟,量智指的是心灵的知见理智作用。性智是哲学的基础,而量智则是科学的基础。哲学与科学的根本区别就在于性智与量智的区别。因此,许多哲学家、哲学研究者混淆了性智与量智之别,通过知识、习心的构画作用而向外求本体,而不经过性智的自觉自悟作用把握本体,那么必定是不能见体的。可见,我们如果要见体,那么先要去除量智、习心的虚妄构画,然后反求诸己,性智呈露,这样才能达致。

熊十力认为,量智、习心的虚妄构画造成诸多虚妄执著,这些

[①] 引文参见马一浮:《〈新唯识论〉序》,《熊十力全集》,湖北教育出版社2001年版,第2卷,第6—7页。
[②] 上述引文参见马一浮:《〈新唯识论〉序》,《熊十力全集》,湖北教育出版社2001年版,第2卷,第7页。

执著主要有两方面。一方面是"境执",也即执著有心识之外独立存在的东西;另一方面则是"识执",也即执著自己的心识是真实存在的。熊氏指出,唯识旧师如窥基(632—682)等认为境执需要破斥,但是识执是实有的,这是唯识宗不彻底的地方。据此,他一方面破斥境执,具体辨析"应用不无"与"极微"两种执著有外境的理论,其内部都是站不住脚的,最终无论如何我们都不能够证立有独立外境之说,因为心识与境物是一体互摄的关系。境执既然是虚妄的,那么识执也一样是虚妄的。因为心识本身也是无自性的,识相本身就是一种缘起法,因众缘互待而诈现出来,舍此之外别无识相可得。在这个基础上,熊十力通过"因缘"、"等无间缘"、"所缘缘"、"增上缘"四方面的观点,以说识相的实质,破斥他所理解的唯识宗的识执。例如,在"因缘"的层面,唯识旧师认为我们的心识是果,果必从实有的因(即种子)所生。种子为因,生心识为果。熊氏批评这种观点其实是将心识与种子析分为二重,而在唯识宗那里,心识可分为八识,而八识中每一识都有生此识的种子作为其因。这样一来,唯识宗一方面将心识妄析为八聚,也即马一浮所概括的"集聚名心",从而陷于繁琐破碎;另一方面则又将八识中每一识都析分出种与识、因与果,这样就在繁琐破碎中更添离析分裂,极不应理。在这个背景下,他指出,唯识宗最重要的问题其实是不悟心识本为流行无碍之全体。心识现起,原为自动,故有因缘,而并非由种生识故有因缘。心识本无自体,只是一种自动之动势而已。自动即因,非种生因。通过上述四个层面的辨析,熊十力总结认为心识本是虚幻无实的,只是一种动势。缘生的说法可以方便我们理解心识并非实在之物,唯识宗以心识本身为实有的观点是错误的。[1]

---

[1] 上述内容参见熊十力:《新唯识论》(文言文本),《熊十力全集》,湖北教育出版社 2001 年版,第 2 卷,第 13—40 页;熊十力:《新唯识论》(语体文本),《熊十力全集》,湖北教育出版社 2001 年版,第 3 卷,第 23—85 页。

那么，如果我们完全破斥了境、识二执，那么我们就极有可能走向佛家的"诸行无常"（行是心物现象的总相）等说法中去，从而陷入佛家的出世之说以及"总计无"（也即觉得宇宙是空空洞洞的）之论，甚至我们可以不承认有天地宇宙，不承认有本体。熊十力指出，虽然我们已经破斥了境识二执，但是宇宙大化流行本身却是不能呵斥的，因此现前的万象流行，其实就是本体的真实作用。佛教耽空滞寂，难以体悟到宇宙大化流行本身就是真实的，并非境识二执所成之境。我们其实可以进一步说，大化流行本身就是真实的本体，由此可悟本体是变易流行的，本体即是"能变"，但本体之作为能变并不与所变相对，本体本身就是大化流行，大化流行之外别无本体作为主宰。熊十力体认指出，本体即能变即恒转，三者本为一事。"恒转"之名，在唯识宗处本来表示赖耶识，但熊氏袭用之而变其义，通过"恒转"来显出本体能变是法尔如然、无所对待、无时空相、圆满无缺、即常即变、非常非断的不可思议境界。因为恒为非断，转为非常；非常非断，斯名恒转。

既然本体是能变、恒转，那么本体之能变、恒转，是如何可能的呢？熊氏指出，变则一定有相反相成的辩证的律则方可称作变。而这相反相成的律则，则可以通过《周易》的"翕辟成变"一义以作阐发。通过"翕辟成变"来说本体流行之义，体现出熊十力自觉地由佛学"观空"的立场转变到儒家"明有"的立场，也体现出他正式摆脱了佛家唯识宗而走向儒家大《易》健动生生之教。《易传》中对翕辟之义并没有具体系统的阐发，传统以来的学者都知道辟表示发散的作用，翕表示凝聚的作用，但是他们对翕辟互动之理都缺乏专题性、系统性、哲学性的扩发，而熊十力则特别注重翕辟成变之义，并将之敷衍成为独特的"本体—宇宙论"。根据他的理解，宇宙的大化流行乃无时无刻不在灭故生新、健动不息之过程中，这是翕与辟的相反相成的辩证作用所成。

正因为宇宙大化绝无一息一间之暂停，所以成就此大化流行之翕与辟都是动势。辟固然为动中之动，翕其实也是动中之静，动中之静其实也是动势。同时，翕辟并非相对而出之二物，而是动势自身的两面而已。动势中自有摄聚之力，这一摄聚之力并不意味着停滞，而是动势中所显示出来的一种状态，这就是"翕"。翕形成形质。而翕之势起时，则必定会有健动之势与之俱起，这种健动之势是翕势本身的一种不为物化、不被自身的摄聚之力所"拖累"的作用，这种动势作用就是"辟"。据此，熊氏指出，翕辟都是本体流行的作用与功能，翕是本体所表现的"物行"，辟是本体所表现的"心行"。翕辟为一体二面，非一非异，故心物不可分为二片。另外，熊氏还继续强调两方面内容：翕辟不异与辟主翕从。因为翕辟皆为本体之动势，故翕辟不异。其云："申言之，翕和辟，只是恒转举体显现为此两方面。（原注：恒转，即本体之别名。举体云者，谓恒转举其全体而显现为此翕和辟也。）所以，翕和辟不可看作为个别的实在东西。"[①] 同时，辟是动势之中不为物化，主宰流行而灭故生新、健动不息的功能；而相对之下，翕则表现为积极与消极的两方面，积极的方面是指翕能成就辟之健动大用，但消极的方面则是翕会物化而下堕，因此需要辟能转翕而不为翕所转，这样天地大化流行的生生健动之势才会保持下来，而不会物化停滞。因此，辟与翕虽然皆是本体所体现出来的两种功能与动势，但辟更能通于本原、本体，翕则比较处于从属性的地位。

上述内容是熊十力论能成变之翕辟，而对于翕辟所成之变，他是通过"刹那生灭"之义来阐发的。他指出，刹那生灭并非是物理时间义，而为一念之名，刹那生灭即是念念不停留。刹那不可以世俗的时间空间来说明，因为时空二者皆是就物质宇宙而立名，其本无实。天

---

① 熊十力：《新唯识论》（语体文本），《熊十力全集》第 3 卷，湖北教育出版社 2001 年版，第 113 页。

地大化流行，一切诸法当生即灭，也即刹那生、刹那灭，生与灭"中间"并无半点物理性的空间或时间可以羼杂在其中。一切诸法无暂时之可容住，不断灭故生新，健动流行，翕辟之变即是要形容这种刹那倏忽灭故生新的变化大义。因此，翕辟成变之变义最为微妙玄通，深不可识。熊十力察识精醇，最能形容这种变之妙蕴。他揭示出变有三义：一者非动义。因此翕辟之变是刹那生灭，超越了时空之相，所以是《礼记·中庸》所说的"不动而变"。二者活义。翕辟之变蕴涵有无作者义、幻有义、真实义、圆满义、交遍义、无尽义等等诸种妙义，体现出其活泼性。三者不可思议义。这翕辟之变不能通过量智与言说的构画作用而把握到，而只能通过性智的反求诸己、明心见体才能了悟其蕴，因此是不可思量、难以拟议的。通过上述三义来说翕辟之变，是熊十力在《新唯识论》中最微妙精彩的阐发。

翕辟成变之义既立，则天地的大化流行得以证立。《新唯识论》的《功能章》章则以翕辟成变之义为基础与中心，进一步指出本体、实体、本心、恒转、能变其实即是"功能"。功能也是唯识宗的用语，但熊十力变易其义，将之显示本体之实性。熊氏建立功能之说的另外一个用意是要破斥佛家的因缘之说。他认为"功能"更能显出本体流行生生之健动之有。在阐发功能之义的基础上，熊十力最后撰写《成色章》（语体文本将"成色"改为"成物"，以更显出熊氏由佛反儒的思想旨趣）与《明心章》两方面的内容。《成色章》或《成物章》展示出恒转之动而翕，《明心章》则展示出恒转之动而辟。在《成色章》中，熊十力指出色或物之实性即是恒转之翕的作用，而翕形成色或物，实际上就是恒转中之无量动点（语体本将"动点"改为"动圈"）摄聚成为粗色。器界即是综摄一切色法而成。身体为器界所摄，但为器界之中心。究极而言，身、器无实，只是往来之动势而已。而《新唯识论》的最后一章《明心章》，其主旨则是以本体言心。熊氏指出，我们的心灵的知觉运动并非即是真实的心。真实的心其实就是恒转之本体，生生不息，健动恒久。心即生命，非可剖析，不能积聚。其后，熊氏还通过详细系统的篇幅，论述我们应该如何创起净习，达致性修不二，最终明心见性，证悟本体，回到本书开篇的开宗立旨之处。

综上可见，熊十力"新唯识论"的新儒家思想系统，是建立在阐发《周易》翕辟成变之义之基础上的；以此为基础，他批评佛家唯识学对于心识的分析有剖析截割之嫌，并通过《周易》的翕辟成变、健动生生之蕴，力求超化唯识旧师的问题。因此马一浮将全书的基本线索概括为"破集聚名心之说，立翕辟成变之义"，贴切而恰当。熊十力的易学思想乃至其整个新儒学思想，其内容虽然丰富复杂，但我们可以通过《周易》"翕辟成变"作出概括。熊氏的其他思想都是围绕翕辟成变之义而引申扩发出来的。笔者认为，对于熊十力通过翕辟成变来批判唯识学的基本理论甚至整个佛家的观空趣寂的思想取向的做法，虽然未免失诸偏颇，因为佛教的观空与儒家的明有其实体现出心灵中的两种合理的观法，我们不可以此讥彼，以此斥彼，[1] 而同时唯识旧义是否就是熊十力所批评的一样，也大有商榷的余地。同时，他对翕辟二义及其相互关系的理解，是否同样地合乎《周易》经传的相关内容所揭示出来的道理，也并非毫无疑问之事。不过，这其实都并非根本重要之事。这里最重要的是熊十力通过翕辟成变之义，发掘与扩发了《周易》哲学的深入丰厚的精神资源，自成一家，言之成理，建立了他的"本体—宇宙论"，从而开拓出现代新儒学的大方向。[2]

---

[1] 关于儒、佛二宗的观法的不同之处，可参见唐君毅：《中国哲学原论·原教篇》，中国社会科学出版社 2006 年版，第 29—33 页。
[2] 相关的研究与阐发参见郭齐勇：《熊十力哲学研究》，人民出版社 2011 年版，第 22—64 页。

二、乾元性体

在熊十力的思想中，翕辟成变体现出本体的生化流行之义，而翕辟则是本体之动势的正反两面，而并非相对而出之二物。翕即是辟之摄聚，辟只是翕之发散。同时，辟为主，翕是从，辟主翕而不为翕所主，心转物而不为物所转，故辟主翕从之理不能颠倒。据此，熊十力认为乾之动与坤之顺并非相对的二物，而是乾主坤从，坤摄于乾，乾坤一元。乾坤之义如此，体用之义亦如此。本体即是能变，本体即是功能与功用，因此现象流行即是本体流行，变化生生即是本体呈显。与乾与坤的关系一样，体与用也不是相对而出的两物，而是内在相通的一元，因此体用一元、体用不二。乾坤一元、体用不二的思想，是熊十力翕辟成变的易学思想的引申。对于前者，他通过《乾坤衍》一书作出阐发；对于后者，他通过《体用论》一书作出揭明。在这一节中，我们不就熊氏的体用不二之论作出阐发，而主要概述其乾坤一元、乾元性体的思想。

熊十力指出，《易》道的根底在于《乾》《坤》二卦，如果要研究《周易》，则必须通观与把握乾坤之蕴，乾坤之蕴既通，则《周易》的蕴奥自在其中矣。[①] 熊氏的这一观点与马一浮的观点是相通的。马氏认为《周易》的主旨在于观象，而观象之初门也在于观《乾》《坤》二卦。不过，熊、马二氏观《乾》《坤》二卦的侧重点略有不同。马一浮要通过观《乾》《坤》二卦之象，以推进心性修养的工夫，从而建立至简至易的"盛德大业"；熊十力则是要通过观《乾》《坤》二

[①] 参见熊十力：《乾坤衍》，《熊十力全集》第7卷，湖北教育出版社2001年版，第333页。

卦之象，以增进对宇宙流行健动之蕴的内在脉络的理解。因此，马一浮侧重在"本体—工夫论"，熊十力则侧重在"本体—宇宙论"。两家对于《乾》《坤》的阐发各有胜义，难以彼此轩轾。

在熊十力看来，《乾》《坤》二卦正是扩发翕辟成变的最佳文本，这正如《周易·系辞上》所谓"阖户谓之《坤》，辟户谓之《乾》，一阖一辟谓之变"、"夫《乾》，其静也专，其动也直，是以大生焉；夫《坤》，其静也翕，其动也辟，是以广生焉"。而孔子为《乾》《坤》二卦所作的《卦辞》《爻辞》《文言》，则是体现出孔子作《易》之微言大义，因此我们可以将之作为发挥《周易》精神的渊薮所在。① 通过对《乾》《坤》二卦之蕴义的把握，我们可以进而推演至对整个六十四卦的把握。熊氏融合了先秦《易传》与汉人的《易纬》，把握其中的根本精神，指出《周易》是将天地万化流行的本体概括为"太极"或"太易"。太极或太易是本体，本体寂然，无形无相，未显为气；但此无形无相的本体绝非空洞无物，恰恰相反，本体宛如深不可测的大海，其中蕴含着无量无穷的密意。而宛如大海的本体则能生发出无量无穷的功能或功用，这就有如大海水全体现作众沤（水泡波浪），灭故生新，流动不息，这种本体全幅显现出来的功用，就是"乾元"。乾元是本体的生生不息、健动不已的势能与势用，以成就出宇宙的大用流行。而同时，宇宙的大用流行之所以能够恒久保持其健动之势，其中仅有乾元之德是不行的，而需要先有凝聚之德之势之资之藉，才能使得乾元在相反相成、一翕一辟的辩证过程中，不断灭故生新，生生化化。因此，乾元必然内在地蕴涵着自我凝聚的势能，因此乾元必然地会自我化为坤元。坤元也是本体的一种动势，只不过其为本体的凝聚而非健动之动势。坤元的凝聚之势有积极与消极

---

① 参见熊十力：《读经示要》，《熊十力全集》第3卷，湖北教育出版社2001年版，第863—865页。

两种作用，积极的作用在于其构成了乾元健动之势的资具，消极作用则在于其有重坠之势的倾向，似有舍弃遮蔽本体的趋势。如果坤元有此消极之势，那么坤元所内涵的由本体所显出的乾元健动作用，必然不会被这重坠之势所遮蔽，其自身必然会破此势、转此势而内化成为自身的健动生生之势，从而继续灭故生新，健动不已。

由上可知，在熊十力看来，无论乾元，抑或坤元，皆是本体所显出的互为一体而又辩证互动的势能与功用而已。太极、太易是本体，乾元、坤元是功用。其云："言《乾》，而《坤》在其中也；言《坤》，而《乾》在其中也。今《乾》卦六爻皆阳，则于《乾》《坤》大备之全作用中，而特举《乾》以言，故曰用九。（原注：九者阳数，《乾》也。）《坤》卦六爻皆阴，则亦于《乾》《坤》大备之全作用中，而特举《坤》以言，故曰用六。（原注：六者阴数，《坤》也。）故用九用六云者，明《乾》《坤》皆用也。其体则太极也。（原注：亦云太易。）太极本寂然无形，而其显为大用，则有《乾》《坤》二方面可言。（原注：只是二方面，不可截作二片也。）余《新论》（笔者按：即《新唯识论》）之言翕辟，实与大《易》互相发明。学者详之也。"①

不过，乾元与坤元虽然是太极本体所显发出来的功用，但因为本体之显发为功用，宛如大海之全体化作众沤，因此体用一源，体用不二，全体在用，全用即体，故乾元与坤元皆是本体的呈现。不过，熊十力再指出，乾元是本体的大用，而坤元因为可能具有消极的重坠作用，而有物化之虞，所以坤元难称真正之大用，而其功用理应摄归在乾元当中而成就为乾元之大用。同时，虽然乾元为用，太极为体，但究极而谈，乾元实为太极本体所呈现出来的大用，乾元大用之外别无

---

① 熊十力：《读经示要》，《熊十力全集》第3卷，湖北教育出版社2001年版，第943—944页。

太极本体,因此就即用显体、全用即体而言,乾元实际上也可称作本体。太极本体与心、性、天、命相通为一,因此乾元即是"性体";太极本体蕴涵着无量无尽无穷的生生健动的密意,包含有天地宇宙生化的本源消息,因此乾元即是"性海"。关于"乾元性体"或"乾元性海"之义,熊十力都有精彩的阐发。现引出如下:

> 天,亦谓乾元也。乘龙御天者,言万物资乾元以始。既始,即物有自相,则乾元遂为物所载有而内足于己者。譬如众沤,资于大海水以始,既始,即沤有自相,则大海水遂为沤所载有而内足于己者。内足者,无待于外。而其充实不可以已,故日益上达,极乎实现乾元性体而无所亏。(原注:乾元性体四字,系复词。)于是德用无穷,若龙之乘云气以御天,而神变不测也,故曰以御天。《乾》之六爻,皆取象于龙。由潜而见,而跃,而飞在天,是谓御天。此以象物之实现其乾元性体也。①
>
> 《易》赞乾元曰:"元者,善之长也。"此"善"字义广,乃包含万德万理而为言。"长"字读掌。长者,统摄义。万德万理之端皆乾元性海所统摄。(原注:端,绪也。如丝之绪,至微至著者也,引而伸之,则无穷尽。摄者,包含义;乾者,动而健之势用;元,犹原也;乾元者,乾之原。非乾即是元,勿误会。乾元即是本体之名。以乾元之在人而言,则名之曰性;以乾元统含万德万理之端则譬之曰海。海至深广,宝藏富故。)故曰"元者善之长也"。(原注:元之为言,明其为万德万理,一切善端之统摄者也。本体如不具善端,即是空空洞洞,本无所有,何得为宇宙之原乎? 西学谈本体者,不能实证乾元,其所谓本

---

① 熊十力:《读经示要》,《熊十力全集》第3卷,湖北教育出版社2001年版,第948—949页。

体乃其情见所构之幻境耳。）……乾元性海实乃固有此万德万理之端,其肇万化而成万物万事者,何处不是其理之散著,德之攸凝。(原注:"乾元性海"至此为长句。本体是含有万理之端,其肇始变化而成一切物事,皆理之散著耳。德者,得也。如白纸具白德,此白德即白纸之所以得成为是物也。本体必具无量盛德,乃得成为万物之本体。如刚健也,生生也,诚也,常恒也,皆本体所固有,乃至众德不可胜举者,莫非本体潜伏期端。是故大《易》、《中庸》并有"天德"之言,而"天则"与"天理",亦见及于《易》及《礼记》。)①

据此,因为乾元蕴涵着本体、性体、性海的万德万理,因为乾元即是太极、太易,因此《周易》的六十四卦之蕴,皆可自乾元性体、乾元性海中引申推演而出。王弼所说的"统之有宗"、"会之有元"、"繁而不乱"、"众而不惑"②,在熊十力处是真正做到的,因为经过他的阐发,乾元性体、乾元性海是《周易》哲学的基础、根源、渊薮,以此为本,可以横说竖说,无往不利。

另外,在熊氏看来,乾元性体、乾元性海既是天道,亦通人能。因为太极之本体,天地之常道,即是人之本心、本性。心、性、天、命是一体无殊的。如果诸义殊别可分,则必定违背翕辟成变、体用不二、生化无间之理。据此,熊氏体认指出,乾元性体、乾元性海之义,其体现在人身上,则是蕴涵着生生之意的仁德。因此,乾与仁相通,乾元即是仁体,《易传》与《论语》无殊,都体现出孔子儒家哲学的根本精神。熊十力说:"乾元即仁体。亨、利、贞皆仁体之发现,故曰皆元也。若将四德截作四片说去,便是剖析物质之见,只缘

---

① 熊十力:《原儒》,《熊十力全集》第6卷,湖北教育出版社2001年版,第567—568页。
② (魏)王弼:《周易略例·明象》,《王弼集校释》,中华书局1980年版,第591页。

不识仁体故耳。仁之为德，生生不已，备万理，含万善，即太极也。以其为万物之本体，故名仁体。亨、利、贞乃至万德，只因仁体之发现不一形，而为多之名耳。（原注：须知言四德即备万德。）"①乾元性海涵蕴万理，故仁体亦涵蕴万德；乾元性体健动不息，故仁德亦生生不穷。据此，熊十力以"本体—宇宙论"为特色的易学思想，开启出后来新儒家如唐君毅、牟宗三等人的道德形上学。正如郭齐勇教授所说："'乾元性海'不仅是一般的宇宙—本体论的概念，弥纶天地之道，涵括万物、万事、万德（得）、万理、万化；而且是人道之根据，道德之根源，因而又是人的本体论或道德形上学的概念。"同时，在熊十力看来，仁德、仁体又是乾元性体的功能大用，这仁德、仁体的功能大用则又是人人心性中所本自具足者；而在现实生活中，仁德、仁体的功能大用的呈露展现，恒与习气相俱，人心如能创发清净习气，则全体即是仁体仁德之大用流行；人心如只有污染习气，则仁德仁体则被遮蔽，而不得呈现。可见，性德与修习是相俱而行的，性与修是内在统一的，本体与工夫也是内在统一的，性修不二，即工夫即本体。只有通过创发净习而消除染习的修养工夫，乾元性体、乾元性海才会全幅体现为生生不息之仁体、仁德。因此，熊十力的乾元性体之说不仅能导出道德形上学，而且也能推出德性工夫论。这也正如郭齐勇教授所说："熊十力在天人之间与性习之辨的场合所发挥的易学，通过'乾元性体'、'乾元性海'范畴的创设，特重天道而人道的翻转和染习通过净习向天性的复归。要之，乾元性海既是天道，又是人极，即人道的基础、人的实践活动和一切文化活动的源头活水。由此，熊十力提出'反己是《易》之骨髓'。"② 由此可见，熊氏"乾

---

① 熊十力：《读经示要》，《熊十力全集》第3卷，湖北教育出版社2001年版，第932—933页。
② 上述引文参见郭齐勇：《熊十力哲学研究》，人民出版社2011年版，第186—187页。

元性体"的易学思想,开启出了现代新儒学的道德形上学和道德工夫论,具有深远的意义与价值。

三、归宗孔《易》

通过对"乾元性体"的义涵的体会与阐发,熊十力打通了《周易》与《论语》两部经典,体证出《周易》之乾元、乾德即是《论语》之仁体、仁德。《周易》以天道而下逮人道,而《论语》则以人道而上达天道。《周易》与《论语》正好构成了一个互动互通的回环。根据这一体证,熊十力认为《周易》乾元性体的这种哲学精神,正是孔子仁学的哲学精神;孔子仁学的哲学精神,可以在《周易》乾元性体的哲学精神中寻找到渊源与根据。而揆诸学术思想史与经典形成史,这两部儒家经典也正好都与孔子直接相关。《论语》直接体现出孔子以仁为中心的儒学思想,这是我们所公认的事实,毋庸赘言。而熊十力认为,《周易》一书中的许多重要文本就是孔子所亲撰,《系辞》等则是孔门后学引申孔子的易学思想所成。他根据司马迁在《史记·孔子世家》中的说法,认为《孔子世家》中所说的孔子"序《彖》《系》《象》《说卦》《文言》"之说是可信的。他辨析指出,《彖》即《彖辞》,《象》即象辞,《说卦》即今之《说卦传》,《文言》即《乾》《坤》二卦之《文言传》,而《系》却并非今之《系辞传》,而为今之《卦辞》《爻辞》,因为《系辞传》在古时皆称作《系辞传》,而并非《系辞》,则《系辞》与《系辞传》显非同一文本。至于《系辞传》,熊氏辨析说:"《系辞传》(原注:即今本《系辞》上下篇。)为孔子弟子所作,盖所以发明《系辞》之旨。孔子作卦爻辞,(原注:即《系辞》。)复作《彖》、《象》、《文言》,而自解之。然义蕴无穷,固有书不尽言、言不尽意者。其与弟子讲说之际,必有口义流传。"① 究竟《卦辞》与《爻辞》是否孔子所亲撰,这应该仍然是一个需要商榷的问题。就文字风格与其所蕴含的思想的质朴性来说,其来源可能比孔子要早,或可溯源至周文王与周公时代。但是熊十力将《系辞传》界定为孔门后学发挥孔子易学思想的著作,则是卓有见地的,同时也体现出孔子仁学在战国时期逐渐转进至形上学的思想进程。综上,熊十力将《周易》经传的许多重要文字与孔子关联在一起,是他体证到《周易》与《论语》的哲学精神的互通性之后的自然结论。虽然这个结论的得出,体证性有余,而考证性不足,但亦并非完全没有根据与道理。《周易》学界仍可重视他的相关论述。

熊十力将《周易》经传与《论语》相互结合之后,则另指出,孔子对于《周易》的贡献之处,还在于他将以往的术数之流转变过来,将《周易》转化为尊德义、重义理的哲学之书。他指出,术数之学渊源古远,但从文王、周公开始,周人特重人道,这构成了孔子易学思想的渊源与根据。而到了孔子的时代,术数者流的影响并未消失,孔子作《易》,实有取于术数,而同时又继承和阐扬了文王、周公重视人道的哲学精神。其云:"孔子作《易》,其辞皆象,而根于数理。"又谓孔子"必多采用夏、殷、西周以来诸术数家之卜辞,及筮法等记载,而有所修正,乃另赋新义"。② 因此在熊氏看来,孔子易学重视人道是一脉,历代以来的易学重视术数又是一脉。这两条脉络构成了复杂的演进关系,孔子既有取于术数一脉,而同时在这基础上更阐扬了人道的一脉。他通过自己的体证,还指出,汉代的易学已多杂术数之说,其中虽多有谓传自孔子者,但其实已经失去了孔子易学思想中的哲学精神,这又反可证明在孔子易学之外,术数家之流是渊源悠久而又影响巨大的一脉,这一流脉并不因为孔子的作《易》赞《易》而

---

① 熊十力:《读经示要》,《熊十力全集》第 3 卷,湖北教育出版社 2001 年版,第 866 页。
② 熊十力:《读经示要》,《熊十力全集》第 3 卷,湖北教育出版社 2001 年版,第 873—875 页。

转向消亡，而是一直存在并发挥作用。笔者认为，熊十力对易学史的上述理解，虽不特别从文献考据上辨析立论，然实不无卓见。

以孔子的易学精神为基础，熊十力在《读经示要》一书中还对孔子之后的易学思想作出概述。他的概述以疏导脉络、考镜源流、通观大义为主，而最终归宗孔子的大《易》思想以作评判。例如他认为在战国时代，只有孟子与荀子二人能够比较充分地继承到孔子的易学精神。孟子深于仁义、道德、性命之理，其虽不明言《易》，而实精于《易》；荀卿《天论》之言，则颇有《周易》裁成天地、辅相万物之意。孟、荀二氏于《周易》精神所造甚深，非传经之儒可比。至于汉人，则其传《易》演《易》，多杂术数，不得孔子之真精神。但其中独有费氏一派，因不杂术数，而独成正轨，下启王弼，意义重大。王弼知象而扫象，超化汉人泥于象数之论，可谓遥会圣心，能得妙用。汉魏期间，除费氏至王弼一派之外，尚有扬雄（前53—18）的易学有其可观之处，亦非当时之经师所可逮。[①]

除此之外，熊十力还通过将孔子的易学精神，与佛道之学、宋明理学、清代易学、西方哲学等四方面的内容进行深入的对比，显豁出熊氏易学思想中的返本溯源、归宗孔《易》的特色。

首先是佛道思想与孔子易学的对比。熊十力认为道家的老、庄之学是孔子易学思想的别派，其于孔子易学既有所承，亦有所偏。在时间上，老、庄皆后于孔子。老子有取于《周易》的阴阳对待、相反相成、于变易中见不易之说。而老子的"一生二、二生三"之说即本于《易》卦，其"玄牝"之说也与"太极"之义相通。[②] 不过，老、

[①] 参见熊十力：《读经示要》，《熊十力全集》第3卷，湖北教育出版社2001年版，第870—886页。

[②] 参见熊十力：《十力语要》，《熊十力全集》第4卷，湖北教育出版社2001年版，第223页；熊十力：《尊闻录》，《熊十力全集》第1卷，湖北教育出版社2001年版，第573页。

庄道家的思想偏于虚静，而孔子大《易》则强调健动、刚健的精神；老、庄道家守其孤明，孔子大《易》则重视由内而外的推广与展拓；老、庄道家崇尚天化而轻视人能，孔子大《易》则特重人道而务求成能。①综上可见，熊氏认为，相对于儒家孔子的易学思想，老、庄道家体用未融，容易流于偏至。与道家一样，佛家思想虽然有大乘、小乘之别，但是佛家各派都具有明显的"出世"与"寂灭"的取向与情怀；同时，佛家的工夫论中不乏对于本体的保任之学，但却没有将此推广出去，以作裁成天地、辅相万物之功用。因此，佛家可以说是有体而无用，有孤往守寂之精神而无智周万物、刚健流行之导向，这与孔子易学思想中的体用兼该、推扩生生的特色殊然有别。②总之，佛道思想与孔子易学的对比，在于有体无用与体用不二、虚静守寂与刚健生生的对比。他认为通过这种对比，孔子易学的特色清楚地彰显出来了。

其次是宋明理学与孔子易学的对比。熊十力在宋明理学与易学的思想中，吸收了丰富的思想资源，他并指出宋明诸儒揭示穷理尽性之旨，强调我们需要在人伦日用中体认天道神化之理，所以宋明理学是孔子"《十翼》嫡嗣"。③但是，另一方面，他认为宋明诸儒受到佛道思想的影响太深，因此其思想取向跟随佛道而不自觉。换言之，宋明儒者也难免具有"厌弃事功"、"孤穷性道"、"有体无用"、"有内圣无外王"的倾向。从周敦颐的"主静"之说，到王阳明的将全幅精神倾注在自修立本而忽略实用之学，都体现出宋明理学的"半佛道化"的思想特质。熊十力对这种特质当然有不满之处，这使他决心在宋明儒的基础上，溯源孔子易学以揭发其精神大义。熊氏的这一思想立场与马一浮明显有别，马一浮虽然与熊十力一样，力求在宋明理学的基

---

① 参见熊十力：《体用论》，《熊十力全集》第7卷，湖北教育出版社2001年版，第6页。
② 参见熊十力：《乾坤衍》，《熊十力全集》第7卷，湖北教育出版社2001年版，第458页。
③ 熊十力：《十力语要》，《熊十力全集》第4卷，湖北教育出版社2001年版，第140页。

础上返归孔子《易传》，以此引发新思，阐明大义，但马一浮并不认为宋明诸儒陷入"有体无用"的境地，因为在他看来，有体则必有用，明体则必能达用。马一浮甚至也不同意熊十力对于佛道的批判，他认为佛家大乘思想中也蕴涵着生化、健动之理。熊、马在这方面的不同，构成了现代新儒学思想史上的一个有趣的公案。本书将在第四章中辨析这一问题。

再次是清代易学与孔子易学的对比。相对于宋明的周、程、朱、陆、白沙、阳明诸儒，熊十力更喜欢明清之际的儒者。他说："明季王船山、颜习斋、顾亭林诸巨儒，都是上溯晚周儒家思想，而不以宋明诸师底半倾佛化为然。这个精神极伟大，吾侪当继续努力。"①不难理解，他之所以更为喜欢明清之际的儒者，是因为他们竭力发扬实用的精神与刚健的气魄，与他所理解的孔子健动生生的易学精神有内在的相通之处。而在明清之际的大儒中，熊氏最倾心王船山。依照熊氏的总结，船山的儒学与易学（特别是其《周易外传》中的思想）有四大精神，这四大精神与孔《易》精神是相通的，所以王船山最能继承与发扬孔子的《周易》思想。这四大精神是：一、"尊生而不可溺寂"；二、"彰有而不可耽空"；三、"健动而不可颓废"；四、"率性而无事绝欲"。熊氏自认为其作《新唯识论》，乃是自觉地继承孔子、船山之志而来。②不过，本着其对孔子易学精神的理解，熊十力又不满于王船山的"乾坤并建"等思想，认为乾坤一体互摄，且《坤》为乾元之反，是乾元自身的作用，船山的乾坤并建则可能陷入二元论，非孔子易学的一元精神。③另外，除了王船山之外，熊十力在清代易

---

① 熊十力：《尊闻录》，《熊十力全集》第1卷，湖北教育出版社2001年版，第637页。
② 参见熊十力：《读经示要》，《熊十力全集》第3卷，湖北教育出版社2001年版，第916—918页。
③ 参见熊十力：《读经示要》，《熊十力全集》第3卷，湖北教育出版社2001年版，第963页。

学中还比较重视焦循的《周易》研究。焦循治《易》，有得于孔子易学的"变通趣时"之旨，但是因为焦循并不能体证到乾元性体，因此容易走向穿凿拘泥，缺乏超悟，只明人事而暗于天道。与船山相比，自是不逮远甚。①

最后是西方哲学与孔子易学的对比。面对西学，重塑儒学，是现代新儒学的基本特质。熊十力是通过对比西方哲学与孔子易学思想来体现这个特质的。在熊十力，如果说佛道与宋明理学具有"有体无用"的倾向，那么西方哲学则可谓"有用无体"，也即不明本体，不识乾元，不知仁德。他说："哲学家谈本体者都是看做离自心而外在的东西。此由不了自性，故向外杜撰一重实体，即是增益也。"②西方哲学的弊端就在于向外而求，而不知现象流行其实都是本心、本体、乾元、仁德的体现而已。同时，正因为西方哲学务于向外求索，所以知性思辨是其胜场，与中国哲学与易学思想中超知的体认构成对比。从中国哲学立场来说，当今中国哲学需要本着会通的精神，来融摄侧重体认性体的中学与侧重思辨质测的西学，从而得到彼此的丰富。他说："今日文化上最大问题，即在中西之辨，能观异以会其通，庶几内外交养而人道亨、治道具矣。吾人于西学，当虚怀容纳，以详其得失，于先哲之典，尤须布之遐陬，使得息其臆测，睹其本然，融会之业，此为首基。"而若要达成这个志业，则必须借助孔子易学思想，因为孔子《易传》是体用圆融、体用不二、明体达用、超知而又不反知的哲学，因此"《大易》正是融会中西之学"③。熊十力的"新唯识论"、"翕辟成变"、"体用不二"、"乾坤衍"的思想系统，就是要充

---

① 参见熊十力：《读经示要》，《熊十力全集》第 3 卷，湖北教育出版社 2001 年版，第 907—914 页。
② 熊十力：《新唯识论》（文言文本），《熊十力全集》第 2 卷，湖北教育出版社 2001 年版，第 123 页。
③ 熊十力：《十力语要》，《熊十力全集》第 4 卷，湖北教育出版社 2001 年版，第 439 页。

分揭示出孔子易学的这一义蕴,以作为中西融会的基础。

四、《易纬》阐义

除了通过"翕辟成变"、"乾元性体"以阐发孔子易学思想之外,熊十力还在汉代成书的《易纬·乾凿度》中发现两方面的思想可以与其"翕辟成变"、"乾元性体"之义相互发明。其一是此书的"三易"之论,其二是此书以"太易"为根源的宇宙生成论。我们在前文可见看到,《乾凿度》这两方面的思想,不但被熊十力所继承与阐发,而且也为马一浮所注意与强调。熊、马二氏都以这两方面的思想为基础,引申出各自的易学、儒学思想,构成一个相当有趣的思想史现象。这同时也体现出第一代现代新儒家有相近、相通的思想取向,他们都相当强调通过阐发《周易》哲学,而建立起具有新儒学特色的体用论、宇宙论、理气论等(当然他们同时也有心性论与形上学等方面的主张)。这种体用论、宇宙论、理气论多侧重自天道而立论,而再下降至人道。这样的思想取向与进路,其优势在于思路宏阔,规模博大;其劣势则在于体证有余,思辨不足。因此,第二代新儒家如唐君毅、牟宗三的易学思想,则不再以体用论与宇宙论为中心,而转进至对心性论与形上学的进一步推动,所以唐、牟对于《乾凿度》的"三易"与"太易"等思想并不如熊、马那样感兴趣。

与马一浮一样,熊十力对于《易纬》中的"三易"之说也有过清晰的楷定。两人对三易的楷定有同有异,但他们都同时批评汉人如郑玄等的解释,认为汉人难以理解到其中的神髓所在。熊十力的楷定是以他的翕辟成变、乾元性体之说为根据的,并认为"三易"之说可以与这两方面的说法相互发明,因此他理所当然地认为其《新唯识论》的道理与根底即在"三易"。《乾凿度》的相关说法如下:

孔子曰：《易》者：易也，变易也，不易也，管三成为道德苞籥。易者，以言其德也，通情无门，藏神无内也。光明四通，効易立节；天地烂明，日月星辰布设；八卦错序，律历调列；五纬顺轨，四时和栗孳结；四渎通情，优游信洁；根著浮流，气更相实；虚无感动，清净炤哲；移物致耀，至诚专密；不烦不挠，淡泊不失。此其易也。变易也者，其气也。天地不变，不能通气；五行迭终，四时更废；君臣取相，变节相和；能消者息，必专者败。君臣不变，不能成朝；纣行酷虐，天地反；文王下吕，九尾见。夫妇不变，不能成家：妲己擅宠，殷以之破；大任顺季，享国七百。此其变易也。不易也者，其位也。天在上，地在下；君南面，臣北面；父坐，子伏。此其不易也。故《易》者，天地之道也，乾坤之德，万物之宝。至哉！《易》一元以为元纪。①

马一浮对《乾凿度》这段文字的文本分析不及熊十力的相关诠释丰富系统，所以在此我们先引出全文，然后论述熊十力的相关理解。熊氏认为，易、变易、不易这三个向度是内在相通的，三者统摄为一，而为道德苞籥。而三易的统摄为一，体现为乾元性体的内在蕴奥。其云："统此三义，而成为道德之苞籥也。本体者，以其在人，则曰性。一切道德，皆自性中流出。如苞之含芽，如籥之司要也。"在这基础上，他分别对三易作出阐释。对于"易"，他认为此即显出作为本体、实体的太极或太易。其云："夫无门无内者，是绝待也。是人之真性，即万有之本体也。""光明寂然之体，无形而为有形之本，始成万物，是至实无妄之理之昭著也，故曰立节。""按亦虚无，

---

① （清）赵在翰辑：《七纬（附论语谶）》，中华书局2012年版，第30—31页。按：本书对原文标点略有更动。

亦感动。异乎耽空之学者徒以空寂言本体也。""性体清净炪哲，二德兼备。若只是清净而不炪哲，则是以无明为本体也。""即觉即寂，即寂即觉，方是性体，非见性者，何以语此。""按此段释'易'义，正显本体具有虚无、感动、清净、炪哲诸德。德者，得也。言其所以得为万有之本体者也。"① 上述诠释显出，在熊十力看来，本体、太极、太易具有即寂即觉、即虚即感的状态或境界。只有这种状态或境界，才能显发为即变易即不易、即不易即变易的翕辟流行之大用。因为如果本体只有虚寂而无觉感，或者只有觉感而不虚寂，那么本体必定不能化为翕辟成变、刹那生生的流行大用。

在三易中，熊氏最强调变易与不易二义。变易即显出本体乃全体化为翕辟成变、灭故生新、健动不息的大用流行。其云："变即气化流通，不变即死物耳。气化流通者，谓大用流行，无滞碍故。""按消者，灭义；息者，生义。灭故乃生新也。""凡《易》言阴阳二气之气，与后儒言理气之气，皆当为作用之名。吾于《新论》已言之。汉人于此气字，似均无明瞭之观念。夫本体清净炪哲，虽无形质，而非无作用。作用者，言乎本体之流行也，言乎本体之显现也。"② 而所谓不易，则揭示出翕辟成变、健动生生的大用流行，是不动而变、变而不动。因为一翕一辟的变化流行是光明寂然的本体自身的功能作用，所以天地虽然流行变化，而实无生灭之法可得。因此生灭即是不生灭，变易即是不易。生即无生，生而不有；灭即无灭，灭而不息；变即不变，变而恒贞。因此善观变化流行者，理应于万象中皆见其为真如，于流行中即识得主宰。上文所引的熊氏论变之三义，即能显出此不易之义。他另解释道："夫易者，象也。象者，假彼以明此

---

① 熊十力：《读经示要》，《熊十力全集》第3卷，湖北教育出版社2001年版，第919—920页。
② 熊十力：《读经示要》，《熊十力全集》第3卷，湖北教育出版社2001年版，第920页。

也。不易之义,盖谓本体之流行,虽现作万物,变化不居,而其虚无感动、清净炽哲,与不烦不挠、淡泊不失诸德,实恒自尔,无有变易。"① 因此,不易之义并非在变易之外或之后的静止状态,而是要揭示出翕辟变化、灭故生新的过程,其本身就是体性恒寂、法尔如然的。熊十力指出,《乾凿度》中的"位"字就是要点出此种变易即不易、常变常动而恒自如如的状态,但汉人如郑玄等以天地定位来说不易之义,则流于拘泥,而不能通悟本体大用之旨。

熊氏对变易、不易二义及其关系强调和阐发得很充分。他认为即不易即变易、即变易即不义的本体流行、翕辟成变之义,能深刻、简易地体现出孔子的易学精神。这里面蕴涵着体用不二的宗旨,可以超化佛学、西方哲学离析体用、将本体与现象分而为二的问题,同时也可以纠正常人只见变易之现象而不悟变易即不易、现象即本体之义。他反复强调说:

> 道体不即是阴阳,然不可离一阴一阳而觅道体。故曰"一阴一阳之谓道"。犹之大海水,不即是各各沤波,而不可离各各沤波,以觅大海水。乃即于各各沤波,而名大海水也。《新论》云"即用显体"者,即此义。(原注:《新唯识论》省称《新论》,后均仿此。)大用流行,即是真体呈现。是故变易即不易,而体用不二。《新论》全部,不外发挥此旨。由体成用,说不易即是变易;从用见体,说变易即是不易。又变易以流行言,不易谓流行中有主宰。哲学家或计本体是变易的,而不知变易即不易;或计本体是恒常不易的,而不知不易即是变易。此皆以臆想测至道,故堕偏执也。②

---

① 熊十力:《读经示要》,《熊十力全集》第 3 卷,湖北教育出版社 2001 年版,第 921 页。
② 熊十力:《读经示要》,《熊十力全集》第 3 卷,湖北教育出版社 2001 年版,第 571 页。

详《纬》之三义，实以不易与变易二义，最为重要。由体成用，是不易而变易。（原注：如大海水，全成众沤。）即用识体，是于变易而见不易。（原注：如于众沤，而识其即是大海水。）至哉斯义，哲学之洪宗也！古今谈本体者，或析变易与不易而二之，如佛家即有此失。或以为不易之体，超越于变易世界之上，如有神论者，即堕此过。或以为潜隐于变易世界之后，哲学家误作此计者亦不少。或即承认变易世界为实在，而否认本体。譬如童竖观海，只知众沤为实在，不知有大海水。其实众沤无体，其体即是大海水。而童竖之智不及知之也。余穷玄累年，深觉东西哲学家言，于此一大根本问题，都无正解。常旷怀孤往，豁然有悟。以为体用不二，确尔无疑。遂求征于大《易》，而得《纬》文。乃知即不易即变易，即变易即不易。古圣（笔者按：即孔子）已先获我心，非余小子独得之秘也。《新论》由是作焉。[1]

熊十力在这两段文字中，已经将他对于三易的理解，以及三易与其《新唯识论》思想的内在关系，系统充分地揭示出来了，我们不再赘述。另外，《乾凿度》中也有以"太易"之论为中心的宇宙论思想，这种思想与熊十力的本体化为翕辟流行之大用的"本体—宇宙论"也有内在相通之处，可以互相引发。按《乾凿度》云：

夫有形者生于无形，则乾坤安从生？故曰：有太易，有太初，有太始，有太素。太易者，未见气。太初者，气之始。太始者，形之始。太素者，质之始。气、形、质具，而未相离，

---

[1] 熊十力：《读经示要》，《熊十力全集》第3卷，湖北教育出版社2001年版，第922—923页。

故曰浑沦。言万物相浑沦而未相离。视之不见，听之不闻，循之不得，故曰易也。①

这一段文字体现出秦汉时人的历史演变、宇宙演化的意识，其思想可能有着比较复杂的渊源。宋明理学对于这段文字不多加注意与发挥，但马一浮与熊十力对此都相当感兴趣。马一浮以此作为其理气体用论的思想资源，熊十力则以此作为其"本体—宇宙论"的义理根据。熊氏指出，这里的"太易"就是"太极"，两者皆为本体之别名而已。在太易之本体的状态中，气尚未显现出来，然而并非无气，因此本体冲漠无朕，故以太易名之。这里的"气"并不是指自然的气化，而是指本体的功能、作用、势用。因此，太易或太极之本体之未见气，指的是本体已经含有健动之势用，但此势用尚未呈现出来而已。汉人将太易或太极视作"元气"，这种解释意指不明，有近乎自然的气化之论，因此并不能把握到《义纬》的精义所在。

本体的功能蕴含着刚健盛大之势，所以太易乃自气而形，形而质，生生不断，流行不息。他强调，气是功能，形是形象，气形凝聚而成质，但气、形、质三者其实皆为气之所摄，不可分作三个阶段，而应该视作本体的功能势用流行盛大，日臻圆满。因此《乾凿度》说三者未始相离，皆归于浑然一气的功用流行而已。而此一气之功用流行，实即太易本体之全幅起用而已，离此功用流行亦别无太易本体，这有如大海水全体现作众沤，而离众沤则别无海水。正因为太易本体全幅现作一气之功用流行，因此天地大化虽然翕辟变易，灭故生新，健动不息，而实即体自恒寂，法尔如然。②综上可见，经过熊氏的创造性阐释，《乾凿度》的宇宙论就是孔子的易学精神所在，这与其翕

---

① （清）赵在翰辑：《七纬（附论语谶）》，湖北教育出版社2001年版，第43—44页。
② 参见熊十力：《读经示要》，《熊十力全集》第3卷，湖北教育出版社2001年版，第923—927页。

辟成变、乾元性体之义是一脉相承的。

通过上述理解与阐释，熊十力认定《易纬》的"三易"、"太易"等说，就是孔子的之说。我们如果要研习《周易》，当从研习《易纬》开始；我们如果要把握孔子易学的基本精神，当从把握《易纬》开始。其云："初学读《易》，且先治《易纬》。纬书当是商瞿后学之传，不可与谶并论。《易》之原始思想，多存于《纬》。孔子大义，亦有可征于《纬》者，弥足珍贵。古说散亡，尚赖有此耳。""义极深广，辞极简要。此必夫子口义流传，而商瞿后学记之也。郑玄注《易》，复注《易纬》，殆以其传授有自欤？"[①] 由此可见，熊十力对《易纬》的推崇可谓无以复加。不过，在对《易纬》的思想特别是"三易"及其关系的理解上，马一浮与熊十力可谓有同有异，两人由此引发了为时较长的往复论辩，这体现出第一代新儒家在思想取向上存在着微妙的差殊。在本书其后的内容中，我们将继续讨论与此相关的问题。

五、《易》通六艺

熊十力与马一浮易学思想的又一个相近之处，则在于熊十力与马一浮一样，也继承并阐扬了汉人的《易》为六艺之原的观点，并在义理上展示出《易》通六艺、《易》与诸经互证的脉络与道理。[②]

---

① 熊十力：《读经示要》，《熊十力全集》第3卷，湖北教育出版社2001年版，第915、926页。
② 按：《易》为六艺之原的观点由汉代的班固所提出或总结出来。《汉书》："六艺之文：《乐》以和神，仁之表也；《诗》以正言，义之用也；《礼》以明体，明者著见，故无训也；《书》以广听，知之术也；《春秋》以断事，信之符也。五者，盖五常之道，相须而备，而《易》为之原。故曰'《易》不可见，则乾坤或几乎息矣'，言与天地为终始也。至于五学，世有变改，犹五行之更用事焉。"参见（汉）班固：《汉书》卷30，中华书局1962年版，第1723页。

有鉴于当时荒经蔑古、否定传统的积弊，熊氏奋笔疾书，成《读经示要》一书。此书竭力提示出数千年的中国文化，其活的精神与生命，具在六经或六艺之中。六经、六艺中蕴涵着孔子思想之精髓、中华文化之根底。在他看来，六经通于天地人生之常理、常道，是文明、思想、文化、义理的无尽宝藏。六艺不可废，治经有价值。他说："夫六经广大，无所不包通，而穷极万化真源，则大道恒常，人生不可不实体之也。若乃群变无常，敷宣治理，莫妙于经。"[1]

对于六艺、六经，熊十力不同于一般的传经之儒、注疏之儒。他主张发掘本源，存其大体；思睿观通，阐扬大义；反求诸己，居安资深。六艺、六经就是一个有机活泼的意义机制，我们如果能够走进这个意义机制，将可穷理尽性，养成人格，贞定天地人生的意义与价值。在这基础上，他体会指出，《周易》的精神就是"乾元"的精神，《春秋》的精神也是"始元"、"贵元"、"人元"，因此《周易》与《春秋》二经最能相通互摄。《周易》乾元侧重在天道，天道下逮人道；《春秋》人元侧重在人道，人道上达天道。故《周易》与《春秋》构成相表里之义。熊氏云："《春秋》与大《易》相表里。《易》首建乾元，明万化之原也。而《春秋》以元统天，与《易》同旨。"[2]他另指出，《周易》以乾元表性体，《春秋》以人元明人道，因此《周易》是内圣，《春秋》是外王，《周易》与《春秋》互摄相通，构成孔子儒家的内圣外王之道。其云："孔子之道，内圣外王。其说具在《易》、《春秋》二经。余经（原注：《诗经》《书经》《礼经》《乐经》（即《乐记》）。）皆此二经之羽翼。《易经》备明内圣之道，而外王赅焉。《春秋》备明外王之道，而内圣赅焉。""仲尼祖述尧、舜，宪章文、武，其发明内圣外王之道，莫妙于大《易》《春秋》。《诗》《书》

---

[1] 熊十力：《读经示要》，《熊十力全集》第3卷，湖北教育出版社2001年版，第691页。
[2] 熊十力：《读经示要》，《熊十力全集》第3卷，湖北教育出版社2001年版，第1019页。

《礼》《乐》，皆与二经相羽翼。此讲（笔者按：即《读经示要》一书）特详二经。二经通，而余经亦可通也。"[1]《周易》与《春秋》天人互通、内外交摄，是董仲舒（前179—前104）以来的观点，熊十力继承了这种传统观点。《周易》与《春秋》二经可摄《诗》《书》《礼》《乐》四艺，而构成一个完整圆融的整体机制，则马一浮阐之特详，熊十力说之较略。而且，熊氏并没有充分论说《诗》《书》《礼》《乐》四经为何是《周易》与《春秋》的羽翼，同时也没有更具体系统地探析前四经各自的精神与价值，并揭示出前四经的内在相通性。对于这一方面，马一浮的六艺思想中体现得更为系统充分，可补熊氏之未逮。

除了揭示《周易》"乾元"与《春秋》"人元"构成内圣外王之道，以统摄《诗》《书》《礼》《乐》之外，熊十力还表达了两个观点：一、《周易》是六艺之原；二、《周易》与《论语》互摄相通。在他看来，《周易》与《春秋》虽可互摄，但《周易》的乾元精神毕竟更为根本，如果没有乾元性体、乾元性海作为天地人生的终极根源，那么《春秋》大义亦不能兴发敷演出来。因此相对于《春秋》，熊氏更着重阐发《周易》的内在精神，他的《新唯识论》《体用论》《乾坤衍》《明心篇》等，无不是要从大《易》着眼，阐发乾元性海之蕴奥，以开发出诸经之义理源头，疏导出源头活水。他的这些著述，无疑是对汉人的《易》为五经之原之论的生动申发。另外，熊十力还指出《周易》的乾元性体，与《论语》的仁体仁德，是内在相通的。这在前文也有所论述。《周易》可以总摄六艺，《论语》自然也是六艺之总会。乾元是六艺之渊源，仁德也何尝不是六经之通义？因此，熊十力认为，经学就是一种仁学，治经就是一种仁术。仁学、仁术是从人的心性上说的，而其终极根据则在乾元性体。其云：

---

[1] 熊十力：《读经示要》，《熊十力全集》第3卷，湖北教育出版社2001年版，第1015、556页。

是故六经浩博，其归则仁。《易》明万化之宗，而建乾元。（原注：坤元即乾元，非二元也。）虞氏《易传》曰：'乾为仁。'此古义之仅存者，至可宝贵。《春秋》之元，即《易》之乾元，其义一也。（原注：《易》言乾元统天。《春秋》以元统天，即《易》义。）三体（笔者按：三体当作三礼）蔽以一言，曰"毋不敬"。证以《论语》仲弓问仁，夫子语以"如见大宾，如承大祭"，则以敬言仁，本《礼》教也。《诗三百》蔽以一言，曰"思无邪"。"思无邪"者，仁也。《尚书》托始尧、舜，而《论语》称尧，曰"唯天为大，唯尧则之"，明天以仁生物，尧能则天之仁也；赞舜，曰"有天下而不与焉"，显舜有仁让之德也，则《书》以仁为治化之本可知。世儒治《论语》，知孔门之学在求仁，而不知六经一贯之旨，皆在是也。夫天下之理，穷至其极，则万化所资始者见矣。百家之学，会归其宗，则万理之毕通者得矣。学不至于仁，终是俗学，所谓"得一察焉以自好"、"不睹天地之纯全"也；治不至于仁，终是苟道，盖以增长贪嗔痴，毙人亦将自毙者也。[①]

熊十力这段文字，可谓深切著明，知要知类，深刻体会和理解到六艺之道，皆以仁为基础，皆是仁之道达。在他看来，六艺之道，直可一言以蔽之，曰仁而已矣。他的这种观点与马一浮的六艺论是可以相互发明的，因为马氏六艺论的主要观点，也是要展示出六艺之道，全体就是仁体、性德之流行而已。只是马一浮展示得详细系统，熊十力揭示得简要直截而已。同时，我们在这里也要指出，熊十力将六艺、仁学的根本，溯源至《周易》的乾元性体，指出仁德是乾元的体

---

① 熊十力：《读经示要》，《熊十力全集》第 3 卷，湖北教育出版社 2001 年版，第 626 页。

现，这个观点比马一浮更显深刻。马一浮也详细称说过《周易》为六艺之原的道理，不过他是通过"观象"的方式显出此义，尚不及熊十力的说法来得简明深切。

《周易》是群经之源，《论语》是群经之根本与总会，《论语》通于《周易》精神。这是熊、马二人的共同主张。不过，熊十力对于儒家经典并非都是肯定的。马一浮认为，《论语》《孝经》两部经典是相通互摄的。《论语》以仁学为基础，所以是六艺之根本与总会；《孝经》则以发明孝弟为要，孝弟是为仁之本，所以《孝经》也同样是六艺之根本与总会。《孝经》与《论语》共同呈现出孔子儒学仁孝的精神，并共同摄归于《周易》思想作为其终极渊源所在。① 但熊十力与马一浮不同，他相当肯定《论语》的仁学，但却全然鄙弃《孝经》的孝德，认为其与中国历史上的专制主义是相结合的。② 这体现出他受到当时的思潮与风气影响较多。

六、总结

这一章主要概述了熊十力易学思想的几个相互关联的重要观点，从而显出熊氏新儒学思想是建立在其易学思想之基础上的。首先，熊氏并不满意于佛家唯识旧师的说法，并指责护法等唯识学家立集聚名心之说，有将体与用、种子与心识分而为二之嫌，同时又将心识机械地分而为八，转增繁琐与破碎，不应实理。在破斥一般人的境执与唯识旧师的识执之后，熊氏从佛家转向儒家大《易》生生之学，展示出

---

① 马一浮：《复性书院讲录》，《马一浮全集》，浙江古籍出版社2013年版，第1册，第220页。
② 参见熊十力：《读经示要》，《熊十力全集》第3卷，湖北教育出版社2001年版，第766页。

现象界的大化流行是本体的功能与作用,这个功能与作用是通过"翕辟成变"之义实现出来的。因此,"翕辟成变"是理解熊氏哲学与易学思想的关键所在。据此,本章围绕熊氏"翕辟成变"思想的几方面义涵做出概述与讨论。其次,翕辟是本体所显出的流行大用,本体的翕辟之用,在《周易》中即表现为《乾》《坤》及其关系。翕辟非二物,翕主辟从;因此《乾》《坤》非二元,《坤》即乾元。而同时,体用不二,现象莫非本体流行之大用,因此乾元即是太极之全幅功能作用,乾元通于太极、本体,因此除了"翕辟成变"的观点之外,熊氏另有"乾元性体"之说,从另外一个角度与视野,阐扬出本体的健动、生生之蕴。再次,熊十力通观易学史与儒学史,指出"乾元性体"的蕴义,放在人道的层面,就是仁德生生的向度,乾元与仁德是内在相通的。这是孔子儒学与易学的伟大思想贡献。以此为根据,孔子易学可以涵摄中国传统以来的易学思想。因此,熊氏主张回归孔《易》,返本开新。复次,熊十力的易学思想侧重在"本体—宇宙论",除了阐发孔子易学思想中的"翕辟成变"、"乾元性海"的蕴义之外,他还从《易纬·乾凿度》中发现了"三易"与"太易"的思想,最能与其以"新唯识论"为特色的"本体—宇宙论"相契合、相发明。经过他的阐发,《乾凿度》不但蕴涵了宇宙论的向度,而且它实际上是一种"本体—宇宙论",《乾凿度》所揭示的"本体—宇宙论"是其"新唯识论"思想的某种根据与渊源所在。最后,本章还总结出熊十力的易学思想还呈现出阐扬经典与经学精神的面向。他从"乾元性体"的角度,阐发了《易》为五经、六艺之原的蕴义所在,揭示出《周易》与《春秋》互相表里、《周易》与《论语》天人互动的结构。这与马一浮的六艺论异曲同工,两者亦可相互发明。

综上可见,熊十力的易学思想,其旨所在,并非要继承和推进传统以来的经学形态的易学,而是要发掘《周易》经传中所蕴含的哲学与德义,并将此与自己的哲学思想相互印证、相互发明。传统以来,中国的儒道诸家皆重视"天道论",而《周易》特别是《易传》则是中国天道论的思想资源与宝藏。儒道诸家的天道论思想多从《周易》中吸取自己所认为的重要的思想方向,并使之扩充成为自家思想系统的内在理论。如果我们旷观整个世界哲学,就可以将中国传统的这一天道论,视作形而上学的一种特殊形态,我们可以将之称作"天道论形上学"。而中国传统以来的天道论形上学,则可分为儒、道两大宗。道家的天道论形上学侧重在心灵对眼前的天地现象、天地万物的超越性作用,使得心灵不执著于万象万物,以观以游,以翱以翔,逍遥于万象万物之表。道家这样的一种观法,使得道家的心灵体会到天地万物自虚无而来,而同时又流向或反归虚无,心灵于其中,可独与天地精神相往来,并形构成为一虚白相生之美境。换言之,道家的这一方面取向使得其天道论形上学以"观虚无"为其胜场。同时,道家以其虚无之观,在观照万物的流行转化的时候,可以将万物之流行转化,视作自虚无之境而生出来的流行一气,此气不实而虚,最终也将反归虚无。所以,道家不但"观虚",而且"观气",最终通观"虚气相即"、"虚气相生"、"虚气成道",这是道家式的天道论形上学之殊胜所在。《庄子》内篇的《人间世》里面所显出的颜子"心斋"之论,就可以体现出道家的这一特色。此篇指出心斋的修炼之境是"无听之以心,而听之以气"、"气也者,虚而待物者也"、"唯道集虚,虚者,心斋也"、"瞻彼阕者,虚室生白,吉祥止止"[①]。在道家看来,天道宇宙就是虚气相即的流行境界,气自虚来,复返诸虚。

佛家的思想强调去执、观空,与道家的观虚体无有相通之处,只不过佛家并不向着天道论形上学而趋,它的思想旨趣多侧重在心灵在观物观象的过程中,自觉到万物万象皆为缘生,缘生即性空。所谓缘生性空,是指心灵在观省万物诸法的因缘作用的时候,求任何一物而

---

① 《庄子·人间世》。

不可得。例如，我们见到叶缘芽而生，花缘叶而生；但当我们想从芽中寻找叶时，便发现芽中无叶，当我们想从叶中寻找花时，便发现叶中无花。如果我们再将芽、叶、花的过程，往前而推，而又向后而演，都可以观见到一切诸法，都是因缘而生，但因缘中的一切诸法皆无实性，皆归诸空。这就是大乘佛家的缘起性空之论。这种缘起性空的旨趣，是要破除对因缘中的任何一物的执著，破除心念将任何一物执为有实性，从而体证诸法之实相，也即缘生性空。据此可见，佛家虽然不侧重在天道论形上学的层面立论，但它有着很深刻的对天地物象的独特殊胜之观，体现出心灵观照的一种方向与境界，开发出不同于道家的观法。

其实，心灵对于天地万象万物之观，并非只有道家观虚气相即与佛家观缘生性空两种形态。儒家对于天地万物的观法，则构成了第三种形态，并形成了与道家有所不同的另一种天道论形上学。儒家对于天地宇宙的万象万物的观照，其特色在于顺势而观天地万象的流行与变化，由此体知到物与物、象与象之间具有无尽的相继相成的功能与作用。因为儒家体知到天地宇宙的万象万物的相继相成作用，因此便很自然地将天地宇宙的大化流行视作无穷无尽的生生之善、生生之德、生生之性、生生之仁。天地大化流行的生生之善、德、性、仁，体现出天地的流行变化的无尽过程，这既可没有对任何一象一物的执念与执著，从而不一定与佛家的观法相违，[1] 而同时又体现为一气之

---

[1] 唐君毅指出："依常人之见，谓叶由芽出，花由叶出，固是妄执。此执，乃由常人之念先著于芽后，方见叶、见花而起。此执固当破。人再自反观芽中之无叶，叶中之无花，亦自能破此执。然吾人若自始不著念于先见之芽，以观叶，亦不著念于先见之叶，以观花；则可自始无此妄执，亦不待对此执更破。则吾人之见芽、叶、花之相继而现，亦未尝不可视此叶如天外飞来，以自降于芽之上；花如天外飞来，以自降于叶之上。循此以观宇宙自然间一切'云行雨施，品物流形'之事，无不可一一视为天外飞来，以一一相继自降于其前之事物之上、之后，而全部宇宙已成已有之事物之生，即皆初是由天外飞来，以为其始。"引自唐君毅：《中国哲学原论·原教篇》，中国社会科学出版社2006年版，第31—32页。

生化流行，因此也不一定与道家的观法相悖；但与此同时，儒家的观法也自有其与佛、道不同的殊胜之处。儒家的观法的特点乃在于，儒家的天道论形上学因为侧重在顺观万象万化的相继相成的功能与作用，因此它强调"观有"、"即物"，而与道家的"观虚"、"超物"及佛家的"观空"、"去执"构成对比；儒家的天道论形上学又因为侧重在大化流行的生生之性上，因此强调"性"的能继能成的积极正面的功能与作用，故又与佛家的性空以及一般意义上的静态地观物之性相性质的取向，都有所不同。简言之，儒家的天道论形上学之色在于顺观天地大化流行，从而体知到大化流行自身所蕴涵的生生之善、生生之德、生生之性、生生之仁。此善，此德，此性，此仁，是生生变化之所以为生生变化的功能与作用。

既然儒家的天道论形上学揭示出天地宇宙万事万物的生生变化之道，那么此生生流行的内在构成如何？此生生流行何以可能？在儒家与《易传》看来，这是物与物、象与象、形与形的一阴一阳的相出相入、相生相灭的流行变化所造成的。新的物、象、形的显出，是建立在旧的物、象、形的消隐的基础上的。前者体现出生生流行的阳动、刚健、翕散的势能，后者则体现出生生流行的阴静、柔顺、翕聚的势能。就是在新旧交替转进的物与物、象与象、形与形的一阴一阳、一静一动、一入一出、一消一长、一缩一伸的相继相成的功能与作用中，天地宇宙的大化流行的过程得以实现出来。而这个大化流行过程中所蕴含的生生之善、德、性、仁，即是天道之根据、形上之本体，也即所谓"元"。这正如《周易》所谓"大哉乾元，万物资始，乃统天"[1]、"至哉坤元，万物资生，乃顺承天"[2]、"元者，善之长也"[3]。而作为"元"的善、德、性、仁，其最终可统摄为"太极"。这就是《周

---

[1] 《周易·乾·彖》。
[2] 《周易·坤·彖》。
[3] 《周易·乾·文言》。

易》经传对儒家的天道论形上学最为精微深入的揭示。①

如果我们将道、佛、儒三家的观法,以及儒家以《周易》经传为思想资源的天道论形上学,做一对比性的旷观,便可以明确地将熊十力的易学思想界定为儒家性质的天道论形上学,而他对儒家天道论形上学的贡献,乃在于他通过其"本体—宇宙论"对之作出丰富、系统、独特的揭示。熊氏曾经研习与服膺佛家思想特别是唯识学的理论,其后不满于唯识旧论的"集聚名心"等说,而转进至儒家大《易》的"翕辟成变"之义。通过这个思想转变,他不仅系统批评他所理解的唯识学旧论,而且进一步自觉地站在儒家的思想立场上,进而批判佛、道二家的"耽虚溺空"之观,显出儒家观法的"尊生"、"彰有"、"健动"、"率性"的特色与取向。同时,其更重要和更原创性的内容,是熊十力将《易传》中的"一翕一辟之谓变"的论题与线索,放置在他的"本体—宇宙论"中作出系统的阐明,这使得他能够通过"翕辟成变"之义,推进和深化了我们对于儒家的天道论形上学的理解。

当然,熊氏对于儒家的天道论形上学的深化与推进,并非只是接续传统,他的相关思想也蕴涵着现代性的义涵。这种现代性的义涵主要表现在他要通过其"翕辟成变"、"乾元性体"等说法,点出文化生命之魂,打通天道论层面的"乾元"与人性论层面的"仁德",阐扬翕主辟从、灭故生新的刚健而不为物化的精神。这可以在某种意义上对治世人的意义迷失的危机,让我们得以挺立与重塑"道德的主体性"、"道德的形上学"、"道德的理想主义",这既与现代性社会侧重

---

① 按:本书对上述儒、佛、道三家之观法的总结,主要是继承和总结了唐君毅先生的相关论述。唐君毅的《生命存在与心灵境界》一书的下册佛、儒二家的观法最为系统详尽,更为简易的论述则可参见唐君毅:《哲学概论》,台北学生书局2005年版,下册,第58—71页;唐君毅:《中国哲学原论·原教篇》,中国社会科学出版社2006年版,第29—33页。

主体性、个体性的精神面向有契合之处，而同时又可以超化现代性的某些深层弊病与症结。另外，熊十力自"翕辟成变"所引申出来的"体用不二"、"即不易即变易"等思想，也有力地批判了现代社会与西方哲学将"现象"与"本体"析而为二之病。这些都是熊氏以"本体—宇宙论"为特色的易学思想、天道论形上学所蕴含的现代性的意义。

当然，如果我们将熊氏的"本体—宇宙论"与《周易》特别是《易传》中的天道论形上学，作进一步的深入对比，也会发现熊氏的易学思想中，可能存在着某些比较深层的思想问题。这些潜在的问题影响了他对于天道形上之境作出更为平正圆融的理解，同时也使得他过度、过分地站在儒家思想的立场上批判佛、道二家，而不能平情地看待儒、佛、道三家的相通与差异之处。在下一章中，我们将通过辨析熊氏易学思想中的常与变、体与用、翕与辟、反己与外推等关键性的论题，试图揭示出其易学与哲学思想中所包含的某些张力与矛盾。

第四章　常变、体用、翕辟之际——熊十力易学思想中若干重要论题新探

在前一章中，笔者已经将熊十力易学思想的问题意识、关键线索、主要内容，作出比较简要的疏解与评论。这一章在其最后的总结中，亦比较充分地显出熊氏易学思想的正面的意义与价值。但与此同时，笔者在阅读与思考熊氏易学与哲学中的相关表述与观点的时候，则不能完全无疑。在思考与斟酌之后，笔者认为，熊十力虽然主张即常即变、体用不二、一翕一辟、反己与外推相融，达到近乎圆融之境，但因为他又特别侧重与强调"变"、"用"、"辟"、"外推"的一面，甚至对此坚执不舍，这使得他往往自觉不自觉地打破了常与变、体与用、翕与辟、反己与外推的自然合理的平衡互动关系，而造成某些思想上的张力与矛盾，难以化解。本章便围绕这些重要论题，作出具体的梳理与辨析。

一、常与变之际

《周易》哲学的根本精神何在？《周易》最为根源的思想何在？熊十力认为是"常"与"变"的问题，也即"变易"与"不易"、"流行"与"主宰"的问题。通过儒家的观法，天地之中的万象万事，无往而不在变化、变易、无常、流行的无穷无尽的过程之中，我们身

处其中，究竟应该如何理解这种变化？该如何体认到其中的确切而贞定的道理，并以之为立身之本？变化流行不息不穷的天地万象之中，还有不变不易的常道吗？在熊十力看来，常与变的问题就是最深层次的哲学问题，中西哲人都不能轻易绕过。不过，中、印、西的哲人对这个问题的理解和处理却不尽相同。熊十力认为，西方哲学、中土佛道都不能得其正解，倒是孔门易学有着深入恰当的透析与理解。他指出，佛道不能得其正解，是因为佛道耽虚滞寂而不悟生化，不能用心体会天地大化流行生生之道，故难以深体常与变之妙蕴，这在前一章已经有所论述，今不赘言。至于西方哲学与宗教，在其面对天地万象的变化现象而作哲学省思时，则可能走向两条相反的路。他们或者可能走向"实体主义"一派，也即不肯认流行生生的现象本身具有实在性，而要肯定在变化的现象之上，另有一"实有"或"太一"作为现象界的本体。如果不走这一路的话，他们或者又走向了"现象主义"一派，此派主张天地间的现象只有不断地呈现、不断地消逝，我们在万物之呈现与消逝之外，不能找到使之呈现与消逝的体性或德性。实体主义一派，可以视作执常而不通变；现象主义一派，可以视作知变而不识常。因此，西方哲学大抵可析而为常变二派，这两派各走极端，共堕一蔽，即皆将本体与现象分而为二。因此，西方的哲学与宗教，与中土佛道之学一样，都难以圆融地体常知变。

经过长时间的体会与思考，熊十力最终认为，只有儒家孔子的《周易》哲学，才能真切而正确地体会到常变之理。正如前章所探析，他认为《易纬·乾凿度》中所说的"三易"之义，主张即变即常、即不易即变易，深得孔门《易》教的真精神。其云：

> 古今谈本体者，或析变易与不易而二之，如佛家则有此失；或以为不易之体，超越于变易世界之上，如有神论者，即堕此过；或以为潜隐于变易世界之后，哲学家误作此计者亦不少。

或即承认变易世界为实在，而否认本体，譬如童竖观海，只知众沤为实在，不知有大海水。其实众沤无体，其体即是大海水。而童竖之智不及知之也。余穷玄累年，深觉东西哲学家言，于此一大问题，都无正解。常旷怀孤往，豁然有悟，以为体用不二，确尔无疑，遂求征于大《易》，而得《纬》文，乃知即不易即变易，即变易即不易。古圣已先获我心，非余小子独得之秘也。《新论》由是作焉。[1]

或曰："所谓极微或元子、电子者，不可说为实体欤？"曰：恶。是何言？实体者，所谓太易未见气也。（原注：本《易·乾凿度》。易具变易、不易二义。虽变动不居，而恒如其性，故即变易即不易也。佛家以不变不动言"如"，似偏显不易义，而未若大《易》以即变易即不易言之为更妙也。此体本不可名，姑强以"易"名之耳。"太"者，赞辞。"未见气"者，此体至虚，而不属于有。夫气，则有之至希至微者也。气之未见，所谓"无声无臭至焉"者也。善谈体者莫如《易》。玄奘《上太宗表》云："百物正名，未涉真如之境。"以此议《易》，奘师实不解《易》也。）虚而不可迹，（原注：不可以迹象求。）故无不充周，（原注：若有迹象，即有方所，则不能充周也。圆满之谓周，不息之谓充。）故遍为万有实体，（原注：充周故为万有实体。）其得以极微或元子、电子言之耶？其得以实体为细分之集聚耶？[2]

这两段话系统清晰地表达出熊氏的常变观，他将《乾凿度》的即

---

[1] 熊十力：《读经示要》，《熊十力全集》第3卷，湖北教育出版社2001年版，第922—923页。
[2] 熊十力：《新唯识论》（文言文本），《熊十力全集》第2卷，湖北教育出版社2001年版，第22页。

不易即变易、即变易即不易的思想，直接视作孔子易学的神髓所在。同时他以此为立场，广泛地批评佛家唯识学、佛家一般理论、西方哲学与宗教各派等都不能知即常即变、即变易即不易的道理。由此可见，熊氏是深得儒家的天道论形上学的观象精神的。而这两段文字当中的具体意蕴，因为前章已有较为系统的阐发，此不赘论。

不过，这里需要辨析的是，虽然熊十力非常强调不易与变易相即不二、相通为一的本源、本然状态，但是，不易与变易（或常与变）"两者"毕竟还构成对比性的关系，两者虽然相即不二，但却非全然无别。两者的分别可以是在相通相即的基础上有分有别。正如在阴阳的关系上，我们知道虽然阴中有阳，阳中有阴，但毕竟阴与阳二者存在着某种对比性，并非浑沦无别。而在这里，如果我们承认（我们其实也理应承认）变易与不易、常与变是有所对比与区别的话，那么这里就会有孰轻孰重、孰抑孰扬的问题。对于这个问题，我们不外乎有三种取向：变易重于不易、不易重于变易、变易与不易同等重要而不可畸轻畸重。我们以此对比熊氏的易学思想，就比较容易发现熊十力在承认不易与变易相即不二的基础上，其实更重视"变易"的一面。换言之，他虽然也相当关切如何从变中知常，从变易中体认不易，但他更关切常之全体如何化而为变，不易之本体如何全幅显现为变易流行。他之所以重视变易的一面，是因为他的"新唯识论"的哲学思想侧重在展示本体如何化为大用的问题。对于这个问题，他通过"翕辟成变"一义做出疏导。通过翕辟成变的视野，本体无论如何都是转变不息的，无论如何都呈现为健动生生的功能大用。笔者认为，熊氏在不易与变易、常与变之际，之所以强调"变易"的一面，这其实体现出熊氏的多种苦心孤诣所在。将之放在中国哲学的继承和发扬的问题上来，他认为传统以来的佛道思想、宋明理学等，都偏重于"不易"的层面上，强调自变中知常、以不变御万变，但这种思想取向的弊病在于，它不能充分注重对生生不息的大用流行的现象界的承认与展示,因此它在不知不觉中漠视了孔子易学所揭示的生生之善、生生之德、生生之性、生生之仁这一基本精神;同时也不能充分应对西方哲学与科学的挑战,不能充分适应与引导瞬息万变的现代社会,使得中国哲学难以在现代的情景中作出开权显实的工作。

总的来说,熊十力对于"变易"的强调,主要体现在如下两个方面:一、以变显常。熊十力在论及不易之常时,往往是从变易流行的角度来做解释的。比如他说:"儒家于流行中识主宰,即于流行之健而有则处见主宰义。运而不息者其健也,遍为万物实体而物各如其所如者,乃见其有则而不可乱也。"①"不易之义,盖谓本体之流行,虽现作万物,变化不居,而其虚无感动、清净照晢,与不烦不扰、淡泊不失诸德,实恒自尔,无有变异,譬如水可成冰,亦可化汽,此其变易也。而其湿润诸德,终不改易,是谓不易。"②这是就变易中有其贞定恒常之德、流行中有其秩然不乱之则来界定不易义。熊十力这种以变显常、以变易显示不易的思想取向,较明显地受到明清之际黄宗羲(1610—1695)、王船山哲学中"理"是"气之条理"等思想的影响。二、深于明变。在仁与智、常与变、体与用中,熊十力更长于运智而非守仁,观变而非知常,达用而非明体。他在《新唯识论》中,曾经以"非动义"、"活义"、"不可思议义"三义明变,深邃淋漓、纵横捭阖地展示出变易流行的各种蕴义。当然,熊十力对于变易的最关键论述还是"翕辟成变",通过翕辟成变,熊氏试图充分说明变易流行的基础和体用不二的道理。熊十力在常与变的关系中强调"变易"一义,与马一浮的取向构成对比。马一浮与熊十力一样都主张即常即变、即不易即变易,但是马一浮更重视"不易",更强调守仁、知常、明体的重要性和首要性。

---

① 熊十力:《十力语要》,《熊十力全集》第4卷,湖北教育出版社2001年版,第90页。
② 熊十力:《读经示要》,《熊十力全集》第3卷,湖北教育出版社2001年版,第921页。

二、体与用之际

熊十力易学思想的关键与主旨在于翕辟成变，而自翕辟成变之义，则可引申至体用不二的观点。"体用不二"是熊十力关于体用关系的定论。"体用"指的是本体与本体所显出的作用（功能作用）。本体与作用，在佛学即相当于法性与法相，在易学即相当于形上与形下，在西方哲学即相当于实体与现象。在熊十力，本体又称实体，也即"乾元"、"仁体"、"本心"；作用也即现象（界），不过他并不特别用"现象"一词，他说："不曰现象而曰用者，现象界即是万有之总名，而所谓万有，实即依本体现起之作用而假立种种名。（原注：天地人物等名。）故非离作用，别有实物可名现象界，是以不言现象而言用也。"[①] 这体现出熊十力深能继承儒家的观象精神。儒家观天地大化流行，主要侧重在观其继善成性的能继能成的"能"上，此"能"即是"功能"、"潜能"、"能变"、"能化"之性能与德能。正因为儒家的观象侧重在大化流行生生不息之功能上，因此并不注重静观现象的总体、性相、总相，因此熊氏不特别喜欢用"现象"、"现象界"一语，是有道理的。

同时，一般来说，在体与用的关系中，体具有根源性的意义。换言之，体是用的根源，用是体的呈现与引申。因此，学者最重要的是要"证体"、"见体"、"见性"，只有先把握住天地生化的大本大源，那么一切大用与功用才能发挥扩展出来。《新唯识论》开宗明义就指出学者的首务就是要明见本体，并指出我们如要体认本体，那么就需

---

① 熊十力：《新唯识论》（语体文本），《熊十力全集》第3卷，湖北教育出版社2001年版，第276页。

要反求自心、实证得之，而并非如西方哲学一样，离开自心而求取一个外在的境界作为本体。在熊十力看来，《新唯识论》确然是儒家与《周易》的"骨髓"所在，因为儒家《周易》以"穷理尽性"为宗旨，"穷理尽性"即是明见本体之谓。^① 在他看来，《易传》、大乘佛家思想、宋明理学，虽名相各有异同，旨趣各有侧重，思想或时有偏蔽，但都能见性见体，因此诸家思想具有一脉相承性。而在现当代社会，时人习于科学分析与西方哲学，多有向外求理觅体者，所以多不能见性见体。熊十力在现代的背景下抉发出"见体"义，当然有其深切的现实意义。实际上，马一浮的新儒学与易学思想的关键，也在于"见性"、"见体"。

除了"见体"之外，熊十力在体用的论题上，其最具特色的阐发无疑是"体用不二"。他认为，"体用不二"是他对于《周易》思想的创新性阐发，并揭示出孔子易学的本源蕴奥。同时，变易与不易是相即不二的关系，体与用也是相即不二的关系。本体与功用虽有所对比，而其实则一体而不可分。因此，一方面，即体而言用在体，就是说功用是至寂恒贞的本体的妙有显现而已，并非异于本体而独在；另一方面，即用而言体在用，就是说本体全幅显现为丰富万殊的功能势用，因此也没有独立于功用之外的本体。^② 熊十力往往喜欢通过大海水与众沤，比喻体用对比而不二的关系："体与用本不二而究有分，虽分而仍不二，故喻如大海水与众沤。"^③ 大海水全成众沤，所以大海水与众沤不二；但众沤与大海水毕竟有分别、有所对比。通过体用不二的易学与哲学思想，熊十力不仅批判了西方哲学离体觅用、有体无

---

① 参见熊十力：《十力语要》，《熊十力全集》第4卷，湖北教育出版社2001年版，第353页。
② 参见熊十力：《新唯识论》（语体文本），《熊十力全集》第3卷，湖北教育出版社2001年版，第239—240页。
③ 熊十力：《新唯识论》（语体文本），《熊十力全集》第3卷，湖北教育出版社2001年版，第277页。

用的体用二分的思想，而且也批评并调适了他所指斥的佛道和宋明理学"有体无用"、"孤守本体"之病，以求达致体用圆融之境，也即既能持守本源，又能应对万变，更能在应变中不失本源。

除界定体用及其关系之外，熊十力还通过体与用的论题来界说常与变、不易与变易。体与用，何者为常理？何者为变化？何者为不易？何者为变易？对于这个问题，熊十力有大致清楚的说明，不过也只是大致清楚，因为在这当中他也有着许多摇摆之处。

根据熊十力的整体思想立场，尽管体与用是相即不二的，但是体与用仍然存在着对比性。以常变的论题界定体用，就是体为不易，用为变易。他说："体是无方所无形象，而实备万理、含万善，具有无限的可能，是一真无待，故说不易。"[①] "变易，指宇宙万象言，亦即大用流行之谓。然吾人难了流行之妙，却见有实物者，则由吾人于实际生活中，妄起执着所致。"[②] 熊氏还曾认为，体与用虽然是相即不二的关系，但体为不易，用为变易，不可混淆。他说："体必有用，故所谓用，即是本体流行。但不可认取流行以为体，唯于流行中识主宰，方是识体。又何可为固定之说而体用全不分耶？"[③] 流行是本体的呈现、作用、显著，而并非以此作为本体。本体是"寂然不动"的，虽然其中含蕴感应流通之理，但仍以不易为其本性所在；功用是"感而遂通"的，虽然其中具有贞定恒常之则，但仍以变易为其品格。熊十力的上述说法，颇与朱子"理气不离不杂"之说有异曲同工之妙。

不过，上述说法是熊氏体用观的整体立场，但他在这个立场上

[①] 熊十力：《新唯识论》（语体文本），《熊十力全集》第3卷，湖北教育出版社2001年版，第276页。
[②] 熊十力：《十力语要》，《熊十力全集》第4卷，湖北教育出版社2001年版，第429页。
[③] 熊十力：《破破新唯识论》，《熊十力全集》第2卷，湖北教育出版社2001年版，第184页。

却并非站得很稳。前文说过，他在常与变的关系中更偏重变易的一面，因此在体与用的关系中，他也相当重视"大用流行"、"从体起用"的一面，其重视程度或甚于"息机归寂"、"摄用归体"的一面，虽然他对后者有时也相当强调，并以后者（见体）为其思想宗旨。加之，熊十力对二元、二分的倾向相当敏感，他批评王船山陷入二元论，批判西方哲学分体用为二，他坚持一本、一元的立场。因此这让他特别重视体认本体所蕴含的生生之德，重视阐发本体之所以可能实现为功能大用的内在基础与环节，同时在此基础上又要保证体用不二、即体即用的根本立场。在这种情况下，熊十力有时也会主张本体也是变易流行的。特别是他在其晚年所撰的《乾坤衍》一书中，屡陈"实体元是变动不居"、"实体无有不变动时"[①]，从而提出本体为变易、以流行为体的观点，这与他以本体为不易的整体立场是有所差别的。

究竟应如何理解熊十力的这种体用观？可以说，熊十力基本持守体为不易、用为变易的立场，但有时候也会主张体为变易。这其实体现出熊氏要充分阐扬儒家孔门易学"生生不息"之义，并以此超越佛、道、理学"守寂"、"溺体"的思想取向；同时也体现出他试图推动儒家作出现代性的转进，以便融合西方哲学、科学、民主、思辨传统的努力，这当然是值得肯定和继承的。不过，我们对于熊氏的这种体用观，也需要略作疏导与判析，以免其思想的内部继续存在着这种张力。首先，我们如果要界定本体为不易还是变易，则需要先理解本体的义涵。根据熊十力的体认，本体一般具有不易义、具足义、现成义、圆满义、寂静义、无待义、潜能义等等诸种义涵。[②]我们将各种义涵概括起来，可以总结为本体具有"具足义"与"潜能义"两

[①] 熊十力：《乾坤衍》，《熊十力全集》第7卷，湖北教育出版社2001年版，第500—501页。

[②] 熊十力在其晚年撰写的《乾坤衍》中还指出实体具有"复杂"义。参见熊十力：《乾坤衍》，《熊十力全集》第7卷，湖北教育出版社2001年版，第502页。

大义涵。具足义是说本体内在而充盈地含蕴万德众善，本体更无欠缺，圆满具足，深广博大。因为本体原本具足，所以本体是絜静、寂寞的，也即所谓"寂然不动"。当然，这里的寂然不动，并非指物理状态上的静止，而是形容本体无滞、无染之妙蕴。潜能义是说本体因为含蕴万德众善，是生化之本，所以寂静的本体具有无限的潜能与可能，有待显现、呈露、推扩、生生。宋儒程颐的"冲漠无朕，万象森然已具"、"寂然不动，万物森然已具在"[①]之语，便精深微妙地揭示出本体的潜能义、有待显现义、有待推扩义。同时，本体的具足义与潜能义其实是内在相通的，只有完全体认、持住、保任本体之圆满具足性，才能理解到本体充分具有无量之潜能；只有体认到本体具有无量之潜能，才能把握到本体原是圆满具足者。然而，无论是具足义，还是潜能义，其实都体现出本体是属于"不易"这一层面的。具足义体现出本体之圆满寂静，潜能义则体现出本体之所以能够显发为变易流行之大用的基础所在，而并非已然成为感而遂通、显而非隐、推扩生生的变易流行。因此，熊十力对于大用流行、变易生生的体察与强调，其心可感，其志可嘉，但他所曾经主张的以本体为变易之说则并不可取，这种说法不但偏离了他的整体立场，而且也泯除了体与用的对比性关系。

　　传统以来，儒、道、佛的传统中，能够"见体"、"见性"者并不算少，不过他们对于本体的义涵的体认与理解是各有侧重的。佛家与宋明理学对于本体的体认多侧重在具足义上，但因为具足义与潜能义是相通的，所以他们其实同样也体认到潜能义（特别是宋明理学中的一些儒者），只不过他们更重视"摄用归体"的向度而已。马一浮的儒学与易学思想也多侧重在具足义上。明清以降，从王船山到熊十力等人，他们对于本体的体认则侧重在潜能义上，他们更重视"从体

---

① （宋）程颢、程颐：《河南程氏遗书》，《二程集》，中华书局1981年版，第153—154页。

起用"或"即用言体"的向度,以求能够引发出更丰富的儒家"外王"、"外推"之学。不过,既然两者都能体认到本体的具足义与潜能义,都知道本体必待推扩方成大用的道理,因此熊先生指责佛学与宋明理学陷入"有体无用"、"孤守本体"的境地,这样的一种观点与取向可谓略有所过、求全责备矣!就熊先生自己而言,他又何尝不是容易陷入"溺用昧体"、"因用失体"的问题上去?其实,如果我们将体用的思想溯源至先秦的儒学与易学,我们就会理解到,真正能够达到体用不二、体用圆融的境界的,无疑是孔子的儒学与易学思想,孟子也能得其大体。体用、隐显之际,诚难言哉!

三、翕与辟之际

熊十力相当重视"变易"、"功用"的一面,这促使他对于本体如何显发为变易流行之大用这个环节,作出了丰富的探究与阐发。正如前文所说,他的相关解答是"翕辟成变"。熊十力说:"总之,《新论》主张即用显体,即变易即不易,即流行即主宰,即用即体。而其立论,系统谨严,实以翕辟二义为之枢纽。若于翕辟义,一有误会,即全书便不可通,直可谓为毫无价值之书。"[①]可见,他对其"翕辟成变"一论最为重视和强调。

所谓"翕"、"辟",本于《周易·系辞上》"一翕一辟谓之变"一语。在关于翕辟的阐发上,熊十力多少受到了严复的影响,但他借鉴、吸收、转化了《易传》与佛家唯识学的思想资源,而自阐新义。熊十力对翕、辟的界说是:"辟,即本体固有底大用,所谓健行者是;而大用流行,势必自起一种反作用,因而利用之以表现自力,此反作

---

① 熊十力:《十力语要》,《熊十力全集》第4卷,湖北教育出版社2001年版,第64页。

用，即名为翕。"① 可以说，辟是健动、发散，翕即重浊、摄聚；辟是施，翕是受；辟权且称作心、神，翕权且假为物、色。翕与辟虽相反，而实相成，以此成就出本体的大用流行。本书的上一章已经对熊十力翕辟思想的义涵与机制作出概述。在本章中，我们再以三方面做出相应的总结：

一、翕辟是用。熊氏强调，翕辟是指本体的两种相反相成的动势、功用，而翕辟自身非即是本体。在《新唯识论》中，他通过"成色"（或"成物"）、"明心"两篇分别论翕、辟之义。根据熊十力的观点，本体的功能又称作恒转（亦称转变），通过恒转功能，本体的义涵得以呈现出来。他说："原夫色心诸行都无自体，谈其实性乃云恒转。色法者，恒转之动而翕也；心法者，恒转之动而辟也。翕辟本动势之殊诡，盖即变之不测，故乃生灭宛然，虽尔如幻而实不空。"② 恒转转动流行，无有穷竭，而恒转若要保持无尽转动，则自身不能没有摄聚之势用。如果恒转不能摄聚，那么本体之流行、恒转之势用就会浮游无据，从而不能引发出深厚饱满的健行之力。翕的摄聚就是恒转之幻成为无量动点（或动圈），并成为粗色、万物。而在另一方面，恒转的翕聚幻成为物，但因为恒转流行，至健主动，生生无尽，所以恒转在其摄聚的同时，就引生出健动进进而不为物所堕化的积极之势用，这就是辟的作用，辟就是恒转之动而创辟之运。因此，翕与辟其实都是本体的功用，而翕辟自身并非即是本体。

二、翕辟非二。正如前一章所曾总结的，熊十力还别指出，翕辟并非相互对立的各自独立之二物，翕辟也没有先后之分。他说："《新论》以翕辟明本体之流行，故翕辟不可折为二片，亦无先后可

---

① 熊十力：《十力语要》，《熊十力全集》第4卷，湖北教育出版社2001年版，第71页。
② 熊十力：《新唯识论》（文言文本），《熊十力全集》第2卷，湖北教育出版社2001年版，第48页。

分，只是一个流行不息之整体，有此两方面而已。"[①] 换言之，翕辟是对比而非对立的关系。翕辟之对比指的是恒转之势用，有此两方面相反相成的对比性功用而已，通过这种动态的对比，流行生化乃得以实现。翕辟非二，是熊十力坚持一元立场的题中应有之义。

三、翕辟之际。笔者认为，熊氏的翕辟成变思想，其中最值得讨论的是熊十力对翕与辟之关系的论述。翕与辟作为本体的两种势用，是对比性的似相反而实相成的关系。因此，从整体上说，翕与辟对于熊十力来说都具有积极正面的意义。有辟而无翕，就是莽荡无据；有翕而无辟，便是堕于物化；两者不可或缺。翕是积极的摄聚，辟是积极的创生。不过，熊十力认为，翕作为摄聚功用，其实有两个层面的似相近而实不同的义涵。一方面，翕的摄聚作用保证了本体流行不至于莽荡无据，从而成为本体健行生生之资藉；而另一方面，翕的摄聚作用又有物化、坠退、下堕、重浊之趋向，这体现出其负面性与消极性，应对这个负面性与消极性，本体内在地要求自身的创辟的生生之力，以此化物而不化于物，保证大《易》流行生生之义。熊十力对这两方面都有所体认。他论述翕的积极性说："吾之翕义，本与《易》之坤道为近。翕之收摄凝聚，固与辟反，而有物化之嫌矣。但非有收摄凝聚，则亦何以显辟乎？《坤》之承《乾》，亦谓其收凝而有显乾之功耳。学者若一任流散，而不法《坤》以作收摄保聚工夫者，则本心日以放失，焉得自识真体而不物化以殆尽耶？"[②] 在工夫上，翕之摄聚即是反求诸己、穷理尽性、明见本心、保任本体的工夫。没有这个工夫，本心本体就难以呈现和发用出来。熊十力的这种说法与他"见体"的宗旨是相通的，也与宋明理学的进路保持一致。如伊川就

[①] 熊十力：《十力语要》，《熊十力全集》第4卷，湖北教育出版社2001年版，第25页。
[②] 熊十力：《破破新唯识论》，《熊十力全集》第2卷，湖北教育出版社2001年版，第197页。

有"不专一则不能直遂"、"不翕聚则不能发散"①之说,以强调翕聚的根本性意义。

不过,相对于其积极性作用,熊氏更强调翕的消极性作用,也即翕的退堕性的一面。同时,在翕辟关系上,由于他关注大用流行、变易生生、从体起用的向度,所以特别注重辟对于翕的重浊退堕倾向的超越与转化作用。因此,他对于翕则多强调其消极性作用,而对于辟则几乎全然强调其"战翕而胜之"②的至健之力。这种强调"辟以战翕"、"辟主乎翕"③的思路与宋明理学强调"翕为辟本"、"翕主乎辟"的取向构成对比。笔者认为,熊十力与宋明理学这两种思路当然各有侧重,其实亦各有所偏。"翕为辟本"、"翕主乎辟"的进路,可导致反己之力多,而推扩之意少,熊十力对佛道、宋明儒的批判确实是有道理的。但是另一方面,"翕为辟本"、"翕主乎辟"的进路,则很容易因为强调推扩、向外之功而遮蔽了对于本心本体的体认、保任与持守。在笔者看来,我们对熊先生的进路更应该作出内在性的调适、调整、疏导。以体用的视野来说,以翕为主强调要先明体才能达用,以辟为主则强调本体的流行推扩作用。我们当然是应该先明本心本体,才能致力于本体的流行推扩。熊先生自己也以反本、反己、见体、见性为其思想宗旨,可惜他的上述取向让他的思想充满着内在的矛盾与张力,难以完全冰释化解。

笔者认为,如前文在体用的论题相一致,在传统思想中,能够圆熟地究心于翕辟之际的,就是孔子的易学与儒学思想。可以说,孔子的易学思想(如果我们将《易传》中的思想大体归属于孔门《易》教

---

① (宋)程颢、程颐:《河南程氏遗书》,《二程集》,中华书局1981年版,第129页。
② 熊十力:《破破新唯识论》,《熊十力全集》第2卷,湖北教育出版社2001年版,第173页。
③ 熊十力说:"夫翕唯物化,而辟则恒不舍其健,有以转翕而伸其自由。(原注:辟是自由的,终不随翕转。)故知辟主乎翕也。"熊十力:《新唯识论》(语体文本),《熊十力全集》第3卷,湖北教育出版社2001年版,第519页。

的话），乃是在以翕为主的基础上，展示出翕辟互动、翕辟圆融、体用双彰的道理，因此能避免上述两方面的偏颇与差失。《易传》中所说的"动静有常"、"刚柔相推"、"阴阳合德"、"一阴一阳"、"盛德大业"、"崇德广业"、"翕辟专直"、"一阖一辟"、"往来不穷"、"屈伸相感"等思想，就体现出翕辟的互动、圆融、双彰之蕴，我们理应深究。

四、反己与外推之际

熊十力的易学思想不但在常变、体用、翕辟的论题上有着充分系统的阐发，而且还在这些论题中阐引出了修养、实践工夫的论题。修养实践工夫与常变、体用、翕辟的论题是相通一致的。因为如果没有切实的修养工夫，我们就不能深切真实地体证常变、体用之境；反过来说，如果我们对于常变、体用之理不能有明确的界说与体认，那么我们也难以疏导出修养工夫的具体进路。

根据前文所论常变的对比、体用的对比、翕辟的对比的思路，熊十力很自然地展示出两个方向的工夫。从自变易中见不易、摄用归体、翕为辟本、明见本体的立场来说，熊十力提出"反己"的工夫；从不易展示为变易、从体起用、辟主乎翕、本体流行的立场来说，他提出"推扩"或"外推"的工夫。熊氏对这两种工夫都有所论述，同时对这两者的关系也做出过阐释。

所谓"反己"，就是指向内体究，体认出自己的本源之心性，并且保任、涵养、敬守之，不使得本体受到遮蔽，体究本体的圆满具足之义蕴。反己之学可以说是中土儒、释、道的工夫论区别于西方哲学的一个根本性特征。熊十力也继承了中国哲学的这个大方向。他说："吾以返本为学，（原注：求识本心或本体，是谓返本。）历稽儒释先哲，皆有同揆。（原注：儒释之学，虽云互异，然不恃知解以向外寻觅本体。此乃其大同处。释家禅学，尤与儒者接近。）"①"造化之幾，不摄聚则不至于翕，不翕亦无以见辟。故摄聚者坤道也。坤道以顺为正，终以顺其健行之本性也。夫本体上不容着纤毫之力，然而学者必有收摄保聚一段工夫，方得亲体承当，否则无由见体。故学者工夫，亦法《坤》也。"②一般人埋没在习气中，精神发散，难以收摄，因此反己见性、复性明体的工夫是不容易做到的，这需要我们的心灵时时念兹在兹，保任勿失。

但是，熊十力同时又指出，中国传统哲学擅长反己而拙于外推，故其所失则在于务本而遗末，偏重立本而略于事为，有内圣而无外王。换言之，中国传统哲学重视反本见体，因为这种工夫偏于向内体究、持住、涵养、保任，所以多重视体认出本体的具足义而已足，而没有充分重视本体的潜能义；如果能充分重视到潜能义，那么必定会重视外推的工夫。他指出，关于本体，可有两种道理：一种是"法尔道理"，也即本体是天然具足、圆满无待的；一种是"继成道理"，也即本体具有无量的潜能性与可能性，时时处于生生推扩之中。③这两种道理其实分别指本体的具足义与潜能义。因此，熊十力强调要发扬出本体所具有的无量潜能，不断进行"推扩"、"外推"的工夫。

推扩、外推的工夫就是要重视大用流行的现象界，不过分轻视知识、思辨、人能的价值与作用，而这些正是西方哲学与科学的长处。熊十力认为，孔子易学思想蕴含着推扩生生的向度，这正可以为现代中国哲学学习、吸取、涵摄西方思辨之长而提供思想基础。因此，我

---

① 熊十力：《新唯识论》（语体文本），《熊十力全集》第3卷，湖北教育出版社2001年版，第414页。
② 熊十力：《新唯识论》（文言文本），《熊十力全集》第2卷，湖北教育出版社2001年版，第43页。
③ 参见熊十力：《十力语要》，《熊十力全集》第4卷，湖北教育出版社2001年版，第399—400页。

们不能只是守成,而应该因应着本心本体所呈露出来的明觉与明智,依其端绪,努力发挥人的创造性与能动性,創其净习,推动人能,让本心之明觉不断地呈现出来、扩展开来,充分关注和参与具体的现实事务,不断学习与融摄思辨与知识,同时亦纠正思辨、知识之偏,让思辨、知识成为本体的呈现,从而达致开物成务的效果。这是熊十力的苦心孤诣所在。根据这个立场,他又严厉批评了佛道、宋明理学纯用反己保任工夫,乃是"享用现成良知而忽视格物"、"其下流归于萎靡不振,而百弊生"①。在他看来,先秦孔子易学思想不但有反己之工夫,而且也有推扩之呈现,反己与外推在孔子处可谓圆融兼摄,因此"《大易》正是融会中西之学"②。综合上述"反己"与"推扩"两方面工夫,熊十力是要通过对孔子易学精神的阐扬,批判和整合西方哲学与佛、道、理学,从而实现中国哲学的现代性转进,使得体认与思辨相互引发、性智(见体之智)与量智(质测之智)相互成就。这种进路和思想让熊十力成为狭义的当代新儒学的奠基者。

不过,正如他在体用、翕辟的论题上存在着某种对比的张力与矛盾,熊十力在反己与外推的问题上也发生过摇摆。在整体上,他的思想立足点是"反己"、"反本",但有时候他也会一反常态,严厉批判"反己"这种"减法"工夫,而提出"吾之为学也,主创而已"、"吾侪今日求为己之学,只有下创的工夫"③。这种说法的提出,无疑是源自他对"变易"、"用"、"辟"、现象界的深度关切,并求以此纠正传统中国哲学之偏。但是,这种说法明显是矫枉过正,最终破坏了反己与外推之间的良性互动与平衡,走向另一种偏颇。笔者仍然认为,与

---

① 熊十力:《十力语要》,《熊十力全集》第4卷,湖北教育出版社2001年版,第402—407页。
② 熊十力:《十力语要》,《熊十力全集》第4卷,湖北教育出版社2001年版,第439页。
③ 熊十力:《尊闻录》,《熊十力全集》第1卷,湖北教育出版社2001年版,第607—608页。

前文关于体用、翕辟的说法相通,孔门易学思想是在以反己之本的基础上,展示出反己与推扩的圆融互动、相互滋润之理,以求相互成全。孔门易学的这个立场可以调适熊先生思想之偏,使之臻于圆融,并启发当今学界良好地推进中国哲学的现代性转进。

五、总结

本章对熊十力易学思想的整体立场与重要论题作了概括性的辨析与讨论。首先,本章论述了在"常变"的论题上,熊十力与马一浮一样,都援引了不易、变易、简易三易之义作为思想资源,并体会出不易与变易相即不二的道理;同时,在不易与变易之际,他特别注重对于变易这一向度的肯认与阐发。再次,在"体用"的论题上,他提出"体用不二"的思想。他的"体用不二"的观点,一方面强调体用的一贯性和相通性,另一方面也强调体用的对比性。在体用的对比上,他整体上主张体为不易、用为变易;不过在另外一些情况下,他也会主张体为变易。复次,在"翕辟"的论题上,他提出"翕辟成变"的思想。与体用关系一样,熊氏一方面强调翕辟非二、翕辟一元,另一方面他强调翕辟的对比性,主张翕与辟的互动和互成。不过,他过分强调翕的消极性与辟的积极性,主张"辟以战翕"、"辟主乎翕",则略有损害翕辟互成的圆融之境之嫌。最后,熊氏易学思想中蕴含了工夫的论题。在工夫的论题上,与常变、体用、翕辟论题一样,他主张反己工夫与推扩工夫的相互引发和相互滋润。不过,他有时候也在"主反"和"主创"之间摇摆,这体现出熊十力的易学与哲学思想充满着内在的张力,并体现出某种程度的困境。[1]

---

[1] 对于熊十力思想中的这些困境的总结与分析,参见郭齐勇:《熊十力哲学研究》,人民出版社 2011 年版,第 64—76、209—211 页。

熊十力之所以在常与变、体与用、翕与辟、反己与外推等论题上出现某些摇摆性的倾向，这是他深度关切"变"、"用"、"辟"、"推扩"的向度，并试图以此实现中国哲学与易学思想的现代性转进的结果。总的来说，熊氏对"变"、"用"、"辟"、"推扩"的强调与辨析，可以调剂、整合、弥补传统中国哲学中确然存在的问题和偏颇，推进现当代中国哲学的思考和建设。同时，他将这种倾向和进路归本于孔子易学与儒学思想，并试图通过对孔子易学思想的阐发，为这个倾向和进路提供来自《周易》经传的思想支持。

笔者承认孔子的儒学与易学思想（如果我们将《易传》的思想视作孔子或孔门后学的易学思想的主要体现的话）特别强调"变"、"用"、"辟"、"推扩"的向度，但这只是孔子易学与儒学思想的其中一个面向。从整体上说，孔子在常变、体用、翕辟、工夫的论题上的基本立场是，在每个论题中，他一方面强调双方不可能都是平等的关系，两者之间必定一方为重，一方较轻。例如在上述论题上，孔子实际上重视以常为本、以体为本、以翕为本、以反己为本。就《论语》而论，诸如"为政以德"[1]、"人而不仁如礼何？人而不仁如乐何"[2]、"克己复礼为仁"、"为仁由己"[3]、"不能正其身，如正人何"[4]、"古之学者为己"、"修己以敬"[5]、"知及之，仁不能守之，虽得之，必失之"[6]等等，都蕴含以反己为本之意。而在另一方面，孔子在以常、体、翕、反己为本的基础上，同时也强调了常与变、体与用、翕与辟、反己与外推的圆融互动、相通一致。例如"忠恕"[7]（按：尽己之谓忠，

---

[1] 《论语·为政》。
[2] 《论语·八佾》。
[3] 《论语·颜渊》。
[4] 《论语·子路》。
[5] 《论语·宪问》。
[6] 《论语·卫灵公》。
[7] 《论语·里仁》。

推己之谓恕)、"知者动,仁者静。知者乐,仁者寿"、"夫仁者,己欲立而立人,己欲达而达人"①等等,都是指出内外要圆融一致,而未尝为一偏之说。因此可以说,孔子思想是在以不易为本的基础上主张变易与不易相即,在以体为本为基础上主张体用圆融,在以翕为本的基础上主张翕辟互发,在以反己为本的基础上主张反己与推扩互动。②从本章的梳理而言,熊十力明显是要继承孔子易学与儒学的这个思想方向,以求批判或调整西方哲学、佛道思想、宋明理学之偏,达致儒学的反本开新,体现出其远见卓识。可惜的是,熊氏往往苦心太过,矫枉过正,略失公允,过分地夸大了变易、功用、创辟、推扩的向度,并且有时以此取代不易、本体、翕聚、反己的基础性、首出性位置,这就陷入一偏了。对此,我们需要通过"以体为本的体用互动"的合理取向,对熊十力在上述论题上的观点作出系统而充分的肯定、吸收、调适、批判、超化。在下一章中,本书还将从思想史的角度出发,具体疏解与讨论马一浮与熊十力两人围绕"三易"思想所进行一场论辩,试图进一步显出熊氏易学观的殊胜与局限所在。

---

① 《论语·雍也》。
② 笔者按:孟子的思路也是基本上继承了孔子的思路。孟子在工夫上主张"反己"与"外推"的互动互成,但同时在"反己"与"外推"之间,更以"反己"为本。参见本书附录《论孟子的"外推"思想》。另外,笔者认为,在体用的论题上,宋明儒者如程颐、张载(1020—1077)等的体用观也颇能继承孔子的思想取向,即蕴涵了"以体为本的体用互动"、"以体为本的体用互涵"的向度,只不过程颐与张载的侧重点略有不同而已。具体的阐发参见刘乐恒:《伊川理学新论》,岳麓书社2014年版,第84—97、175—191页。

第五章　疏解马一浮与熊十力围绕"三易"而引发的现代儒学公案

本书的前四章已经对马一浮与熊十力二人的易学思想作出基本的梳理与辨析。在这四章的内容中，我们比较容易就能看出，马一浮与熊十力都很重视三易（不易、变易、简易）及其内部各个向度之间的关系问题，并将三易视作其各自的学术思想的基础。事实上，在现代学术思想史上，围绕"三易"的论题，马一浮与熊十力曾经有过时间较长的互动甚至辩论。学界往往注意到两人在生活与学术交往过程中的"和而不同"，而并未充分注意到其背后所蕴含的思想与哲学层面的互动与交锋。所谓"互动"，是指马一浮的"六艺论"与熊十力的"新唯识论"分别是两人各自的新儒学思想系统，而这两个系统实际上都可以说是建立在"三易"的基础上，因此两人曾经互相欣赏、引为知音。所谓"交锋"，是指两者的思想系统虽然有"三易"的共同基础，但两者对于三易特别是不易与变易的理解与侧重略有不同，这引发了熊、马之间的讨论甚至交锋。因此，围绕"三易"的论题，熊十力与马一浮的互动与辩论构成了现代新儒学与现代易学史上的一桩重要公案。梳理这个公案，有助于揭示出现代新儒学发展过程中所要面对的深层问题。

在本章中，我们首先对马一浮与熊十力各自的三易论再作出一个提纲挈领式的总述。其次，本章将具体疏解二人围绕三易之义而引发的互动以至辩论。最后，笔者将在此基础上表达出自己的评判。

一、总述马一浮与熊十力的三易说

可以说，马一浮的六艺论与熊十力的新唯识论都建立在"三易"的基础上。马一浮六艺论意在展示出一个本源而本真的意义机制，这个意义机制以《易传》的性德之"寂感"辩证作为其内在的理路。通过性德的寂然不动、感而遂通的作用，六艺之道得以呈现出来的。同时，通过寂感之理，六艺论作为意义机制，其内部是通过六艺之为全体、六艺之为大用、六艺之为工夫这三个向度所构成的。性德寂然不动，即体现为六艺之为全体；性德感而遂通，即展示为六艺之为大用；性德即寂即感、寂感一如，这需要修养工夫以保证之，此即落实为六艺之为工夫。全体、大用、工夫这三向度及其内在互动，构成了六艺意义机制的基本脉络。

在此基础上，马一浮进一步借助《周易·乾凿度》的"三易"之说，为其六艺论寻找到一个更具终极性与本源性的义理根据。他继承了宋明理学特别是程朱一系的理气体用论，楷定三易，自树新义。他说："易有三义：一变易，二不易，三简易。学者当知气是变易，理是不易。全气是理，全理是气，即是简易。（原注：此是某楷定之义，先儒释三义未曾如此说。然颇简要明白，善会者自能得之。）只明变易，易堕断见；只明不易，易堕常见。须知变易元是不易，不易即在变易，双离断常二见，名为正见，此即简易也。"[①] 这段文字是马一浮对于三易的最关键直接的表述。

马一浮之所以要楷定并阐发三易之义，其实有三方面的考虑：第一，他要通过三易之说，对治与超化西方哲学乃至现代人们的执变

---

① 马一浮：《泰和宜山会语》，《马一浮全集》，浙江古籍出版社2013年版，第1册，第31—32页。

(现象主义)与执常(不变实体论)两种取向,让人们常住中道,达致简易;第二,三易之说因为具有简易性、本源性、基础性,所以我们能够通过三易之义,以统摄传统的儒佛道三家(特别是儒学内部)的各种义理名相之论。传统的体用、性情、理气、知行等义理名相论皆可摄归三易之义,从而达致统之有宗、会之有元的简易境界;第三,马一浮要通过不易、变易、简易及其内在的互动融通,为六艺论进一步奠立义理基础。在构成六艺意义机制之三向度中,六艺之为全体即是不易义,六艺之为大用即是变易义,六艺之为工夫即是简易义。据此可见,"三易"是马一浮六艺论的思想根基所在。

另外,本书的第二章则揭示出马一浮的儒学与易学思想具有"本体—工夫论"的特色。而这一特色则集中体现在他的知能、知行观上。他借鉴佛学,溯源《易传》,会归简易,展示出其圆融完备的知能观。同时,他的知能观与其三易论也是内在相通的。知与不易之性德相通,能则与变易之功用相通。由知化能,为全性起修、举理成事,也就是即不易即变易、即本体即工夫;由能入知,为全修在性、即事是理,也就是即变易即不易、即工夫即本体;而最后性修不二、理事不二、知能合一,此即简易之境、易简之理。

熊十力的新儒学思想则主要体现在其"新唯识论"上。熊氏融通先秦、宋明儒学以及中土台、禅、华严佛学,继承大《易》生生不息与王夫之彰有健动的思想,以此批判他所理解的佛家法相唯识学,从而建立以"本心"、"仁体"为中心,以"翕辟成变"、"体用不二"为线索的"新唯识论"系统,以图挽救现代社会价值衰颓与意义迷失的深层危机。

新唯识论是在批判唯识学的过程中建立起来的。他批评唯识旧师肯定"诸识独立",是一种"集聚名心"之说,从而肢解心体之全[1];

---

[1] 参见郭齐勇:《熊十力哲学研究》,人民出版社 2011 年版,第 114—154 页。

第五章 疏解马一浮与熊十力围绕"三易"而引发的现代儒学公案 139

同时,他又指责唯识旧师有将"种子"与"现行"、"八识"与"真如"分开之嫌,以八识为生灭,真如为不变,"颇有体用截成二片之嫌"①。针对集聚名心之说,熊氏发挥出"翕辟成变"的思想。他指出,本心本体唯一非二,流行不息而非寂灭僵滞,简易直接而非支离破碎。同时,本心本体之所以流行不息,是因为本体具有一翕一辟相反相成的功能作用,翕是摄聚的势用,乃假说为物;辟势则流行不息而能于翕中不失本心本体,乃假说为心。一翕一辟是本体之功能不可分割的两方面,翕辟之相反相成展现为本心本体一体流行的变化大用。②针对唯识种子与现行、八识与真如分开之嫌,熊氏则发挥"体用不二"思想,指出"即体而言用在体"、"即用而言体在用","体既不是离用而别有物,用也不是以体为能生而自为所生。所以体和用,只随义别故,有此二名,决不可截然分能所,如有宗所谓种和现也"③。可以说,"翕辟成变"、"体用不二"从不同角度彰显出本心本体的一体流行义,共同构成新唯识论的基本线索。

翕辟成变、体用不二可以说源于大《易》思想。因此他将翕辟成变的基础归本为"乾元性海"、乾坤一元的全体流行之妙。④又将体用不二的基础归本至《乾凿度》的三易义,并作出自己的诠释。其云:"《乾凿度》说《易》有三义,余窃取变易、不易二义。不易而变易,是举体成用;于变易中见不易,是即用识体。此义深谈,在《新唯识论》。"⑤"余穷玄累年,深觉东西哲学家言,于此一大根本问题,都无正解。常旷怀孤往,豁然有悟。以为体用不二,确尔无疑。

---

① 熊十力:《十力语要》,《熊十力全集》第4卷,湖北教育出版社2001年版,第79页。
② 熊十力:《新唯识论》(语体文本),《熊十力全集》第3卷,湖北教育出版社2001年版,第97—115页。
③ 熊十力:《新唯识论》(语体文本),《熊十力全集》第3卷,湖北教育出版社2001年版,第239—240页。
④ 熊十力:《读经示要》,《熊十力全集》第3卷,湖北教育出版社2001年版,第930—931、949—956页。
⑤ 熊十力:《十力语要》,《熊十力全集》第4卷,湖北教育出版社2001年版,第138页。

遂求证于大《易》，而得纬文。乃知即不易即变易，即变易即不易。古圣已先获我心，非余小子独得之秘也。《新论》由是作焉。"[1]据此可见，熊十力是自觉将其儒学与易学思想归本至三易之义特别是不易与变易二义的。

另外，与马一浮一样，熊十力也对《乾凿度》中的"三易"与"太易"之说作出自己的阐释，并且也将自己的阐释视作其对孔子易学与儒学思想的理解。不过，马氏的理解侧重在"本体一工夫论"，而熊氏的理解则侧重在"本体一宇宙论"。前者比较注重宋明理学的思想资源，后者则对宋明理学的工夫论时有批评，并倾向于王船山的健动崇有之说。

综上所述，我们清楚地看到，马一浮与熊十力二人的儒学与易学的思想基础皆在"三易"。同时，两人都强调天地存在的根源是一个即变易即不易的境域。因此可以说，熊、马两人为了探寻中华文化之根本、天地人生之本源，乃共同肯认出不易、变易、简易之相即相融这一存在境域上去，成为现代儒学史上一个有趣的现象。

二、在不易与变易之间

正因为熊、马二人都体认到"简易"这一存在境域，所以在二十世纪三十年代，熊十力将《新唯识论》稿本就正于马一浮时，两人一拍即合、莫逆于心。这在他们的书信中可以体现出来。[2]不过有趣的是，虽然他们共同体认出不易与变易相融相即的简易之旨，但他们对于"三易"的体会仍有微妙的差异。简言之，在三易中，马较之变

---

[1] 熊十力：《读经示要》，《熊十力全集》第3卷，湖北教育出版社2001年版，第922—923页。
[2] 乌以风：《问学私记》，《马一浮全集》，浙江古籍出版社2013年版，第1册，第690页。

易,更重视不易;而熊则较之不易,更重视变易。同时,马一浮的这一主张一生不变;而熊十力则对此有过微妙复杂的变化。

具体地说,不易、变易、简易这三个向度,在马一浮的思想中并非处于同等重要的地位,而是略有轻重之别。在三易中,他相对地重视和强调不易义,而不太强调变易义。因为他确认"用不离体,有体必有用。用上有差忒,正因体上有障蔽在"[1];同时,明体则必能达用,用只是体的自然引申,因此"性上既分明,则用已具,何须更讲"[2]。但是如果反过来,汲汲于变易或用的一边,则容易在"体上有障蔽",并使得"用上有差忒"。另外,对于如何体认简易,他有自己的一套工夫,就是通过"主敬",收摄身心,从而令习气刊落,并让人们回复到不易的本体。因此,主敬工夫乃是自变易中"指向"不易之本体下工夫,而不是指向变易之用下工夫,也即"从变易中见得不易",而不能"从不易中见得变易",故谓"散乱是气上事,敬则自不散乱,自不昏失,所以复其本体之工夫也"[3]。此"本体"即"性"。通过主敬工夫见性、复性,使得不易本体澈照显明,这是马氏工夫说的宗旨。

相对之下,熊十力的取向则要微妙得多。有学者指出,在《新唯识论》之前,熊十力深受王夫之"由用得体"、"即用言体"、"性日生日成"、"无其器则无其道"之说所启发,因此特别重视"变易"、"用"的维度,并"将'用'作为思考基点与基本视域,离用无体,用能开拓到什么程度,体才能开显、充实到什么程度"[4],并进

---

[1] 乌以风:《问学私记》,《马一浮全集》,浙江古籍出版社2013年版,第1册,第727页。
[2] 马一浮:《尔雅台答问续编》,《马一浮全集》,浙江古籍出版社2013年版,第1册,第464页。
[3] 王培德、刘锡嘏:《语录类编》,《马一浮全集》,浙江古籍出版社2013年版,第1册,第716页。
[4] 李清良:《马一浮对熊十力〈尊闻录〉之异议及其影响》,《北京大学学报》2009年第3期。

而在《尊闻录》中主"创性"之说，认为即便是本体之性，也永远是变化创生的，这种立场引致了马一浮的异议。笔者认为这一观点甚有见地。若就本文思路，以三易作为视野，则马一浮是在即体即用、即不易即变易的简易之旨中更偏重不易义、本体义，而熊十力此时则在即用即体、即变易即不易的简易之旨中更偏重变易义、大用义，且进而将本体也视为不断变易、不断扩成的创生之性，因此有"创性"之说，并与马氏"复性"说构成对比的张力。

对于熊氏这一思想，马一浮保持着觉察。他在1930年致书熊十力表示不同意此说，并认为"流行之妙，何莫非体，弟于此非有异也。但谓当体即寂，即流行是不迁，即变易是不易，不必以不易言德而定以变易言体耳"①，又云："弟意体上不能说变易，儒佛皆然。流行者方是其德，主宰正是以体言。于变易中见不易，是以德显体。如言'乾，元亨利贞'，乾是体，元亨利贞是德。象辞言'乾道变化'，'道'字须着眼。'至诚无息'，至诚是体，无息是德。欲翻尊语'此变动不居之体，有其不变不易之德'为'变动不居之德，有其不变不易之体'，二字互易，亦颇分晓。此说与兄恰恰相反，兄或目为故作矫辞，然弟所见实如此，不能仰同尊说。宁受诃斥，不能附和。"②态度甚为坚决。可见，熊十力此时将本体说成变动不居的变易义，而将德（相当于大用）说成不易义，其重视用、重视变易流行的取向甚为清楚，以至进而将本体也归为变易。这对素来主张以体为不易、用为变易，并偏重本体不易义的马一浮来说，是不能接受的，虽然两者在存在根源上都主张"流行之妙，何莫非体"这一即变易即不易的简易之境。在马一浮看来，正确理路应该是于流行中见得主宰，于变易中

---

① 马一浮：《与熊十力书》，《马一浮全集》，浙江古籍出版社2013年版，第2册，第472页。
② 马一浮：《与熊十力书》，《马一浮全集》，浙江古籍出版社2013年版，第2册，第469页。

见得不易。

同时，前文说过，相对于在三易中对不易之强调，马一浮有主敬的工夫对应之。而相对于在三易中对变易之强调，熊十力则有创性、扩充、展拓之工夫对应之。熊氏由对变易之强调，进而将本体归为不断变易创生之性体，因此作为人之成能工夫，其要务是要用不断自我创造、充扩增长之力，以配合本体变易创生之义。在《尊闻录》中，他批评宋明儒重视敬、重视"减法"的工夫取向，认为首要工夫应是配合本体之创生而自身也去做创造、充扩、展拓的工夫，从而成性成能。故云：

> 吾侪今日求为己之学，只有下创的工夫。凡言创者，皆有所依据凭借以为创也，不是突然凭空撰出甚物事而始谓之创也。汝自有残余的天性底萌蘖，幸未斩绝，此便是汝所可依据凭借以为创者。这个萌蘖如丝之端绪，握着这端绪，便创出无限经纶来。若不去创，则端绪虽具，也没有经纶。①

因此，在工夫上，熊十力由重视变易而强调创、扩的工夫，与马一浮重视不易而强调敬、减的工夫，也构成了对比的张力。在这方面，马一浮也并不同意熊氏之说。1931 年他去信说：

> 意识不为境缚，须是洒落始得。洒落乃是情不坿物，始成解脱，有自由分。若云展拓，似是将行扩大，如何得转化去。儒家只说诚意是著一毫虚妄不得，所谓"复则无妄"，"不习无不利"，非同五位无心。盖意识虽现起而无碍，乃是举妄全真，诸心所法尽成妙用。尧舜性之，汤武反之，颜子性其情，皆是

---

① 熊十力：《尊闻录》，《熊十力全集》第 1 卷，湖北教育出版社 2001 年版，第 607 页。

这个消息。①

人所现起的意识也是一种变易。马一浮指出，如果一味强调创生、展拓，那么修行的人就难以"转识成智"。因为人的意识往往受到污染，因此虚妄不实。如果人的变易是虚妄的，那么展拓则无疑是将这虚妄习气继续扩大增加，而不能将虚妄之变易转化为无妄之变易。而真正的转化则应是做减的工夫、反的工夫、复的工夫、敬的工夫，从而"举妄全真"，虚妄之变易通过存在本体的朗照而转化为无妄之妙用。这种工夫说是与马氏在三易中偏重不易的取向相对应的。

综上，在熊十力撰写《新唯识论》之前，熊、马虽皆归本三易，但于三易中究竟重不易还是重变易，在工夫上究竟重"创"还是重"复"，两者存在着明显的对比。不过这里需要补充一点，我们似不能以此视作两者的根本性的差异，毕竟在马一浮看来，他们二人皆以三易为基础，皆能见性，皆得简易之旨。不过自马一浮一边说，他担心熊十力对变易义的强调及与此相关联的创性工夫，容易走向习气之偏蔽，如越走越远，则会将其本来体证到的简易之旨也蒙蔽掉。

马一浮的责难似乎对熊十力有某种冲击力，加之马是熊最敬佩的学者，因此后来熊十力在其主要著作《新唯识论》（文言本）中采纳马一浮的意见。其结果，就是熊十力在部分程度上收起其以变易为体的本体义以及以创为主的工夫义，而略倾向于马一浮自变易中见得不易的本体义，以及重视见性、复性、顺性、顺理的工夫义。②

不过，虽然在《新唯识论》（文言本）中，熊十力在某种程度上

---

① 马一浮：《与熊十力书》，《马一浮全集》，浙江古籍出版社2013年版，第2册，第474页。
② 参见李清良：《马一浮对熊十力〈尊闻录〉之异议及其影响》，《北京大学学报》2009年第3期。按：李氏此文断定熊十力受到马一浮的影响，全然放弃了《尊闻录》中对于"性"、"本体"的看法，而全部接受马一浮的观点，此说过于绝对，并不确切，我们只能认为熊十力在本体义上可能受到马一浮的某些或部分的影响。

第五章 疏解马一浮与熊十力围绕"三易"而引发的现代儒学公案

接近马一浮的主张,但因熊氏浸润王船山之学既深且久,同时于变易义体会甚深,因此其整部著作,对变易义之发挥,还是较其对不易义之发挥,显得淋漓尽致得多,可谓深深带有以前的印记。因此马一浮为此书作序,乃极力提点出其善言变这一胜场,如谓"夫玄悟莫盛于知化,微言莫难于语变",又谓"十力精察识,善名理,澄鉴冥会,语皆造微",又谓其"盖确然有见于本体之流行,故一皆出自胸襟,沛然莫之能御"[①]。对此评价,熊十力自以为知言,同时亦自觉马一浮之体会较他更圆熟,因他觉得自己多强调变易一义,而马一浮于变易中见得不易的简易之旨实更周备圆融,故认为马氏之所造是他努力的方向。熊氏回信说:"序文妙在写得不诬,能实指我现在的行位。我还是察识胜也,所以于流行处见得恰好。而流即凝、行即止,尚未实到此阶位也。"[②] 熊十力自认以察识见长,所以学问主要所得在于见得本体之流行,也即较善于发挥变易一义。同时他也知道,马一浮之序文并不光是赞扬他,他赞扬其善于观变语变,而隐涵的另一层意思是,还有变中之不变、即变易而不易之义需要更为圆熟地体认出来,而不应最终停留在观变语变上。这就似乎意味着,熊十力此时欲在思理上更向马一浮靠近。

总之,在《新唯识论》(文言本)时期,熊十力受到马一浮启示,从早时在三易中重视变易进而以变易为体,以及重视创生扩充的工夫义的理路,到此时略转变以变为体的主张,并对马一浮的自三易中重视本体、重视自变易中见得不易、重视复性顺性之工夫的理路有所同情。同时,虽然熊氏有此转向,但因其于变易流行察识甚深,故《新

[①] 马一浮:《新唯识论序》,《马一浮全集》,浙江古籍出版社 2013 年版,第 2 册,第 22—23 页。

[②] 熊十力:《复马一浮》,《熊十力全集》第 8 卷,湖北教育出版社 2001 年版,第 388 页。按:熊十力答人书亦谓"《新论》全部旨意,只是即用显体。易言之,只是谈本体之流行"。参见熊十力:《十力语要》,《熊十力全集》,湖北教育出版社 2001 年版,第 4 卷,第 59 页。

唯识论》（文言本）之主要优点仍是在于对变易义之发挥。

不过，事实上，熊十力后来并没有向马一浮的方向走下去，而是渐渐回复到早时对变易义的强调上，回复到本体是变易的主张上，回复到创的工夫义上。据学者研究，在20世纪五、六十年代的《原儒》及《乾坤衍》中，他忽然根本否定其《新唯识论》中"摄用归体"一义，将之视为佛、老之谬而全盘否定之；并完全主"称体起用"一义，将之视为孔、《易》之说而肯定之。① 应该说，这与熊十力一贯的思路有关。他在撰写《新唯识论》（文言本）前后虽然受到马一浮的影响而对自变易中见得不易、复性顺性的方向有所同情，但他具有善于察识、重视变易的一贯取向，则是无可置疑的。而在三易中，不易即本体，变易即现象。简略言之，重视变易义，则较容易倾向于走出自身、走向现象界、重视现实社会的问题。将此置于现代社会的背景中，就是要重视现代社会的知识、哲学、科学、制度、力用。同时，熊十力对变易义之重视，则是放在三易的背景中重视的。因此，如何"沟通"起不易与变易，而给变易一个应有的位置，也是后来熊十力所重点考虑的问题。换言之，就是如何将本体义与属于现象界的科学、哲学、民主、知识等沟通起来，给它们一个位置并对其有所承认，无论此承认是有条件的抑或无条件的。

在1930年代中后期开始，熊十力已逐渐致力于对这些问题的思考与解决。1939年，国民政府设置复性书院，邀马一浮为主讲，马则力邀熊十力任书院讲座，他初时欣然前往。书院开讲，熊十力发表《复性书院开讲示诸生》等文章。这些文章认为学者应重视变易义、重视现象界，重视实用，以求达到"体"与"用"兼举、"本体"与"现象"双收、"不易"与"变易"相通。他认为宋明儒虽于"本体"卓有所见，但"于致用方面，实嫌欠缺"。他们就如王船山所批

---

① 参见郭齐勇：《熊十力哲学研究》，人民出版社2011年版，第67—70页。

评，是"专守其孤明"、"孤穷性道"，易流于"有体而无用"。因此"宋儒于事功方面，自是无足称者"，进而他将宋明儒重视本体义之取向视为民族式微的根源。与此相比，他则颇赞赏曾国藩（1811—1872），认为曾国藩能全力用于实学，因此扶危济困之力较王阳明为优。由此，他要求学者注重"实学"、"致用"，要求学生不能轻视科学观察与哲学思辨，"即西洋哲学与科学，尤其所宜取资"[①]，从而补前儒之偏。同时，与此相关，他在工夫上再次批评宋明儒仅关注克己、复性，使得"其意念所注，终在克己工夫，而经国济民之术或未遑深究"，因此未能"深观群变，有所创获"[②]。可见，熊十力此时又倾向于回复到他早时创性的主张上去了。

应该说，熊十力既带着这种主张到复性书院讲学，他显然是进错了门。因为书院的门匾明明是写着"复性"，这不是与马一浮唱反调吗？同样是《开讲日示诸生》，马氏明确提出与熊十力不同的观点。其开篇便说："天下之道，常变而已矣。唯知常而后能应变，语变乃所以显常。《易·恒》之象曰：'雷风，恒。君子以立不易方。'夫雷风动荡是变也，'立不易方'是恒也。事殊曰变，理一曰常。处变之时，不失其常道，斯乃酬酢万变而无为，动静以时而常定。故曰：吉凶之道，'贞胜者也'。"常与变即不易与变易。马一浮举《恒》卦为例，认为于变易中见得不易、于变易中显出恒常的简易之旨，方是真正的观变法门。他并指出我们不能汲汲于变易一方，因为"观变而不知常，则以己徇物，往而不反，不能宰物而化于物，非人之恒性也"，故"不患不能御变，患不能知常；不患不能及物，患不能尽己"[③]。因此，他时时强调的是不易义、本体义，主张自不易中见得不

[①] 熊十力：《十力语要》，《熊十力全集》第 4 卷，湖北教育出版社 2001 年版，第 255 页。
[②] 熊十力：《十力语要》，《熊十力全集》第 4 卷，湖北教育出版社 2001 年版，第 186—200 页。
[③] 马一浮：《复性书院讲录》，《马一浮全集》，浙江古籍出版社 2013 年版，第 1 册，第 84—85 页。

易的简易之旨。

正因为马一浮认为先须"知常",才能"御变",因此他完全不同意熊十力要求学者留意"致用"、究心哲学科学等"向外"的学问。对于熊氏在开讲日的讲词,他针锋相对地去信说:

> 先立乎其大者,而其小者从之,精义入神,所以致用,未有义理不明,而可以言功业者。若其有之,亦是管仲器小之类,非所贵也。性分内事即宇宙内事,体物而不可遗。古德言,但患自心不作佛,不患佛不会说法。今亦可言,但患人不能为成德之儒,不患儒不能致用。必谓涤生(笔者按:即曾国藩)贤于阳明,是或兄一时权说,非笃论也。"举而措之天下之民,谓之事业。"此乃顺应,不可安排,故曰"功业见乎变"。所谓变者,即是缘生,儒者亦谓时命,故言精义则用在其中。若专谈用,而以义理为虚玄,则必失之于卑陋无疑也。兄尝揭"穷神知化"、"尽性至命"二语为宗旨,今所言何其与前者不类也。且兄固言人而不仁其于科学何,弟于此言曾深致赞叹。今欲对治时人病痛,亦在教其识仁、求仁、体仁而已。任何哲学、科学,任何事功,若不至于仁,只是无物,只是习气。兄固日日言以见性为极,其所以诏来学者,固当提持向上,不可更令增上习气,埋没其本具之性也。[①]

马一浮曾经担心熊十力对变易的过分强调和与此相关的创的工夫,容易走向习气之偏蔽,当越走越远的时候,会将其本来体证到的简易之旨蒙蔽掉,以至迷而不返。这里,他认为他的隐忧将变成现

[①] 马一浮:《与熊十力书》,《马一浮全集》,浙江古籍出版社2013年版,第2册,第490—491页。

实——熊十力对科学、哲学、事功等属于变易义的"向外"之学的强调，障蔽了学者明体见性之工夫，并增重了学者的习气，习气既充满人身，则全体皆是虚妄，又怎样能够见性以得简易境界呢？后来，主要由于两人见解不合，最终只好分道扬镳，以熊十力离开复性书院而收场。

三、熊马三易之辩省思

总结前两部分内容，我们可以大概理解到马一浮"六艺论"与熊十力"新唯识论"有着一个共同的《周易》思想的基础，此即变易、不易、简易的相即相融。不过，在这个基础上，熊、马两人对于"三易"的侧重不尽一致，马一浮特别重视摄用归体、于变易中见得不易的思想方向，并认为明体则自然能够达用；与此对应，在工夫上他强调"复性"。马一浮的这一主张一生不变。熊十力则在开始时强调称体起用、不易表现在变易的思想方向，并进而将本体也视为变易；与此对应，在工夫上他强调"创性"，推扩本性以开物经纶。熊十力的这一思想被马一浮所批评，这使得熊氏在《新唯识论》（文言本）中在某种程度上向马一浮的思想方向靠近。不过，熊十力最终并没有按照马一浮的方向走下去，而是后来继续深化他早期的思想，致力于沟通不易与变易、体用兼该、本末兼备的方向，这使得后来熊、马二人在复性书院时期分道扬镳。

现代新儒学虽然都致力于在现代的情景下展示儒学的意义与价值，从而表现一个共同的方向，但是现代新儒学内部则充满着对比与差异的张力。马一浮与熊十力围绕《周易》三易而表现出来的思想差异便是其中的体现。然而我们应当如何来评析这种对比与差异呢？熊、马论辩的意义何在？笔者认为，虽然新儒学内部的思想脉络甚为复杂，但是我们或者可以将此视作现代新儒学中的两条路径。

第一条路径是熊十力所开启的，也即在不易、变易、简易相即相融的基础上重视变易义，主张通过"创性"、"推扩"的方式走出自身，走向现象界，并对哲学、科学、现代学术及现代社会皆具有某种程度的肯定（当然也有深入批判），并试图由此沟通"体"与"用"、"不易"与"变易"，使得儒学得到现代性之转进。这一路径后来被牟宗三所继承与阐扬，此后熊、牟形成了狭义的当代新儒学（Contemporary Neo-Confucianism）一派，并成为现代新儒学的主流。牟宗三在"一心开二门"的格局下引申出两层存有论（无执的存有论与执的存有论）、良知（道德心）坎陷而开出认识心等命题，都可以看到熊十力三易论的影响。第二条路径则是马一浮所发端的，也即在不易、变易、简易相即相融的基础上重视不易义，主张通过"复性"、"主敬"的方式回归自身，回复本体，从而保持并显豁出儒学思想无论在何种情景下，都应该恪守性德本体这一大本大源，而不可在纷繁变动的情景中失去常道。相对于熊、牟一派，马一浮所开启的这一路径则略显孤清，殊为可惜。

笔者认为，在易学史上，上述内容表现出两种既相近又差异的《周易》思想观；在思想史上，这体现出宋明理学与王夫之哲学在现代情景下的延伸、交织与论辩；而在哲学上，则体现出两者对于"本体"、"性"、"不易"在理解角度上的不同。就哲学而言，笔者认为，"本体"实具两大义涵，一是"具足义"，一是"潜能义"。具足义是说本体含蕴万德，圆满具足，更无欠缺，寂静不易；潜能义是说本体因为含蕴万德，是生化之本，所以寂静不易的本体具有无限的潜能与可能，有待显现、呈露、推扩、变易、生生。同时，具足义与潜能义其实是相通的，只有完全体认、持住、保任本体之圆满具足性，才能充分具有无量潜能；只有体认到本体具有无量潜能，才能把握到本体元是圆满具足。① 然而，无论是具足义，还是潜能义，其实都体现出本体是"不易"这一特质。具足义体现出本体之圆满寂静，潜能义则体现出本体之所以能够显发为变易流行之大用的基础所在，而并非已然成为变易流行。因此，熊十力所曾经主张的以本体为变易之说并不可取，马一浮的批评是合理的。就儒学思想史而言，宋明理学对于本体的体认多侧重在具足义，但因为具足义与潜能义是相通的，所以他们其实同样也体认到潜能义，只不过他们更重视"摄用归体"、不易、复性的向度，马一浮也是如此。明清以降，从王船山到熊十力等人，他们对于本体的体认则多侧重在潜能义，更重视"从体起用"、"即用言体"、变易、创性的向度，以引发出更丰富的儒家外王学。

同时，正因为不易的本体兼有具足、潜能二义，因此我们不能将马一浮、熊十力的本体说视作根本上的不同，而应该认为他们对本体的理解各有侧重。所以，熊、马的体用说或三易论，合则两美，离则两伤。在当今中华文化复兴与全球化的背景下，我们更需要将这两条路径相互参合、相互发明，以避免儒学的现代性转进陷于一偏。熊氏所开启的路径重视变易、重视致用、重视内圣开出外王，其任务放在如何实现儒学的现代性转化上，并取得相应的成就。但是，这一路径容易将注意力集中在哲学思辨与体系建构上，但它对于躬行实践这一儒学的主旨或有所忽略，其末流之所及，或容易耽于思辨之建构而无克己之实效，最终不能明心见性，不能体认本体，从而遮蔽了大本大源。马氏所开启的路径重视不易、重视明体、重视先立乎其大者，其任务放在如何通过复性工夫以达致对于本体的体认上，从而不会在纷

---

① 熊十力也曾经指出本体具有"法尔道理"与"继成道理"两种道理，实际上这两种道理就是"具足义"与"潜能义"。不过，熊十力似乎对这二义的关系未做充分阐释。参见熊十力：《十力语要》，《熊十力全集》第 4 卷，湖北教育出版社 2001 年版，第 399—400 页。

繁变化的环境下迷失大本大源。不过，这一路径并不能在现当代的情景下，让儒学与义理之学充分回应现代性进程以至全球化进程的挑战，因此收摄反省之意多，而走出自身并与他者互动之意少。对此，我们从中受到的启示，是应该将两者融合起来，互相丰富、互相补充，达致体用圆融。儒学与中华文化的复兴之运，一方面需要固守大本、立乎常道，只有自身有一个坚实无妄的基础，才能扩充自身之真善并与他者互动，从而实现自身在现当代的转进；另一方面则需要不断而自觉地充盈推扩自身之真善，才能使自身的大本与常道在当代的情景下得到充分的体现与完成。这是马一浮与熊十力关于三易思想的论辩所带来的启示。

第六章 "一阴一阳之谓道"——论唐君毅哲学思想中的《周易》之维

唐君毅先生是现代新儒学第二代的代表人物之一。他在儒学、哲学与中西哲学史上的领域上都有原创性贡献,思路纵横捭阖,学问堂庑特大,视野广阔,哲思弘深,洵为一代大哲。据笔者理解,唐君毅的哲学思想可分早中晚三期。唐氏早期的代表著作为《道德自我之建立》(1944年),中期的代表著作为《文化意识与道德理性》(1958年),晚期的代表著作为《生命存在与心灵境界》(1977年)。从三种著作的题目中,我们便可以比较直观地理解到唐氏哲学的核心与基础是"道德"的问题。从其早年的"道德自我"的思想,到中年的"道德理性"的观点,再到其晚年的"心灵境界"、"生命存在"的取向,都体现出他要将哲学演绎为一道德的传统、求善的传统。人类的求真、求善、求美等的一切文化意识与文化活动,都与道德理性、道德意识、道德实践有着内在的关联性,最终都可以汇归至道德意识的真实一念之中,而为天地人生一切意义与价值的根源所在。唐先生毕生的学问与思考,应该都是围绕上述的"道德"问题而展开的。

当然,本书认为,最能体现唐氏哲学思想的独特性与深广度的著作,无疑是唐先生在其晚年呕心沥血而撰成的巨著《生命存在与心灵境界》。此书可谓融会中西,通观儒佛,纵横结合,前无古人。因为他的这一著作较为难读,因此其本身的思想意义与价值难为世人所知。而据本书认为,《生命存在与心灵境界》以心与境的感通关系为最基本的线索,展开一个"心灵九境"的意义世界,这个意义世界的各个层次与位置,都有其存在的合理性,但是心境的感通活动是一个不断升进向上的过程,因此"心灵九境"的意义世界经历了客体境、主体境二境之后,便自我超化了主客的对待,而升进至形上绝对之境,而此形上绝对之境又以儒家的"尽性立命—天德流行"之境为道德与至善的根源与渊薮所在。同时,心境感通是通贯"心灵九境"的基本线索,而心境感通的内在机制,则可以通过"一阴一阳之谓道"[①]一语作出概括。我们知道,"感通"与"阴阳"都是《易传》哲学的重要论题。唐氏"心通九境"的哲学系统通过"感通"与"阴阳"而展示出来,这无疑是说他的"心灵九境"的哲学思想,内在地蕴涵着《周易》之维。因此,在这一章中,我们将展示出唐君毅是如何通过"感通"与"阴阳"的《周易》思想,而展开他的"心灵九境"的哲学系统的。

一、心灵九境与阴阳感通

在《生命存在与心灵境界》一书的开篇,唐君毅则指出此书所论之内容,以心与境的感通关系为基础与线索。他认为,心与境是相互感通、相互为用的关系,有心则必有境与之相对,有境则必有心与之相对,没有无境之心,也没有无心之境。心与境的感通作用开出了人类的意义世界。在唐君毅的哲学思想中,心境感通或心灵感通的活动具有几方面的特征,也即方向性、基础性、统贯性与次第性等等。下文分别对心境感通的这四方面特征做出概述。

---

① 《周易·系辞上》。

第一，心境感通活动具有方向性。唐君毅指出，心境感通活动是通于生命存在的，此通于生命存在的感通活动，则是具有方向性的。《生命存在与心灵境界》的副标题就是"生命存在之三向与心灵九境"，此即提示出唐氏将生命存在或心灵境界的感通活动疏通为三大方向。在书中他进而指出感通活动的三大方向为：并立的心灵活动，如视与闻；依次的心灵活动，如有视闻然后忆此视闻；层位高下的心灵活动，如我们知道视闻与回忆之不同，这种知是高于视闻、回忆的另一心灵感通活动。概括地说，上述这三大方向即是类别、次序、层位。如果我们再通过佛家的三大（体大、相大、用大）之说做出判析，则可以说心灵是体（本体），心境感通是用（功能），心境感通的三大方向则是相（现象）。另外，唐君毅指出，心灵活动具有观照观省的作用；按照心灵的观照观省作用来说，我们可将心灵之观分为横、顺、纵三观，而此三观是与心灵活动之三向相配合的。类别的心灵活动为横观，即心灵之内外向；次序的心灵活动是顺观，即前后向；层位的心灵活动是纵观，即上下向。通过三向三观，再观体相用三大，则可以开出心境感通活动之九境。他指出，人类的心灵活动在开始时往往仅知客境而不识主体，因此首先侧重在客观之相（现象）上面；其后心灵活动乃摄所归能，重视主体的反省，因此侧重在主观之体（本体）上面；最终心灵活动在主体之自觉的基础上，达致能所双泯，上下皆通，所以侧重在超越主客之用（功能）上面。由此，心境的感通活动是从客观之相，进至主观之体，最终达致超越主客之用，而成心境感通、心灵活动之九境。据此，心灵活动、心境感通可以圆融无碍地融通、涵摄整个意义世界。通过心境感通活动的三向、九境，唐君毅落实出一个判摄人类思想（但主要是知识论和形上学）并归于儒家成德之教的新儒学判教论。[①] 通过图表表示如下：

---

① 参见唐君毅：《生命存在与心灵境界》，台北学生书局 2006 年版，上册，第 12—23 页。

表一：心境感通活动之三向三观

类别	横观	内外向	相
次序	顺观	前后向	用
层位	纵观	上下向	体

表二：心境感通活动之九境

客观境							
层位	纵观	上下向	体	第一境	万物散殊境	观个体界
类别	横观	内外向	相	第二境	依类成化境	观类界
次序	顺观	前后向	用	第三境	功能序运境	观因果界
主观境							
层位	纵观	上下向	体	第四境	感觉互摄境	观身心关系与时空界
类别	横观	内外向	相	第五境	观照凌空境	观意义界
次序	顺观	前后向	用	第六境	道德实践境	观德行界
超主观客观境							
层位	纵观	上下向	体	第七境	归向一神境	观神界
类别	横观	内外向	相	第八境	我法二空境、众生普度境	观一真法界
次序	顺观	前后向	用	第九境	天德流行境、尽性立命境	观性命界

由此可见，心灵九境的开出，是由心境感通活动的不同方向所成。不过，唐君毅亦指出，心境感通活动所开出的这九向九境，是哲学反思而成的九向九境。实际上，九境可以互通互转，人的心念之流转并非必定是从低层之境而向高层之境而转，而实亦可反之。①

第二，心境感通活动具有基础性。所谓心境感通活动的基础性，乃在于心灵感通活动成就出真实存在本身。没有心灵的感而能通，也就没有真实的存在。因此可以说，唐君毅的心灵九境实际上展示出他

---

① 参见唐君毅：《生命存在与心灵境界》，台北学生书局2006年版，下册，第253—276页。

的"感通的形上学"或"感通的存在论"。这与牟宗三所建立的"道德的形上学"（具体内容参见第八章）构成相互呼应与映照的关系。两者有相通之处，亦各有侧重。感通的形上学侧重在通过感通而切入形上学，道德的形上学则通过道德而切入形上学；前者强调了心灵活动的动态性、历程性，后者则强调了人心良知与德性主体的根基性、绝对性；前者要求展示出心与境的互动互摄、曲通立诚的具体环节，后者要求挺立道德的主体性以及良知明觉对于本体界的开显。这是两者各自的侧重之处。而两者的相通之处，则在于作为道德主体的本心良知具有感通的义涵，例如牟宗三在论述道德形上学开展出两层存有论时，指出心通过良知的明觉感通作用而直接涵具并开展出本体界（心另可通过认知与分别作用开出并形成现象界）；而作为心境之间、性情之际的心灵感通活动，其实就是蕴涵并展开性情、德性的过程，只不过在面对有些情况如知识概念、哲学思辨、问题情境的时候，道德心灵将隐退而显豁出知识心灵，但究其实这也是道德心灵的某种体现而已。这是两者的相通之处。唐君毅"感通的形上学"与牟宗三"道德的形上学"，分别着眼于感通与道德的基础性地位，其中两者的对比与会通，需要学界重视与研究。

关于唐君毅思想中感通的基础性地位，尚需要做出两处具体说明。首先是感通的基础性作用存在于心与境、性与情的本源关系中。唐君毅特别指出，心与境两者在实际上都不能悬空孤提，心与境是俱生俱起、俱存俱在、心开境现、心境互摄的关系，有心则必有境与之相应。而此中，使得心境互具互摄的基础就在于心境的感通作用，因此可以说心、境、感通三者，互为内在而共同构成动态的整体。而如果我们真的要凭空孤提、抽提出心或境的话，那么这是无感通的表现（严格说是感通受阻），这时候的自我、心灵、境界、世界则是非真实的存在。因此总言之，感通就是心境之用。心境互动关系之所以可能、之所以必然，就在于心灵活动的"执两用中"之道，即心与境相对相应为两,心境感通为中,执两必须用中,用中必能执两。① 与上述第一个说明相关联,感通的基础性地位的第二个说明则是,心灵活动的感通作用,是唐君毅展示和论证心灵九境的预设。这正如他自己所说的,"循方才所说之义理概念,乃人之所以感通于境者;则人之生命之存在之义之本身,其心灵之感通于境之义之本身,即应为先"②。感通之所以必为预设,是因为心灵作为体,不可孤立而论,而必须就其相(现象)与用(功用)而论,但这相与用并非是一种集合,而是相互而次第地隐现、有无者,这其实就是心灵感通作用。因此,要展示和论证心灵、生命、存在、境界的真实义涵,则必须从心境感通出发,概括说就是即用见体、即用而言体在用。

第三,心境感通活动具有统贯性。在唐君毅看来,因为心灵对境的感通活动具有形上学、存在论的意义,因此感通活动可以涵摄和统贯天地间任何之物,故中西印三大传统都融摄在感通之理中。同时,感通的这种统贯性并非通过随意无章的杂糅、拼凑、组合体现出来,也不是如前所言通过体、相、用的集合体现,更不是通过普遍概念的范畴(如有无、同异、一多等)体现,这些都是心灵感通流行所通过的一部分、一环节、一末端,而非心灵感通本身。心灵感通真正的统贯性,就在于作为生命存在的感通,天然地就是隐显、屈伸、进退次第交迭的流行融摄过程。任何不合理的哲学思想之所以不合理,都源于感通活动受阻,也即都执著感通流行融摄过程的或隐或显、或屈或伸的内容,执著其中一部分、一环节、一末端,并进而越出其应在的层位类别,视为生命存在的全部义涵。针对这种情况,如通过感通之理观照之,则我们一方面理应承认它们的合理性,而另一方面则应通过心灵感通本身所具有的上下内外纵横的观照、省思作用而明其所

---

① 参见唐君毅:《生命存在与心灵世界》,台北学生书局 2006 年版,下册,第 253—258 页,359—364 页。
② 唐君毅:《生命存在与心灵世界》,台北学生书局 2006 年版,上册,第 37—38 页。

蔽、使进于通，最终统贯之、涵摄之、超化之，汇入生命存在的无尽的感通之流。

心境感通活动的统贯性，在哲学上体现为感通活动统贯心性情、融摄知情意。首先说感通活动统贯心性情。在先秦儒学中，无论是《易传》，还是《论语》《中庸》《孟子》《荀子》，都特别重视对于心、性、情及其关系的体认。孟子的"尽心知性"、《中庸》的"天命之谓性"和"已发未发"、《易传》的"穷理尽性"等都是相关的重要表述。这些表述后来也成为宋明理学的重要论题。唐君毅在此基础上通观诸说，并提出"自性情说心"的命题。所谓自性情说心，就是注重心之与境感通时所表之态度、所生之情而说心。① 换言之，他认为只有通过对于性情的体认、落实与展示，心境互感互通的义涵才会得到充分的显豁。因此，唐君毅调适了孟子"尽心知性"②的说法，指出孟子此说可以扩展为"尽心"、"知性"、"达情"，因此孟子的"德性心"可以观为"性情心"。性情心的阐发与展示，能够显豁出性情感通的作用，并以此丰富孔门仁教的义蕴。③ 唐君毅自性情说心，指出感通活动贯通心性情，颇近于朱子的"心统性情"之说。不过，朱子强调的是心性情三者的关系与结构，并引申出心性修养工夫；唐君毅则强调心灵感通过程的现象学展示，并以此将情的本源性向度揭示出来。但这并不表示唐君毅主张"情本体论"，因为生命存在的心灵是体，而性情感通则是此体的活动或用而已。

其次说感通活动融摄知情意。唐君毅指出，心境之感通就是知、情、意三者之相继相成，知、情、意三者为感通活动所统贯融摄。他

---

① 唐君毅：《中国文化之精神价值》，台北正中书局1979年版，第145页。
② 《孟子·尽心上》："孟子曰：尽其心者，知其性也。知其性，则知天矣。存其心，养其性，所以事天也。殀寿不二，修身以俟之，所以立命也。"
③ 唐君毅：《中国文化之精神价值》，台北正中书局1979年版，第450页。另参见黄冠闵：《唐君毅的境界感通论：一个场所论的线索》，《清华学报》（台北）2011年第2期。

认为，心灵对境的感通关系，又可分为感通、感受、感应三者。感通是知，感受是情，感应是意或行。我们平常认为，心境关系首先是表现为感通之知，也即心灵似必先以其知而感通于一境；其实如果心对境首先没有情上之感受，那么也不会有动力去求知之感通，而如果心对境没有意上之感应，那么也不会有情上之感受。另外，唐氏指出，心与境的感通之知的活动，如果没有感受之情与感应之意与行之继起，与感通之知互通俱行，那么感通之知的活动就被阻止截停，而失去知之所以为知的真实性，从而陷入虚妄的戏论，而不能成就出真实之知。于此可见，知、情、意三者是内在地流转俱行的关系，三者之所以构成这种关系，则是因为心与境的无尽的感通活动所致。① 同时，在唐君毅看来，感通活动统贯知情意，与其统贯心性情，两者也是相通的。例如他辨析孟子的德性心、性情心，指出人见孺子将入于井而生起恻隐之心之情，这种恻隐之心之情就是知情意的感通合一。他说："此中，知情意是三位一体的。知是由外达内，意与行是由内达外。此中是才有外达内，而内动恻隐之心，即有内达外。故于此历程中，吾人之内心，只是外达内、内达外之中枢。"② 此种观点，是相当的圆融和通透的。

第四，感通活动具有次第性。"次第性"是唐君毅感通思想中相当重要而独特的内容，它显出了心境感通活动的内在结构与机制。唐氏指出，心灵感通活动在通于任何之境时，必首先体现为先虚后实、先阴后阳、先隐后显、先屈后伸、先消极后积极的活动，并在这基础上形成虚实相生、阴阳互构、隐显相依、屈伸相感、正反相承的次第历程。这样一种次第性的展示，几乎贯穿于心灵九境的始终。这种思想应该是唐君毅融合佛道空虚之说与黑格尔（1770—1831）辩证法

---

① 具体的论述参见唐君毅：《生命存在与心灵境界》，台北学生书局2006年版，上册，第24—27页。
② 唐君毅：《中国哲学原论·导论篇》，中国社会科学出版社2005年版，第58页。

之论并最终融于《易传》阴阳隐显屈伸之见的结果。《易传》论阴阳、隐显、屈伸,有"一阴一阳"、"一阖一辟"、"屈伸相感"之论,这应是唐氏论感通次第性的最重要源泉。《易传》所论包含两方面的洞见,即阴阳、隐显、屈伸的感通活动既有交迭为用之妙,同时也有先屈后伸之序,以作为心对境感通活动的首要环节。通过这个洞见,唐君毅对人类不同的思想作出观省、批判、超化,并显示出思想之所以有所蔽,正是因为或不知感通的先阴后阳之妙、或不明感通的阴阳交迭之理所致。

唐君毅另指出,因为感通活动是虚实相生、阴阳互构、屈伸相感的机制,因此感通必然具有动态性、历程性、无限性。再换个角度说,感通活动之所以是无尽的历程,则是因为生命、存在、心灵作为主体,是永远不能孤立而论的,心灵主体永不能离用而独存。因此,有生命、存在、心灵,就必有感通。感通的受阻或停止,感通历程的终结,必然是不顺理、不合理的。因此,唐君毅指出康德(1724—1804)、黑格尔以其哲学为终极,都是慢语,其原因正在于不明感通的历程性与无限性。[①]因此,唐君毅所构思的心灵九境,也并不是要建立严密的哲学体系,以求囊括一切哲学并终结之,而是要通过对这些哲学的融摄与超越工作,提示出感通的无限性与历程性,让人们理解到心灵与思想的事业是无量无尽、与时俱行的。

唐君毅揭示出心境感通活动的次第性与历程性,这是他吸收西哲中的黑格尔辩证哲学与怀特海(1861—1947)过程哲学并将两者汇归于《易传》哲学的结果。所以,在笔者看来,唐氏感通哲学最主要的思想渊源与资源有三:黑格尔的辩证思维、怀特海的过程哲学、《易传》的阴阳之思。唐君毅对于黑格尔辩证法研探甚深、全面吸收。黑格尔辩证法认为任何存在皆含有内在的矛盾,因此任何存在在其发

---

① 唐君毅:《生命存在与心灵境界》,台北学生书局2006年版,上册,第34页。

展过程中必有一自我否定或死亡、并由此克服封闭限制从而自我超升的环节；因此心灵须不断自觉反观，才有自我否定与超越之可能。唐君毅论心灵感通的过程，就是这样一个不断反省、层层超升的过程。不过，唐氏更进一步对黑格尔辩证法作出超化，超越的根据就在于感通之理。换言之，黑格尔辩证法帮助唐君毅显豁出感通之理的内在环节，而感通之理则反过来纠正黑格尔辩证法的流弊。就后者而言，他指出黑格尔将自己的哲学视作最终的绝对真理，体现出他不明白心灵的感通辩证活动只是桥梁，只是无尽的省思与超越的过程；同时，他还指出黑格尔辩证法偏重直线式思维，导致他以哲学为最高之思，而未能强调道德与宗教精神，这都是不知感通之理的结果。因此唐君毅对于黑格尔辩证法，吸收与超化兼而有之。另外，怀特海的过程哲学与机体哲学对唐氏思想特别是其感通思想也有着实质性的影响。唐君毅与牟宗三在其早年都受到怀特海宇宙论的吸引，但后来深知心性主体的根本性、关键性，因此多少与怀特海的宇宙论拉开距离。但不容否认，怀氏的许多观点与唐君毅感通哲学有契合之处。例如怀特海认为情与境是一事之两面而不可分，这与唐氏的心与境的感通必同时并现、相互通达，颇有相近之处；又如怀氏以宇宙自然是有机关联、感摄并构成一个具有价值感的连续性过程，这也与唐氏以心灵感通为有机的过程的观点十分相近，虽然他批评怀特海的说法目的性过强。

不过，在唐君毅看来，无论是黑格尔的辩证法还是怀特海的过程哲学，都可以被《易传》的阴阳、隐显、动静、屈伸、进退等思想超越之、涵化之。通观唐君毅对于感通的展示，可知心灵感通的过程无非就是《易传》"一阴一阳之谓道"的过程。通过借鉴《易传》的洞见，唐氏得以融合上述各种思想资源，并证立他的感通论。因此他说：

第六章　"一阴一阳之谓道"　163

　　而九境之所以成，与其贯通之所以有，乃在人之生命心灵活动，有一伸一屈以成进退，一开一阖以成出入，一消一息以成升降。则吾之思此九境，亦当自有其伸屈、开阖等，以往来于其间。伸以引义，由前提顺求结论，为进；屈以归义，由结论逆求前提，为退。开以分义而出，为多；阖以合义而入，为一。消以融化下层之义，为降；息以生起上一层之义，为升。如《易经》言"分阴分阳，迭用柔刚"，而"变通以趣时"，期在以圆而神之枢，运转、吐纳诸方以智之义。如以心灵活动之罗盘，会《洛书》之九宫之方以归一，而合于《河图》之十以成圆。此则得力于中土之《易》教，而兼以之为运思述义行文之道者也。①

　　由生命心灵活动之往来于前后向之次序，即有其进退屈伸。进退即屈伸。屈伸自体质说，进退自动用说。由此进退屈伸，首见生命心灵活动自身之往来之韵律节奏，以为其内在的<u>顺观之境</u>。此"观"之一名，原于《易经》。《观》卦六三，言"观我生进退"，即顺观也。由生命心灵活动之往来于其内外向，即有其开阖、出入、行藏、隐显。此亦见生命心灵活动自身之往来之一韵律、节奏。开、出等，可说是进与伸；阖、入等，即退而屈。其名义不同，唯在说开阖出入，必另有所开阖，另有所出入；说进退屈伸则无此义耳。生命心灵活动所对之境，即其所出入开阖。故于此如谓生命心灵活动自身为内，其所出入开阖之境即为外。内外相对，即如有门户在其间。出则开户，入则阖户。在内者对在外者可视为异类而相斥。凡异类相斥者，亦皆互为内外。凡异内外者，即已是异类。又外境之种种先入于心灵者为内，后入者即外，亦互为异类。凡此有内外有

---

① 唐君毅：《生命存在与心灵境界》，台北学生书局2006年版，上册，第56页。

异类者，皆人可横观之境也，生命心灵活动之往来于上下向中之上向，即其超越于其当前之内外境，而另创生一较此境更广大高明之新境，其下向即其堕入此当前之内外境所由以生、而狭小卑碍于此境之旧境。此上向，即生命心灵活动之升而进于高层位。下向，即其降而退而落于低层位。此层位之高低，乃人可纵观之境。生命心灵活动之由后而前，如《易传》言"尺蠖之信"（笔者按：信即伸）；由前而后，如《易传》言"龙蛇之蛰"。由内而外而开，如天开图画；由外而内而阖，如卷画于怀。其由下而上，如垒土成台；其由上而下，如筑室地下。于生命心灵活动之由前而后，说主观心态之次序相续；于主观心态中之思想与发出之言说，求前后一致贯通之处，说思与言说中之理性，即逻辑中之理性。于生命心灵活动之由内向外，知有客观事实。于人求思想与客观事实求一致贯通处，说知识中之理性。于生命心灵活动位于主观客观之现实事物之上，以由下而上处，说思想中之目的理想。于其以行为活动求实现此目的理想于下之现实事物之世界，而见此中之上下之一致与贯通，说生活行为实践中之理性。于此三者只说其一，皆抽象之理性；兼说其二，为半具体之理性；必说其全，方为具体之理性，亦即通主客、知行，通宇宙人生之全，或生命存在与心灵境界之全之形上学的理性。此理性之内在于生命存在与心灵境界，与之如如不二，则此理性又有超理性义。此则尚非今之所能详者也。（按：引文中的下划线为笔者所加）[1]

上述两段文字，因为能够总结出唐君毅"心通九境"哲学的义蕴，以及其所论心境感通机制之理路，所以不厌其详，引之如上。于

---

[1] 唐君毅：《生命存在与心灵境界》，学生书局 2006 年版，上册，第 40—41 页。

此可见，唐君毅的整个哲学思想，是通过中西哲学的不同思想资源，融会入《周易》的哲学与精神中，通过"一阴一阳之谓道"的过程性、次第性机制，丰富展现出心境感通之理。而此阴阳感通之理，乃贯通心灵活动的三向三观，成就心灵活动的九境。我们通过图表，将这一阴阳感通机制表示如下：

心灵活动的阴阳感通机制	
第一步	先虚后实、先阴后阳、先隐后显、先屈后伸、先消极后积极
第二步	虚实相生、阴阳互构、隐显相依、屈伸相感、正反相继相承

综上，本节概述了唐君毅"心灵九境"的哲学系统的内在结构，指出贯通"心灵九境"的是心与境的感通活动。心境感通、心灵感通的活动具有方向性、基础性、统贯性、次第性。将这四方面特征统合起来，可以基本揭示出"心灵九境"的旨趣与蕴义。另外，本节还总结出在唐氏哲学中，心境感通活动的机制可以通过《易传》的"一阴一阳之谓道"一语以作概括，此感通活动在其感通之始，是先虚后实、先阴后阳的状态，其后则构成虚实相生、阴阳互构的关系。关于这一机制，本节未有详述。在下文三节中，我们分别从三个方面的论题着眼，展示出唐君毅是如何通过这一感通活动的机制，来消化和判析中印西哲学的各大问题的。而在这当中，我们也可以清晰地理解到《周易》哲学特别是阴阳感通的思想，是如何贯穿唐氏的"心灵九境"的哲学系统之始终的。

二、知识论与阴阳感通

前文已述，唐君毅认为心灵感通活动是心境俱起俱现的关系，而心灵所通之境，则可开而为九。这九境的前三境分别为万物散殊境（观个体界）、依类成化境（观类界）、功能序运境（观因果界），此三境合为客观境；中三境分别为感觉互摄境（观心身时空界）、观照凌虚境（观意义界）、道德实践境（观德行界），此三境合为主观境；后三境则分别为归向一神境（观神界）、我法二空境（观一真法界）、天德流行境（观性命界），此三境合为超主观客观境。客观、主观、超主客观三境体现出心灵感通活动的不断超升的历程，并最终会归至天德流行之境，即当下生活之理性化，从而化知识思辨为人文智慧。在这里，笔者无意评判此心灵九境，其内容与编排是否合理，亦无意讨论人的心灵活动是否必定依次经过此三大境，同时也不必将心灵九境的全部内容作出概述。在这里，笔者将心灵九境的内容亦分为三：知识论问题、道德实践问题、形上境界问题。而唐君毅对于这三个问题的疏通与解决，都是通过《周易》的"一阴一阳之谓道"的心境感通机制来作出具体落实的。

唐氏"心通九境"的哲学系统，其前五境分别探讨的是个体、类、因果、心身关系与时空、意义等问题。在本节中，我们分别概述"个体"与"因果"两方面的哲学问题，以显出唐君毅是如何通过阴阳感通的机制以处理这两个知识论的问题的。

首先是个体的问题。个体的问题是指如何理解"个体"和"个体性"的问题，以及真实的个体性如何确定的问题。根据唐君毅的一贯思路，人心在开始时容易向外观照而非向内收摄，所以容易执著有外物以至有单一个体。西方哲学对个体的问题素有研探。在他看来，西方哲学对于个体的观省，分别有外、内、上、下四个角度之观，相当丰富系统。不过，西方哲学对于个体的各种考察，都是心灵活动错置淆乱的结果，并促使其多将个体观成实体。所谓外观个体，以柏拉图、亚里士多德为代表，他们认为观物之形相则见其皆为普遍者（如方物的方形），而这些普遍者会聚成为一个实体之物，则必有赖于此

第六章 "一阴一阳之谓道" 167

普遍者之外的根据作出说明，这根据就在于"物质"，物质使得普遍性相个体化。所谓内观个体，则以莱布尼茨（1646—1716）、康德为代表，莱氏观省个体物作为实体，必具统一性，此统一性初为人心所见，因此他设想物之实体皆有似人心之单子，单子的统一性是物之实体的根据。康德也多少继承了莱布尼茨的思路，而有自己系统的思考（见下文）。所谓上观个体，以德国唯心论者如费希特（1762—1814）、黑格尔等为代表，他们将此个体消融并上移至绝对的个体或上帝，如客观精神等。所谓下观个体，则以罗素（1872—1970）、怀特海为代表，他们欲取消上述实体观，并以事之相续代替实体之常存。

对于上述这四种观个体之法，唐君毅充分让其思路显朗，使尽其辞，然后延伸出来，观照其困境矛盾所在；据此，他在此基础上，通过心与境的阴阳感通之理，再观其局限并示以正途。首先，他指出生命存在以心境的直接感通为始，感通是心开出境而自通之的感通，是心与境并起并现的感通。同时，这感通是感觉的感通，即感于感相（如冷热声色）而通过之，从而化感相之实为感通之虚。可以说，心灵感通活动就是心对境的虚实相生、屈伸进退、隐显起伏的次第流行过程。以此为基础，他批判了西方哲学的上述观个体之法。因篇幅所限，本章仅概述其对西方哲学之外观个体与内观个体之说的批判。就外观个体中"物质"的问题，他指出人心对境物有感通之知，其初是心与物俱起俱有的，但心与物俱起而不一定俱息，因为人心有望与求之情，此望与求并连于心知，则容易贪著于物并形成法执，当求之不得时，更引致主客对立。但人心有化除此对立而求统一的愿求，而此愿求在现实中失败时，人们对此物会有障碍和限制之感，最终此物被视为有物质性者。因此，物质实体的观念只是感通之不通所造成的，而当我们反观心物感通之初始，则可超化此论。

就内观个体的问题，唐君毅考察了莱布尼茨与康德的观个体之法，指出莱布尼茨若以心灵/单子所具的统一性（此统一性无论是现成事实还是统一机能）为证，是不能成立心灵的实体性的。而康德则在此基础上，特别强调心灵的统一性是指心灵的统一的机能作用，这种作用具体体现在超越性的统觉的不断统摄可能经验，并通过自身的先验范畴，而不断形成知识。唐君毅指出康德能够理解到超越的统觉的统摄活动是心灵的不断超越已成经验而进进不已的体现；但他同时认为，康德在此只能指出心灵顺着经验之进行而运用范畴以规定经验，但他不能逆反过来，用此范畴来思构心灵的机能作用之体，以形成对于"单一"、"实体"等的知识。这种知识因为是逆反之用，所以必然是虚妄的知识。可见，如果康德要通过这样的方式证成心灵的实体义或个体义，是注定失败的。这是唐氏对康德哲学中关于个体性问题的第一个批评。其次，康德的内观个体的进路，又有另外一种方向，即通过主观经验中有对于物之自体的无数表象（这类似于莱布尼茨的心子论），以及这些表象的可以重复性，而论证其通于物之自体，而由此可证立个体原则。唐君毅认为，这样的一种进路是要求从经验表象而直接视此表象为物之自体的表现，而不只是将之视作主观之心或超越统觉而已。这是值得肯定的地方。不过，在这里康德的问题则在于他将物之表象本身视作实有，观之为实。他与莱布尼茨陷入同一错误，也即不知表象未显，其对心为空；表象显已，其对心亦为空。因此心显表象的过程其实是心灵的虚实隐显的过程。因此心可透过表象之有此虚空义，而超于表象之相之外，形成由内通外、内外感通之观。这是康德内观个体的进路所不能理解到的地方。这是唐氏对康德哲学中关于个体性问题的第二个批评。正因为康德未能理解到心灵之能感通于虚空的状态，而只能理解到心灵能够次第贯通所感之实而形成表象的系列，因此他必然将时空定为感性范畴，即以感性范畴来说空间存有。康德进而由此论空间之有限和无限的二律背反问题。唐君毅指出，空间之为有限还是无限，究其实乃是根于心灵的情意感通过程中的屈伸之理。具体地说，就是心灵的感通屈伸过程，体现出心灵自身的一种"望"的作用。这种心灵之"望"的作用，使得心灵对于已知的色相本身形成一种执持性。有此对色相的执持，则成有限空间。而如果我们望色相于色相之外而不可得，才会有色相之外为空的想法，这种想法则导出空间无限。因此这个空间无限之说，实质上就是心灵的失所望、失其望而有。据此，空间之有限与无限，其实就是植根于心灵之望的机制，也即心灵感通过程中的望之退屈与望之伸展的不同状态。因此，以心灵感通之望论时空，乃先于康德论时空所持的感性范畴之说。这是唐氏对康德哲学中关于个体性问题的第三个批评。通过上述对康德的三个批评，唐君毅也就否定了西方哲学的内观个体之说。

那么，真正的个体境应该如何建立起来？他指出，个体界具有常在性，这常在性的基础在于感知（心境感通之知）的指向性活动。这种心境感知的指向活动，具有透入性、曲折性、超越性、次第性、历程性。它开始时是先自开朗的，也即先体现为一个消极、被动、虚明的状态，以此摄受物之相（现象），并形成直觉境。其后，心境感知的指向活动复又超越此相而转摄他相。而当其转摄他相时，此前之相则隐退而化为此相之性（体性）。而此相之性则可因知之指向活动的再次指向它、透入它，而可自性而重现为相。这就是说，通过心境感知的指向活动，个体之物乃自性转而为相，又自相转而为性，出性入相、出相入性，由相知性，由性知相。我们就是通过心境感知的指向活动的阴阳隐显之相依，而望见个体物之重复。就是这种性相的阴阳隐显之相依，常在个体物的客观境因而得到证成与确立。因此，心境感知之活动其实是通透出入境物之性相的曲折回旋、阴阳流行、隐显互具的历程性活动，从而通透万物散殊的个体境而不执碍。因此，西方将个体实体化的做法并未透入个体的真实义涵，而对于个体的表象、概念、判断等事，也是建立在感知的指向活动的基础上才是可能的。①

其次是因果的问题。因果与个体的问题皆属客观境，但个体侧重在体（体性）；因果则侧重在用（功用），侧重在个体间关系而非个体。一般哲学界对于因果的讨论主要侧重在西方哲学中休谟（1711—1776）、康德、黑格尔等的相关思想，其实印度佛学与中国儒家也有深入而独特的因果观。唐君毅兼通中西印三大哲学传统，因此他能够在此基础上审视和省察三大传统中各家对于因果的观点，明其殊胜，显其局限，并最终会归于中国儒家传统下的以心境感通过程为基础的"因化果生"之说。

唐君毅指出，西方哲学观因果，也有内观、上观、下观、后观、前观等角度。与其论个体界一样，他也顺其所观，而显其劣义，化其偏执。因篇幅所限，本章不再详细列举其中的辨析。唐君毅在这问题上，则特别展示休谟、康德与黑格尔之论。众所周知，休谟怀疑前因后果的必然联系性，指出因之有在逻辑上非必然涵蕴果之有，因此休谟主张以经验联想习惯以说因果。但唐君毅指出，休谟难以解决为何人会觉得因果是"必然"的问题。而康德说因果，则主张经验事物必有前因与后果在时间上之相继，而非从前因可直接推断后果。这里，康德并未能推翻休谟之说，但他指出因果有时间上的前后性关系，则较休谟要推进一层。黑格尔则在康德的基础上，更演出形上学的因果理论，指出因为形上实体，此形上实体之因中包涵有可表现出现实事物之存在为果的义涵，而果则反过来亦为属于此形上因者，因此因果关系成为互相具有的理性逻辑关系，与休谟的经验习惯说构成明显的对比。但唐氏指出，因果关系实不能由逻辑理性加以全部理解，因为当因与果在内容上有差异时，此因的理性或逻辑意义中即不能全部涵

---

① 上述内容参见唐君毅：《生命存在与心灵境界》，台北学生书局2006年版，上册，第57—128页。

有此果所涵的意义。所以，西方的因果论可谓各走极端，或走经验习惯之路（休谟），或入逻辑理性之途（黑格尔），或徘徊两端（康德），皆乏正解。与西方哲学相近，佛学因果论也在逻辑理性与经验事实之间，善能判析并综合之，但佛学的相关观点也有问题。如唯识宗之因果论，有亲因（指种子与现行关系，即可能与现实关系）之说，这是逻辑理性的；也有助缘（诸缘与其所助成之果的关系）之说，此即经验事实的。唯识宗兼取这两类观点，但唯识宗未能说明何以两者必须综合在一起。华严宗则欲解决唯识宗问题，但仍未臻圆融。

唐君毅指出，中国传统的因果论能够兼综经验事实与理性逻辑二义，因此是一种圆融的因果论。这种圆融因果论的关键在于因果功能性过程中有一阴一阳、先虚后实、先消极后积极的感通继成之路。他指出，在前因与后果之间，前因的作用首先并非积极的直接涵具后果的理性逻辑关系，而是先有消极的功能性作用，此作用用以阻止排斥其他事物其功能之足以妨碍此果之出现者，由此让果顺利出现，从而此作用成为此果之"开导因"而非"生起因"。因此前因对于后果只是间接的助缘作用。不过，这个因果助缘作用并非全无理性逻辑的意义，因为前因虽不直接生果，但可决定果的范围。首先，就逻辑性思想而言，思一个体或类 A 有性质 B，我们循 A 是 B 进行时，此思便有排斥我们向 A 之非 B 而进行，从而维持 A 是 B 之思想之相续存在。此思想中之排斥其相反之思想，是必定的，因此有逻辑上的必然性。其次，思想上如此，客观事物亦如此。客观事物中，在因与果为异类的情况下，似乎因果之间并无逻辑理性关系，但其实此因虽以此异类事物为果，但并非与任何异类事物为果，故从于此因的异类事物必有一定范围。这是因为此因具有排斥其他异类事物生起的功能。因此，无论在思想上还是客观事物上，前因作为开导因，是同时兼具经验助缘与逻辑理性两种作用的。另外，唐氏指出，这种圆融因果论实即中国传统思想特别是《周易》的阴阳互动、屈伸相续、隐显相承的流行之道。前因作为开导因，其功能为排斥其他异类事物存在，而同时自身也竭其功能，而被异类事物所排斥，以至不存在。因此是从有入无、由显而隐、由出而入、由伸而屈、由明而幽，因此前因是坤道、阴道。但正当作为消极性功能的前因归隐时，作为积极性的后果则从无入有、由隐而显、由入而出、由屈而伸、由幽而明，因此后果是乾道、阳道。因果相生相依，就是阴阳屈伸进退互动互根的流行过程。这种圆融的因果论体现出中土哲思的殊胜之处，而其中之关键则是我们视前因为开导因，以此观照出"因化果生"的道理。另外，这种阴阳、屈伸、进退、幽明、出入、有无的互动互根的次第历程，实即心境感通活动在因果关系上的具体呈现而已，这与唐君毅通过心境感通论个体问题，思理无二。同时，正因为以因果功能过程为先虚后实、先消极后积极，然后阴阳、虚实、正反相感相继的次第交互历程，由此唐君毅才能遍观遍照中西印不同的因果观，以显其所偏，化其所蔽。[①]

综上可见，从唐君毅对知识论中的个体与因果两个问题的处理，我们可以看出他都是通过指出心境感通活动首先显为先虚后实、先阴后阳的状态，然后进而进入虚实相依、阴阳相继的感通流行过程，以求调适并超化西方哲学知识论上因为感而不通所造成的问题。除了疏通个体与因果的问题之外，他对知识论层面的类的问题、心身关系与时空界的问题、意义界的问题，都有大致相近的处理。换言之，唐君毅都是通过心境感通活动所自然展现出来的"一阴一阳之谓道"的机制以通观之。

---

① 上述内容参见唐君毅：《生命存在与心灵境界》，台北学生书局 2006 年版，上册，第 231—310 页。

三、道德实践与阴阳感通

唐君毅认为,如果以知情意三者观之,那么个体、因果等客观性的知识问题属于知的层面,而道德实践则属于情意也即行的层面。而在心灵活动过程中,感通之知与情意之行是互发互成的关系;但具体说,若无情意则知不生,无情意之行以继知则知之感通不能完成,因此感通之知的生成应摄归于情意。所以作为情意之行的道德实践,是超越知识思辨的更高一境;知性之境如无道德心灵与道德实践的自觉认可,则将成为浮游无根的非真实存在。在唐君毅,道德实践是通过"道德"与"不德"的对比,以及"道德"自"不德"中超越而实现出来的。虽然人们在生活中有德性存在,但严肃的具德成德之生活,则需要心灵持续性的自觉反省;否则我们很容易因为寻求某种生活境界的继续而陷溺其中,以有限为无限,生成我执,排斥他者,自我贡高,不能超拔,陷于各种以小为大、以低为高的可怜可笑的不德之事中。

道德需要从不德中超拔出来,但这种超拔应如何实践?唐君毅是通过心灵感通的各个方向层面而做出展示的。笔者这里将唐氏所论心灵之感通概括成三步:第一步是"同情共感",第二步是"境界超升",第三步是"道德生活"。首先,人们如要超拔出虚妄的限制性生活,则须寻求自我与他人的同情共感的关系。这时人们将发现他人的表现有与我类同之处,由此我不但无意征服他人,而且将他人的情意行为视为无异于我的行为,故能善与人同、成人之美、互动互助。这互助之德是心灵共感的原始表现。此后,以此为基础,我更有超越互助之德的感恩、惭愧、谦逊、礼敬、忠信、智勇等德目,诸种德目复又凝聚成不息不已的恒德。这些德目皆先有他人出现,然后对他人呈现，并通过相互共感而实现。这种相互感通、感受、感应其实就是仁的体现，故上述德目皆可摄归为仁德。唐氏指出，我们不应忽视仁德的感通作用，因为仁德其始也庸常平实，其极也广大深远。

其次，由人与人之间的同情共感、彼此互助为基础，更可开出"自己"、"他人"、"世界"三方面的扩大超升之机。对自己而言，因为共同共感互助之事，是双方各自推己于外所达成的，故就每个人而言，这种推己作用能推出并超越自我保存个体性存在之限。对他人而言，对于物质施予与身体情感上的推衣、推食、推手等事，他人即受者并不视为只是物质接受、身体感受，而更有心灵情意之实感。这心灵情意之感是真实存在的，因为我与他人在施受中或之后，能感受到此心之灵明的存在。换言之，即他人感我之情意动作，并非只是感此情意动作之形象，而是感此形象而归于无形象的我的心灵的过程，从而有此实感而生感谢之德。这无疑是对心灵世界存在的肯认以及对他人心灵境界的超升。对世界而言，因为在同情共感互助过程中，人们对他人心灵之实有的肯定，无异是对自身与他人所共知的事物所合成的世界的实在之肯定，从而展示出不断超升扩大的生活境界。合言之，在同情共感互助中，道德心灵是无定限地自动生长的，从而带来自己、他人、世界三方面的扩大超升。

最后，通过道德心灵的扩大超升，人们将养成道德生活、树立道德人格。不过这是相当困难的事。一方面，这是因为生命自身有堕落的趋向，我们如果要化除此趋向，则须发心或愤悱以生起愧耻，进而立志、自信，挺立道德心灵，成就善美德性。在此基础上，人更须与自己之外的人物相接，善德必须与境物善感善应，同时也不执著此善德而成不善，然后才能成就道德生活、道德人格。另一方面，这是因为人们所交接之境，并非决定境而为问题境，对于此境如只求动机之无过，则只是旁观者的心态，并非处于问题境中的相应之思，对于道德人格养成毫无帮助；这时就需要人们先暂停其道德行为所表现之事，让道德心灵由实归虚、自显而隐，以求如实观、如实知此问题，从而退道德心灵而进知识心灵，让问题顺利处理。而这个过程，并不表示道德心灵的失去，而恰是道德心灵自我成就的必要过程。唐君毅说明道：

> 在人之道德生活中，若所遇之境为一问题境，或其中有矛盾之成分时，人必先停下其道德行为与德性之表现之事，而先求如实知此问题之境，以及其中之矛盾之成分之何所在。于是，此时人之暂不有一道德行为、不有一德性之表现之事，其本身即已为人在此境中之所当为。此时唯人之暂超道德行为之行为，方为道德行为。此亦即无异谓：于此时，人之道德行为之超越或牺牲其自己之本身之存在，方为道德之实践。由此一道德之实践，而人更有一对问题境与其中之矛盾成分，求如实知之之事。此求如实知之之事，亦同于吾人于任何非道德生活境界中，对事物之求如实知时之求知识之事。在此求此知识之事中，人即同于一非道德的人格之只有一非道德的心灵者。然此非道德的心灵之自身，又正为上述之道德的心灵之所化成，而正是为成就人之对境之至善之相应行为，于一时所当有者。因而其自身之有，亦为此道德心灵之自形成其道德的人格之历程中，一时所当有，而亦为成就此道德人格之事也。[①]

在他看来，道德心灵在与实际生活中的问题境相交接的时候，其自身会内在地形成一种辩证性的作用，这辩证性的作用使得道德心灵化显为隐、化实为虚，而使得非道德的心灵特别是知性心灵由隐而显、自虚而出。但这并不意味着道德心灵的丧失，而反而是道德心灵

---

① 唐君毅：《生命存在与心灵境界》，台北学生书局2006年版，上册，第659页。

的感通过程中的辩证作用，这一辩证作用最终能够增进道德心灵的充实与升进。而综合上述两方面的内容，道德生活与道德人格则可落实和实现出来。

而由此可见，在上述道德实践的内容中，心灵对境的阴阳感通作用也包含在其中，并有其自身的特点。首先，道德实践之阴阳感通具有相互性。道德实践中的感通属于心灵之情意之事，略与心灵之知之事有异。前者通过情意之行的感受、感应体现出来，后者通过知识思辨上的感通体现出来。而作为道德实践的感"受"、感"应"，特别地强调感的相互性、互动性，也即所谓同情、共感、互助，从而在双向的心灵之感的过程中，成就自身与他人，培养心灵主体。现代新儒家挺立道德主体性的说法往往被人视作"良知的傲慢"，但在唐君毅这里并不成立。因为在他看来，道德主体的挺立与培养，是建立在人我相互性地同情共感的基础上的，从而实现对自己与他者的双向肯定。其次，道德实践的阴阳感通作用具有超升性。道德实践中，人我的同情共感、交互之感实际上促成了道德心灵境界的扩大、超拔、提升；换言之，道德心灵境界的超升性，本于人我同情共感的超升性。最后，道德实践之阴阳感通作用，是一个"一阴一阳"的隐显相依、屈伸交替的过程。正如上文所述，唐君毅认为在实际生活中，道德心灵所通之境为问题境，这需要道德心灵首先化实为虚、由阳入阴、本显归隐，让知性心灵感通观照具体事物并解决之，经此自我辩证之否定，道德心灵最终将由阴入阳而重新作自我之肯定。这种道德实践上的阴阳感通作用，与唐君毅论个体、因果问题上所显出的阴阳感通作用是一致的；只不过前者是情意之行上的感受与感应，后者则是感通之知的作用而已。同时，唐君毅还指出，西方哲学未能正视并建立道德实践境。这一方面是因为除康德等少数哲学家外，西方哲学很少以道德实践自身为目的者；而即使是康德本人，其所谓依理性而定的道德律也甚平庸；另一方面则是西方包括康德皆不知人我共情共感是道德实践的基础,不知道德理性与道德自觉的养成需要在人我互感中培养才是真实的。① 综上可见,唐君毅在辨析道德实践的问题上,也是通过《周易》阴阳感通之义以贯穿起来的。

四、形上境界与阴阳感通

心灵九境后三境分别展示出基督宗教、佛教、儒家的哲思。这三境从中间三境的主体界更作超越,成为超主客的绝对境与形上境。这三种形上境界皆是化知识为智慧,以遍运并联系于真实的生命存在,成为真实的生活生命之教,并直接展示人文之思、宗教信仰。此三境的设立,则是通过心灵活动的不同观法而有。心灵活动自下而上的纵观,建立基督宗教的归向一神境;心灵活动化除执著,开拓心量,横观诸法,再下观有情众生并与之同情共感,建立佛教的我法二空境;心灵活动顺生命存在而次第进行,顺观其先后始终,建立儒家的天德流行境与尽性立命境。可以说,这三境作为形上境界,其实就是直接展示出真实的生命存在的义涵;同时,这真实存在的义涵是从心灵之感而能通中体会出来的。所以形上境界实即心灵活动进一步地真实而本源地同情共感的问题。因此我们也可以通过阴阳感通之义来考察这三境。同时,形上三境各有对治,各各相通,合为三才之道,依次展示出心灵活动可显为超主客境的体、相、用,并归于最高的儒家天德流行、尽性立命之境。故本章主要就其所论最高之境即天德流行、尽性立命境,论述唐君毅对形上境界的思考以及其与阴阳感通的关系。

唐君毅认为,儒家天德流行境的殊胜之处,在于儒家注重通过当

---

① 上述内容参见唐君毅:《生命存在与心灵境界》,台北学生书局2006年版,上册,第605—688页。

下生命存在与当前世界而显出其义蕴,因此儒家对生命存在本身首先持有真实的肯定之态度。但是儒家这种平实的顺观生命与世界之法,容易被基督教与佛教所误解。因此在此境中,唐君毅特别将儒佛对显而观。就佛教而言,佛家很容易将儒教判为生命之俱生我执(即妄执为我而与身俱生)与分别我执(即执持属我与非我的分别),而不知生命自始为执而成负面的无明与苦痛。实际上,依儒道二家之义,生命自身可为非执之事,因为生命本是一隐显往复、有无出入、阴阳屈伸的历程。这个历程在开始时未必是负面之苦,因为生命存在活动之屈伸进退,乃真实地体现出其对他物之容让,求与和谐共处,这是善而非苦的历程。进而,这生命历程必然联系到生死的问题。根据儒家的生死观,生则顺没则宁。生命之有而生,乃超忘前生,先有所虚,以显新生,初非无明之芒;生命之无而死,乃息机归寂,超化旧有,留待继者,初非痛苦之事。因此生命初非全然为无明与苦痛所主宰而成为俱生我执,整个生命存在其实是自然地相继相成、屈伸进退、隐显相依的超越的善之阴阳感通历程。可见,生命的历程是先虚后实、先阴后阳、先超忘而后创生,而其后则显示为虚实相生、阴阳相感、屈伸进退的无尽过程。唐君毅指出说:

> 此忘与不知之亦可说为善,盖唯在中国先哲之思想中有之。……生命之所以相续有其新知,皆赖于其能忘旧日之所知。忘之而能随时更忆,固为大知而至善。然忘之而不能更忆,此忘亦所以开新知,虽非大善,亦为一善也。此忘之所以为善,即在其对旧者有所超越。……若吾人对此人与其他生命存在之不自知其来处,不自知其根原,视为其生命之存在对其来处其根原处,有一超越而忘之之故,此超越与此忘,亦表现一善;则吾人即可说此一切人与其他生命存在之生,在根本上,是一创造之历程,亦是一善之流行。此中若谓其有前生,此前生必

先被超忘，而同于不存在。若谓其生，另有超越之形上根原，此根原亦必先被超忘，而其生如离此根原，而为一"破空而出"之赤裸裸的生命，以存于天地之间。则其初不自知有此前生，亦不自知其根原，即皆同为表现其生命之先天的空寂性、纯洁性，而为一善之流行者矣。①

同时，儒家论生命历程，除了初始不从俱生我执著眼之外，它也不从分别我执著眼。按照佛教的观点，分别我执是由于人们用概念判断人我之事，并连于俱生我执而生起。而在唐君毅看来，人用概念判断以分别事情初非分别我执，因为运用概念即是心灵活动隐显屈伸、自我超越的历程的体现，一般人更迭用概念以成更迭判断的时候，其中也有概念判断自归于虚寂的时节，人们只是多不自觉到这一点而已。同时，分别我执其实是后起之事，因为心灵活动原初是不知人我分别的感觉情意活动，而这一活动其实蕴涵著人我内外感通之善，这在道德实践境中已述。因此，感觉情意活动就是同情共感的善之流行，而无我与非我之分别执著。而这同情共感，是连于生命存在来说的，是人们原初具有的性情之善的表现；具言之，即是同情共感之仁，恭敬奉承之礼，平等待人之礼，清明能知之智。通过仁义礼智，人们在生活中展示出人我互动之善，而不必有分别之执。因此，儒家的顺成之教，因为采取顺观之法，因此能够正面地揭示出生命存在的历程性、非执性、感通性、超越性、美善性。

正因为儒家本着顺成之教，所以它能够打开生命存在初始时的仁心感通之机，并使之充润、成长、推扩以极其广大，成为天德流行之境。具言之，仁心感通的顺成生长，开始时体现在人伦中的孝弟慈爱之心。仁心表现在子对父、弟对兄的感通之中，则体现为孝与弟；仁

---

① 唐君毅：《生命存在与心灵境界》，台北学生书局2006年版，下册，第173—174页。

心表现在父对子、兄对弟的感通之中,则体现为慈与友。这都体现出生命存在自身通过相互感通的作用而不断超越的历程。通过仁心孝弟的作用,家庭关系在感通互动中养深积厚,并且外推至天地万物而极其广大、博爱普施。这种以人伦为基础的心灵感通的顺成之教,为基督教与佛教所缺乏者。总而言之,儒家人文之教的义涵就是人我内外的全幅感通。自内而言,是展示出生命原初的无执之善;自外而言,是植根于家庭人伦的孝弟慈爱之教;从而达致圆满的内外感通、天德流行。

综上,在论及形上境界特别是天德流行境时,唐君毅也是通过心与境的阴阳感通之理,以展示出儒家形上境的义涵的。在天德流行境中,人我的同情共感进一步连于真实生命存在,这揭示出心灵感通活动就是生命存在的超越性历程。另外,与前述论题一样,生命存在作为心境感通,其初也是先虚后实、先阴后阳,以显出生命创造在开始时所具有的超忘、虚灵之境,而其后则在此基础上显为一阴一阳、屈伸相感、进退相依的顺成自然的无尽过程。儒家能够于此著眼,故能对生命存在有着真切的肯定,而同时亦能避免佛家所说的俱生我执与分别我执等问题;并最终打通仁心感通之机,成就天德流行的人文之教。

五、总结

本章主要概述和疏解出唐君毅晚年"心灵九境"的哲学系统,蕴涵了"一阴一阳之谓道"的阴阳感通的线索与机制。这一线索与机制是《周易》特别是《易传》哲学的精神与精髓所在。首先,本章总结出"心灵九境"的内在结构及其基本特色,同时也揭示出心灵活动的感通机制之两步,从而显豁出唐氏哲学思想的根据就在于《周易》的哲学。其次,本章分析了唐君毅论个体与因果两个知识论的问题,呈现出唐氏以"性相相依"论真实的常在个体性的建立,以"因化果生"论真实的因果性的建立,都是在对《周易》的阴阳感通之道的诠释与发挥的基础上落实下来的。再次,本章还总结了唐君毅对于"道德实践"问题的哲学论证,指出道德实践之境的不断升进,也是心灵的阴阳感通作用的体现。特别是道德心灵在面对问题境的时候,道德心灵自身会形成一种辩证的作用,使其自身的道德性化显为隐、自实归虚,以便于心灵对此问题境作如实疏导与处理,而当此问题解决与疏通之后,此心灵则重新回复至道德性的心灵,并实现其道德心灵的扩大超升。由此可见,在唐君毅看来,道德实践的升进过程,也是通过阴阳感通的线索与机制而实现出来的。最后,本章还概述了唐君毅对"心通九境"中的形上境特别是儒家天德流行境的论述,揭示出唐氏认为儒家天德流行境的殊胜之处,乃在于儒家认为生命在其原始时,初可不陷入如佛家所说的俱生我执与分别我执,而通过生命之能容让他物、超忘前生的作用,显为生命的先天的空寂性与虚灵性;其后生命之自空寂而创生,乃不断地显为一屈伸相依、阴阳相感的无尽的善之历程,而成就出天德流行之境。据此,儒家天德流行的形上之境,也是通过《周易》"一阴一阳之谓道"的阴阳感通机制而呈现出来的。

由此可见,唐君毅的哲学思想与其易学思想构成了一种内在的互动关系。换言之,唐氏的哲学思想就是他的易学思想,他的易学思想就是他的哲学思想。另外,在现代新儒学中,马一浮的易学思想最能与唐君毅的易学思想相近相通。马氏是通过"寂然不动,感而遂通"的寂感之道,呈现出其六艺论的意义机制与文化哲学的。而唐氏则是通过"一阴一阳"的次第交迭的心境感通作用,而展示出其通贯知识思辨、道德实践、形上境界三个层面的心灵九境的哲学系统的。两者皆以"感通"为其易学与哲学思想的核心,并且皆以文化哲学与人文之教作为其感通哲学的归宿。可见,在现代新儒学的谱系中,马一浮与唐君毅具有思想上的相承性关系，两者可以构成现代新儒学的"心性—人文"一系，而与熊十力、牟宗三的"心性—思辨"一系构成对比。当然，马一浮与唐君毅的易学思想也各自的特色。作为第一代新儒家，马一浮的易学与儒学思想多通过"体用"的角度而表出，而唐君毅则已经意识到通过"体用"的范畴容易流于笼统和宽泛，因此他并不特别地继承其前辈的思想风格与立场，而通过中西哲学的多种具体问题，显出阴阳感通之线索机制的意义与价值。

第七章　感通与阴阳——唐君毅《周易》研究述要

本书第六章已就"心灵九境"的哲学系统所蕴涵的《周易》之维作出具体探析，揭示出整个"心灵九境"都是通过"一阴一阳之谓道"的阴阳感通机制而呈现出来的。而这一章则要指出，唐君毅也是通过"一阴一阳之谓道"的阴阳感通机制，以对《周易》经传的思想作出系统的研究的。大体地说，唐氏的相关研究主要集中在他的《中国哲学原论》中。其中，《中国哲学原论》的《导论篇》详论太极之蕴，《原性篇》畅发乾坤之道，《原道篇》则呈现神明之知与易学历史。[①] 笔者认为，唐君毅的相关研究可以让我们通过一个独特的角度和视野，深刻理解《周易》经传思想的形成与演进过程，以及《周易》经传中所蕴含的意义与价值。据此，本章分五方面对唐氏的相关研究做出梳理：（一）卜筮与感通。这一节概述唐君毅是如何揭示出《周易》从卜筮之书转化为德义之书的内在脉络与动态过程的。（二）观象与修德。唐氏阐发出古人通过观象而体知到天地万象是相互感通的，并由此体知到人们应从物象感通之理中引申出修德的工夫。（三）天道与人性。他通过人的修德过程以及神明之知，阐发了天道与人性的内在互动关系，这当中也包含了阴阳感通之理。（四）相继与相感。

[①] 按：比较系统地梳理与总结唐君毅易学思想的论著，参见赖惠姗：《唐君毅之易学研究》，台湾师范大学国文学系硕士论文，2006年。

在这一节中，唐君毅进一步揭示出以《易传》为代表的天道论形上学的内在结构与机理。（五）太极与生生。围绕太极的思想，唐氏从两个方面论证和呈现出其哲学性的义涵，从而扩发了《周易》的哲学意义与价值。下文分别作出详论。

一、卜筮与感通

　　《周易》的源头是卜筮，从殷周之际的周文王开始，直至春秋时期的孔子，《周易》逐渐从卜筮之书转化为德义之书。《周易》经传的差异性就体现出这一演变。马王堆帛书《要》篇也证明了这一点，此篇记载孔子语云："子曰：《易》，我后其卜祝矣，我观其德义耳也。"又云："后世之士，疑丘者，或以《易》乎？吾求其德而已。吾与史巫同涂（途）而殊归者也。"[1]孔子在这里明确指出他之所以重视《易》，是要观省并获得其中所含蕴的"德"或"德义"，而并非它的卜筮祝巫、求福获吉的功能。这体现出《周易》一书到了孔子身上，正式从卜筮之书转变为德义之书。学界对于这个转变当然有各种研究与解说，而唐君毅则贡献出一个现象学式哲学思路，以描述出这个转变的内在脉络。概括说来，他从四方面展开相关的论述：一、卜筮与寂感之道；二、卜筮与生生之德；三、卜筮与神明之知；四、卜筮与修德工夫。

　　首先，卜筮与寂感之道。唐君毅赞同孔颖达（574—648）、朱熹之说，认为《易》本卜筮之书，因此要理解《周易》，应先从《周易》的卜筮功能出发。他提示我们应该重视卜筮的功能，因为卜筮看

---

[1] 引自张政烺：《马王堆帛书〈周易〉经传校读》，张政烺著，李零等整理：《张政烺论易丛稿》，中华书局2011年版，第242—243、241页。

似小道，但其中含有超越卜筮的道理。这里的关键是龟筮的无情、无思、无知的特质。古人求助于无情的龟筮死物，似乎是很无谓，远不如求助于神巫、天神等。但唐君毅认为，正因为龟筮无情无思，所以占筮的人也能够忘记自己的有情有思，虚心地与龟筮一起进入一个无思无为之境。因此，当未卜之时，《易》之书只是无思无为之书；而《易》中所含有的卦爻及其所象事物（它们共同体现为天地万物之全体），因为尚没有定数、定象，所以也全体归于无思无为。在这时，人心因为也处于无思无为之境，所以能够范围、包涵天地万物全体之理，与之同归于寂然。而当卦爻既定、占辞呈现时，其辞所象的事物便从寂然之境中显露出来，占筮者从此可以占断吉凶。这时候，卦爻、事物、无思之心便从无思无为的状态中显发出来，成为有思有为。通过这个过程，占筮者体认到人心与天地万事万物其实都是"由寂而感，由无形而有形，由形而上而形而下"[①]。这就是《易传》所总结出来的"寂然不动，感而遂通天下之故"的内在脉络。对此，唐君毅有着精微而丰富的展示，其云：

> 吾人此时之心之无思无为，亦即如虚涵、虚载此一天地万物之全体，而范围之。此时在无思无为之世界中之天地万物，与此《易》之为书、及吾人之心，即皆同在一寂然不动之境。然当卦爻既定，则《易》之为书，显出其象象之辞，亦显出其辞所象之天地万物中之若干类之物，与物与物所结成之若干之事；而我即可由此若干之物象、事象以定吉凶，而知我之若干进退行止之道，亦降至于若干之思与为之境。是即可称为《易》之为书之"感而遂通"，亦我心之"感而遂通"。[②]

---

① 唐君毅：《中国哲学原论·原道篇》卷2，台北学生书局2008年版，第142页。
② 唐君毅：《中国哲学原论·原道篇》卷2，台北学生书局2008年版，第142页。

总结地说，占筮者通过占筮的过程，逐渐地体会到卜筮与天地之道是相通的，而两者之所以能够相通，是因为有寂感之道。通过对于寂感之道的体会与呈现，《周易》就逐渐从卜筮之书转化为揭明天地生成之书。①

其次，卜筮与生生之德。唐君毅指出，《周易》由卜筮而引生出寂感之道，而寂感之道则可以引出生生之德、阖辟之幾。占筮者由于体认到一切有思有为都从无思无为中生出，体认到天地万物经历了从形而上的无形，而到形而下的有形的生成过程。在这基础上，占筮者还进一步地体会出天地万物都是由幽而明、由明归幽、由阖而辟、由辟而阖的往来无穷、寂感相生的连续互动历程，并理解到这个过程是由象而形、由形而器的生生不息的过程。故云："此历程，即一生而又生之'生生之谓《易》'之历程，其中即见有一生生之道。此中之'由阖而辟'之相续之道，名曰乾道；'由辟而阖'之相续之道，名曰坤道。"②此外，唐氏还通过卜筮过程中所引申出来的"言行"与"形器"的关系，来说明生生之德的观念的形成。他指出，人之所以能够从卜筮中体会到这种天地生生之德，是因为卜筮是要从卦爻辞中决定未来之言行的。言行可以是人对自己、对他人、对形器事物的言行，而因为人的言行是无量无穷的，因此形器也是无量无穷的。同时，在卜筮中，人通过体知过往的言行事物而求体认未来的言行事物，在这个"藏往"、"知来"的过程中，人们逐渐体会到天地万物的远与近、往与来都是不止不息地相互交生、感应、变化的，而卜筮者的这个体认过程也让他体会到天地之间皆有着生生之德。

再次，卜筮与神明之知。唐君毅指出，从卜筮中，人们还可以体认出"神明之知"是有可能的。所谓神明之知，就是超出自身时空限

---

① 参见唐君毅：《中国哲学原论·原道篇》卷2，台北学生书局2008年版，第140—144页。
② 唐君毅：《中国哲学原论·原道篇》卷2，台北学生书局2008年版，第144页。

制之知，而能够感应、遍在一切时空之知。这种知具有不测性、神妙性，故称神明之知，也即无定限的心知。① 一般知识有其特定时空条件的限制，但神明之知则不为时空所囿。唐氏指出，人们之所以能体认出神明之知是有可能的，是因为卜筮的功能是从已知中求知未来，但这与一般所说的根据已知推断未知是不同的。后者是以已知者为根据的推知，而前者则是直接由卜筮而问于神明。具体地说，就是卜筮者先忘去我之所已知者，从而退藏于密，处于无思无为之境，以此问于神明。在这过程中，不同时空中的物象将交织在当下的时空中，从而让人们的心知化同于不受限制的神明之知。这种境界之所以能够实现，是因为人们体会到在任何时空中的物象，它们在本源上其实都遍在一切时空中。因此，通过卜筮的藏往知来的过程，人们将体认到神明之知之可能有。另外，唐氏还指出，神明之知即是感通之理的体现。在卜筮的过程中，人们体认到在特定时空的一物一象皆遍往来于一切时空中，从而诸物象相感应、交织、变动，而当人们的心知退藏于密，并进入这个感应流行的网络中去时，自我心知在自己的时空中也与一切时空遍在，感应无穷，从而达致有限而无限之知即神明之知。唐君毅说道："所谓对吾人现有之心知，于一定时空之所知者，一一皆视之为与其他时空之所知，为往来相通、相感应而变化者，即是视此吾人在当前时空之所知者，皆以远者与方来者，为其所应，而远者与方来者，亦以此当前时空所知者，为其所应。"② 因此，神明之知是以物象的无方的感应变化为基础的。物象感应变化而神则蕴涵其中，因此《周易》所说的"《易》无体"即神无体，"神道设教"即《易》道设教，无二无别。③

---

① 参见郭齐勇：《现代新儒家思想论纲》，《周易研究》2004年第4期。
② 唐君毅：《中国哲学原论·原道篇》卷2，台北学生书局2008年版，第149—150页。
③ 参见唐君毅：《中国哲学原论·原道篇》卷2，台北学生书局2008年版，第147—152页。

最后，卜筮与修德工夫。唐君毅进一步指出，达致神感神应、神明之知并非易事，因为人心具有执著的倾向，有执著就有限制。因此人必须着实下一番超化执著的工夫，此即《易传》所谓"神而明之，存乎其人"①。这种超越执著的工夫就是人要修德、进德、畜德、厚德。因为神明之知需要心知广大，心知的广大就是因为德性的深厚。一个人如果德性不深厚甚至失去德性，那么他的心志的关切就很小，导致执著而不能旷观，对于天地人生便不能感而遂通，从而陷入知得而不知丧、知存而不知亡的危困境地。他还认为，卜筮的本意是为了获知吉凶祸福而求得预防之道，从而趋吉避凶，但是在卜筮的过程中，人们由于体认到感通之理、神明之知，从而在趋吉避凶的基础上更进一层，认识到修德工夫更具本源性，由此从根上转化利害得失吉凶之心，而使之转化成为进德修业之心。另外，在唐氏看来，修德工夫越深厚，人们的心知就越广大，他就越能够体认到天地物象的感通变化之无定限性，并且知道感通变化之每一可能之实现都是一始点、始端，每一始端就是一"幾"。幾有一定的变化方向，这变化方向则可逐渐成"势"，故幾比势要本源。因此，德行深厚的君子具有神明之知，他不安于知势，而要知幾。所以《易传》并不说"知势"，而说"知幾其神乎"②。唐君毅对于"幾"、"势"的上述揭示甚为深刻，值得重视。③

唐君毅通过感通之理，从上述四方面内容，揭示出《周易》从经到传、从卜筮之书到德义之书的内在思想脉络，呈现出《周易》、中国哲学强调"生生之道"、"进德修业"、"穷神知化"、"即寂即感"等论题的根据所在。自古以来，人们对《周易》从卜筮之书转化到德义之书的过程，隐约有所知晓，或者直接认为这是孔子自己一人的转

---

① 《周易·系辞上》。
② 《周易·系辞下》。
③ 参见唐君毅：《中国哲学原论·原道篇》卷2，台北学生书局2008年版，第140—156页。

化之功，唐君毅则通过深入丰富的展示，揭示出《周易》从卜筮之书到义理之书的必然趋势与历程。言之有理，可备一说。同时，唐君毅以感通之理揭示出从卜筮到德义的历程，可以弥补、沟通易学史上"尚占"与"尚理"两个方向的对立。例如朱熹认为《周易》本为卜筮之书，而非德义之书，并以此批评程颐易学仅重视义理而忽视卜筮的作用。尚占与尚理两派有时几乎成对立之势。但如果我们参入唐君毅关于卜筮与感通的展示，则可以沟通起这两个方向，令其对立得到消融。换言之，即令尚占者知道卜筮与义理相通，从而不局限卜筮而排斥义理；又令尚理者知道义理的发明来源于卜筮过程的体认，从而不站在义理的立场而极端排斥卜筮。当然，唐君毅对于卜筮与感通的展示，是否一定切合思想与历史的实情，则并不是不可讨论的。本章对此不作深入辨析。

二、观象与修德

除了通过卜筮、感通而引申出修德工夫的内容外，唐君毅还指出《易传》强调修德工夫，其另一来源在于《易传》的作者体认到天地间的物象都是具有德性价值的。换言之，即天地间的一切"自然物"都蕴含着形上之道。既然自然物蕴含着形上之道，因此君子就不仅通过卜筮而获得神明之知、进德修业，而且也应该通过仰观天文、俯察地理、近取诸身、远取诸物的过程，丰富修德工夫，深化德性修养。

首先，唐君毅研究认为，在先秦儒家经典中，《易传》首次系统论说天地雷风山泽等自然物是涵具德性之物，《易传》并由此扩展出人们随处、随时可以自修其德之义。他指出《论语》《孟子》《乐记》《中庸》等著作或篇章，虽有相近的零散称说，但提出直接法天地万物之德以为德，则是《易传》的贡献。这里，唐君毅似乎并不认为

《易传》与孔子有直接的关系。就此而言，唐君毅实与牟宗三的观点相同，即《易传》成于孔子之后。因此唐、牟二人与熊、马的观点不同，熊、马都认为《易传》直接体现孔子思想。不过，《论语》中孔子不言、少言的内容，并不一定意味着孔子在其他地方也不言、少言。唐君毅也曾引用过《礼记·孔子闲居》篇中孔子"天有四时，春秋冬夏，风雨霜露，无非教也。地载神气，神气风霆，风霆流形，庶物露生，无非教也"的话，以引申《易传》天地自然涵具德性的说法。因此，要界定并确认孔子与《易传》的关系，学界尚需一段时间的探讨。①

其次，唐君毅展示出物象具德的内在根据。唐氏哲学思想的胜场在于善"观"。在唐氏哲学中，观与感通有关，观是感通的某种延伸；通过观的作用，感通自身得到延伸与超升。唐君毅指出，对于天地间的诸种自然物，可以物眼观，也可以道眼观。以物眼观自然物，就只能见到自然物的形器，以及它在特定时空中的种种数量等。以道眼观自然物则能更深入一层，它是一种涵摄以物观之的究竟的观法，这种观法可以体知到自然物皆一一涵具德性。当人们以道观物时，人们通过神明之知而观照到物象与物象皆相感互通，同时也体认到物象与物象都是在两相对比的过程中相感互通。例如天与地、水与火、雷与风、山与泽。天地间物象的两两对比、相感、互动、交织、交生，成就出天地生生不息、继生继成的意义之流。在这个交感互通的意义流中，仁义之德也涵藏其中。通过感通，每一物象的终成，必有他物继之而生始。它的终成就是自己限界自己，这就是"义"；它令继承它的物象得到生始，这就是"仁"。因此，仁义之德就体现在天地万物感通的意义之流中，《易传》所谓天道"显诸仁，藏诸用"②就是此

---

① 参见唐君毅：《中国哲学原论·原道篇》卷 2，台北学生书局 2008 年版，第 166 页。
② 《周易·系辞上》。

意。唐君毅阐发道：

> 在此物之感应历程中，每一物呈其用于他物，以生他物，即有其生物利物之功。一物之死而终，必有他物继之生而始，则其终即是其自己限制自己之"义"，以使继之者，得生而始，以见其"仁"者。则仁义之德，亦即藏于物之生物之用之中，而显于其所生之物之中，故曰"显诸仁，藏诸用"。①

最后，唐君毅指出《易传》强调人应该通过物象交感而修德。人受天地之和气以生，则人本源地涵具着天地所赋予的德性。人们如果不本着自私局限之心，以局限在天地所给予我的功用上，而是本着德性，以道眼遍观天地万物的感通变化的时候，那么就体认到万物感通无不是天地流行的体现，体认到天地神明无所不在的神妙万物之境。以此为基础，《周易》经传对六十四卦的说明，就是揭示天地间自然物皆涵具德性并且互相感通，而人们本着自身德性，则可以随时随处本着自然的各种德性而做出相应的德行修养工夫，从而可以在观乎天文以察时变的过程中观乎人文以化成天下。另外，唐氏指出，因为天地间物象是相互感通的，所以同一个卦可由不同的卦象体现出来，但人们应该由此可见其德之同，而忘其形之别，以使自己从繁赜的万事万物中观其会通，得其德义。总而言之，天地之间并没有无德行意义的纯粹自然物，而只有万物交感相融的天德流行。唐氏说：

> 由此而人在观自然界之物之相感，或想像自然物可能有之相感时，皆可一面见自然物之德之凝聚，一面自求有其德行，与之相应；而后一切自然界之事，无不启示人一旦有之德行，

---

① 唐君毅：《中国哲学原论·原道篇》卷 2，台北学生书局 2008 年版，第 162 页。

而亦无不显为一有德行意义之自然，亦无德行意义之纯粹之自然矣。①

因此，在唐君毅看来，人生天地之间，不可以也不能够逃避修德工夫，逃避做一个有德性的人。正是《易传》的上述揭示，人们不但可以通过《诗》《书》《礼》《乐》等修德，而更可取法自然以修德，观乎天文以增进人文。②

综上可见，唐君毅通过丰富深入的阐释，展示出中国哲学强调天人合一、肯定人能取法天地万象以修德，其根据就在于天地万物之互感互通，而天地万物之感通过程乃涵具德性之蕴，此天地万物的德性之蕴则是人道的德性的来源。历代以来的易学家与哲学家都有唐君毅的上述洞见，却很少像唐君毅一样作出这样丰富曲折的阐释与展示。

三、天道与人性

在唐君毅看来，感通之理不但蕴含在卜筮的过程中，也不但体现在天地间的物象形器中，而且也体现在更具本源性的天人性命之际。《周易》通过卜筮、观象的行为而转化到对德义的强调，这势必会令《周易》进一步探究德义之源。而德义之源则是与天人性命等问题关联在一起的。"天人性命"是《易传》中最精微深入的内容。而我们如果要体认天人性命之际之理，则需要分析出"继"、"善"、"道"、"性"、"命"等论题及其关系。按《易传》中关于这些论题的揭示，

---

① 唐君毅：《中国哲学原论·原道篇》卷2，台北学生书局2008年版，第165页。
② 上述内容参见唐君毅：《中国哲学原论·原道篇》卷2，台北学生书局2008年版，第160—169页。

如"一阴一阳之谓道,继之者善也,成之者性也"①、"穷理尽性以至于命"②、"乾道变化,各正性命"③、"《乾》知大始,《坤》作成物"④、"成性存存,道义之门"⑤等等,其辞虽简,其义则深,需要后人作出展示与落实。而唐君毅的展示和阐释,则相当丰富且具启发性。为何《易传》先说"道"而后说"善"而后说"性"?为何《易传》能提出"乾坤"、"阴阳"等观念?"乾坤"与"性命"的关系何在?对于这些问题,唐君毅则为之一一界说。

首先,由修德过程而体知"道"、"善"、"性"。唐君毅指出,在探讨天人性命的关系上,《易传》与《孟子》《中庸》的进路不同。孟子由人性而天道,通过心性体认出天道;《中庸》则由圣人之至诚无息,体认出天道化育之至诚无息。而相对之下,《易传》则由天道而进至人性,由"道"而后"善"而后"性",并且通过乾坤、阴阳并举的方式将这个系统落实下来。在这基础上,唐君毅进而探讨《易传》之所以有这种进路,是源于人的修德过程。人的德性生活要求自己的心性纯一无间、相续不已、自诚而明,所以这是一个"善善相继"⑥的过程。而通过善的相继无息,德性得以成就。《易传》有取于此,由修德过程中的继善成性之关系,而推扩、体知到天地宇宙、天道变化也是继善成性的,因此"人在道德上继善成性之关系,有所取证,然后可以此言说客观之宇宙中二者之关系也"。⑦同时,天道之善的相继,是有生有成的。其生者称为"阳",其成者称作"阴",天道的生成相续无间,也即一阴一阳不已之道。据此,《易传》确立

---

① 《周易·系辞上》。
② 《周易·说卦》。
③ 《周易·乾·彖》。
④ 《周易·系辞上》。
⑤ 同上。
⑥ 唐君毅:《中国哲学原论·原性篇》,中国社会科学出版社 2005 年版,第 47 页。
⑦ 同上。

出善之相继之所以可能的形上根据所在。另外，唐君毅还强调，天道、继善、成性并非三个阶段，而是相通互涵的一体流行过程。

其次，由神明之知而肯认乾坤之道。天道、继善、成性可通过修德工夫体知出来，而《周易》中"乾坤"的观念则可以通过神明之知而肯认出来。唐君毅指出，"阴阳"在开始时指的是一切形象的往来相继状态，而不一定是一阴阳之气。一阴一阳的相继，就是指一切形象之物的往来隐显不穷。而"乾坤"则指阴阳之德、阴阳之道，也即使得一切形象之物往来隐显的德性。但阴阳可见，乾坤无形，古人是如何由有形而体知无形的？唐君毅认为，这赖有神明之知。神明之知具有藏往知来的品性，神明之知能够观照并默运于往者、来者、有形、无形之间而出入无碍，因此人们逐渐体会到一切形象，乃奠基在无形象的形上之道上。正是这具有实际作用的无形象的形上之道，才使得阴阳形象生而显、成而隐，而这形上之道便是乾坤之德。因为形上之道具有实际的顺往、迎来的作用。迎来而顺往，使往者善终，这是《坤》之德；顺往而迎来，使来者善始，这是《乾》之德。于是乾坤之德便肯认出来了。唐君毅阐发道：

> 人能通观此往者与来者，即见往者来者，皆运于有形无形之间，而由无形以之有形，又由有形以之无形；遂可见一切形象，实乃行于一无形象之道上，或形而上之道上，以一屈而一伸。此无形之道，又不可只说为虚理之道，而为一能使形"生而显，成而隐"之有实作用之乾坤之道也。①

最后，论乾坤与性命的互动关系。前文论述唐君毅由修德过程而体知"道"、"善"、"性"及其关系，这里他指出"道"是范围天

---

① 唐君毅：《中国哲学原论·原性篇》，中国社会科学出版社 2005 年版，第 50 页。

地宇宙的乾坤之道,"性"是本于人心的人之性命,而古人则已经知道乾坤与性命具有互动互观的关系。一方面,从性命出发,我们可以通过因性命而生起的神明之知,而体认到天地宇宙的乾坤之道,其实都是内在于人心性命的。因此人们穷通天地宇宙之理,其实就是自尽其性、自至其命,此即《易传》所说的"穷理尽性以至于命"①。另一方面,从乾坤出发,我们可以体认到乾坤之道的变化生生,使得性命亦自生自成自正,从而让人们自悟到不能够以心性为私有,局限在自身的天地中,而要体会到天地宇宙的乾坤流行是我们心性之本,此即《易传》所说的"乾道变化,各正性命"②。同时,上述两种观法是互为根据、互为其本的。由人知天,由天知人,其实都可以归为天人合德、乾坤与性命相通无碍之旨。唐君毅指出,这是儒家的圆教,也就是他在《生命存在与心灵境界》中说的"天德流行境"。③

天人性命之际是《周易》哲学最深微的论说。《周易》经传特别是《易传》对此有着简易深入的揭示,但其个中环节与脉络,则有待后人探幽发微。唐君毅的上述展示,大大地推进了这个工作,让其环节与脉络得到较充分的呈现。同时,唐氏关于道与性的论述,其实也与感通之理相关。由修德过程而体知"道"、"善"、"性",由神明之知而肯认乾坤之道,都体现出修德、神明与天道流行的感通互动关系。同时,乾与坤、阴与阳、天与地、神明之知的藏往与知来、天道流行的迎来而顺往,都体现出一种本源而圆融的屈伸相感之理,也即《周易》所说的"二气感应以相与"、"天地感而万物化生"④。这种感通之理,多已具有存在论与形上学的性质。换言之,感通即存在,存

---

① 《周易·说卦》。
② 《周易·乾·彖》。
③ 上述内容参见唐君毅:《中国哲学原论·原性篇》,中国社会科学出版社2005年版,第46—52页。
④ 《周易·咸·彖》。

在即感通，天地人生、万事万类，无不奠基在感通之理的基础上。当然，唐君毅上述关于感通的阐发，是凭借着哲学史、易学史的研究而引申出来的，因此尚未具体、完整、系统，感通之理的个中环节也未能充分阐发。这个工作在其晚年巨著《生命存在与心灵境界》中才得到充分的落实。

四、相继与相感

上一节简述了唐君毅揭示出古人是如何通过修德过程、神明之知，而体知到阴阳、乾坤、天道、人性等义涵的。而阴阳、乾坤、天道、人性诸义的互动互摄，则构成了儒家独特的天道论形上学。在另一个地方，唐氏进一步具体展示出这种天道论形上学的内在机理，这一内在机理可以通过《易传》所提出的"相继"与"相感"二义来作出概括。

唐君毅认为，儒家的形上学是一种天道论的形上学，这种天道论形上学的最大特色是重视生生与变易，重视生生与变易，那么就是体现出儒家的天道论形上学"重有"与"即物"的特点。儒家重视生生与变易的天道论，其特殊性在于其与西方哲学的现象主义与实体主义两者皆有不同。实体主义也强调和重视"有"，但这个"有"是现象之上的不变的"实体"或"太一"，但儒家的生生与变易之"有"则是与当前之生生变易之现象不离不违的动态之"有"。与实体主义不同，现象主义则认为世界只是现象或事状的连续流行而已，此外别无他物他事，但儒家的生生与变易之说，则是要指出天道的生生变易的无尽过程，是其内在的生生之德、生生之性、生生之仁、生生之元的体现，无此德、此性、此仁、此元，则生生与变易难以实现出来。那么，儒家的这种双向超越现象主义与实体主义的生生与变易的天道论形上学，是从什么地方孕育出来的呢？唐君毅指出，这是从儒家的纵观现象之相继相成的观法而来的。

　　唐氏指出，儒家重视生生之德之性，而这里的德或性并非侧重在对一物之"相"也即其性相或性质如色声香味、方圆长短的理解与认识上，而是侧重在此物之"用"上。这个"用"就是形、器、象、物所体现出来的功能与作用。儒家之所以侧重在物之功用而不侧重在物之性相，是因为儒家观物象从未形到有形、从幽隐到明显，再观其从有形而复归未形、从明显而复归幽隐，然后又观其从未形再化为有形、从幽引再化为明显，则可以看到物象是不断地灭故生新、相连相续、相继相承的一阴一阳的积极流行过程，而这其中则蕴含着天道大化的功能性作用，此功能性作用也即生生之德、生生之性。唐君毅说：

　　　　水之性，不在其上正显之波纹，而在其能润泽他物，以使他物生长，而亦易其形。故所谓物之性，实只由物之呈其所能或作用而见。而凡物之呈其所能与作用处，无不有化于物之旧形，而有成于物之新形。其有化于旧形之处，即旧形由之而入，而隐，此即名之为阴。其所有成于新形之处，即新形由之而出，而显，此即名之为阳。然此有化于新形，与有成于新形之二事，恒相续无间，而更迭以起。故阳之后，继之以阴，阴之后，亦继之以阳。……在此生生不息之历程中，由阴之必继以阳，则见阳之不屈于阴，而恒能自阴再出，以成相续不断之阳。此之谓阳性至健之乾德。而阴之恒承阳而起，固为使显者隐，使出之物返于所自生之本而归藏，然此亦即为物之生而又生之所本，所以顺成继起之生者。此之谓阴性至顺之坤德。而就此阴阳相继，以使万物生生不息言，则见善之相继流行。至就阴阳乾坤之德，似相反而实相成，以生万物，并使万物各有其生之性，而为万物所以生之根原或"元"言；则此"元"，当称之为"乾元""坤元"。此二者之相反相成，似二实而不二，即名之为太极。于是元为善之长，即善之相继之本也。故《易传》曰"大哉乾元，万物资始"，曰"至哉坤元，万物滋生"，又曰"一阴一阳之谓道，继之者善也，成之者性也"，又曰"《易》有太极，是生两仪（即乾坤阴阳）"。①

这一段相当精辟地揭示出儒家自其纵观物象的无尽流行，而重视此流行所蕴含的功能与作用，此功能与作用即是生生之性、生生之德、生生之理。同时，儒家对于物象之流行的纵观，是观其不断地幽显相继、明隐相成、屈伸相感、新旧相易的相继相成的变化，而如果我们将此物象之相继相成的变化过程，而与其之所以能相继相承的功能作用也即生生之性、德、理关联在一起，则可以体认出幽、隐、屈、旧的一面是坤阴，显、明、伸、新的一面是乾阳，因为坤阴与乾阳具有功能性的作用使得物象相继相成，变易生生，因此坤阴又称作坤元，乾阳又称作乾元，乾坤二元因为是相继相成的连续一体的关系，所以二元即是一元，统而为太极一元。太极一元是万化流行、继善成性的功能与作用的渊薮所在。据此，唐君毅将《易传》中的各种名词，通过儒家的相继相成的天道论形上学而使其各自的义涵得到充分的落实。同时，以此物象之相继相成、变易生生为背景，唐氏还指出《周易》八卦以三爻表示的原因所在。这是因为，古人观一物象，体知到其自身是生生流行过程中的一物象一阶段而已，此物象之前，是生此物象者；此物象之后，则是此物象所生者。这当中即蕴涵着初、中、终的三环节，故八卦中每一卦皆以三爻表之。据此，我们于卦之三爻亦可体知到物象的相继相成的生生之德。

---

① 唐君毅：《哲学概论》，台北学生书局 2005 年版，下册，第 63—64 页。

另外，唐君毅又指出，物象流行的相继相成之义，其实只是儒家的天道论形上学的其中一个向度。因为这只是对物象的纵观，而我们其实也可以对物与物、象与象、形与形进行横观。乾坤阴阳的一阴一阳、相继相成、流行生生是纵观，而乾坤阴阳的阴阳对待、分阴分阳、交生错综则是横观。纵观是观其流行性、相继性、变易性，横观是观其定位性、错综性、交易性。唐氏认为，此种对物、象、形的横观，使得人们将乾坤阴阳的关系理解作相感相应的关系，而非由纵观所得出的相继相成的关系。其云：

> 凡感者皆阳，应者皆阴。施者皆阳，受者皆阴。主动自动者皆阳，静而被动随动者皆阴。此是横的阴阳，即朱子所谓定位的，对待的阴阳之义。此中之两物，其一居阳位，一居阴位，一主动，一被动，似相对或二；然其由感而通，而应，自此感通或感应之际上说，仍是一个。于此亦可见太极。①

唐氏另指出，人们通过这种横观乾坤阴阳之相感相通的观法，还可以引申出五行相生相尅之论。我们横观乾坤阴阳的相对性，一方面可以观其感而遂通的状态，另一方面也可以观其感而不通的状态。前者为相生的关系，后者则为相尅的关系。不过，相生与相尅二者之间，是要以相生为根本意义、第一义，相尅为次要义、第二义的。这是因为我们各观每一物一象一形，皆是生生相继的；而当我们将两个相对的物、象、形交并在一起而观，则有相生相尅之可能。例如我们将桃杏两粒种子放在同一养料中栽培，那么桃杏二物可能因交会而发生冲突；但当我们将它们分种二处，则各自生生相继而可以无相尅相冲的关系。据此可见，相生是要较相尅为原本一些，天地万象万物皆

---

① 唐君毅：《哲学概论》，台北学生书局2005年版，下册，第64页。

是在相反而相成的动态关系中不断生生流行的。另外，唐氏指出，人们观乾坤阴阳的相生相尅关系，则很容易得出五行之说。我们取任意一物一象一形，视之为一，其后观其生之者、所生者、尅之者、所尅者，则最终成为五事。这就是古代阴阳五行之说的来源。他还指出，古人观阴阳五行的相尅相生的关系，不重在观前后现象之互异，而是受到纵观物象之相继相成的习惯的影响，侧重在观物象之能超化其之前所呈现出来的形象而生出新的形象的功能与作用，也即前述所谓生生之德、生生之性、生生之仁、生生之元。由此，横观的乾坤阴阳之相感相应的进路（包括自其所引申出来的阴阳五行之相生相尅），与纵观的乾坤阴阳之相继相成的进路，形成了合流，并构成了《周易》哲学所显出的天道论形上学的基本结构与内在机理。[1]

最后，唐君毅同时认为，物象的相继相成，与相感相通，此二者也有本末体用之别。他认为先有物象之相感相通，然后才有物象之相继相成，后者自前者而来。例如鸡卵如果没有雌雄的交配则不能孕育出生机以孵化小鸡，万物万象如无感应施受则不能化育流行。笔者认为，唐氏的观点是合理的，《周易》谓"天地感而万物化生"[2]，无感则不生，这是《周易》经传所揭示的重要道理。我们可以将本节中所概述的唐君毅论相继与相感之义，通过图表表示如下：

| 基础 | 横观 | 物象之相感相应 |
| 引申 | 纵观 | 物象之相继相成 |

在现代新儒家中，最善于揭示出儒家的天道论形上学的思想家，恐怕要数熊十力与唐君毅二人。而两人对此天道论形上学的阐发有同有异。两者的相异之处在于熊氏是通过翕辟成变、乾元性体二义，以

---

[1] 上述内容参见唐君毅：《哲学概论》，台北学生书局2005年版，下册，第58—71页。
[2] 《周易·咸·彖》。

显出宇宙本体的健动生生之德；而唐君毅则通过阴阳继成、阴阳感应二义，以揭示天道的变易流行之蕴。而两者的相通之处，则在翕辟施受之义其实即是阴阳感应之道，而翕辟成变的效验即是万象之流行生化，此即阴阳继成之理。

五、太极与生生

唐君毅认为，无论是横观物象之相感相应，还是纵观物象之相继相成，最终都可以体认出太极或乾元为生化之本源。这是因为，物象之相感，表示两物并非二元，而具有一体性；物象之相继，表示乾坤阴阳之德似相反而实相成，二元亦只是一元。因此，在乾坤阴阳之外，另可提出与阐发"太极"的思想，以作为对乾坤阴阳之义的统摄。事实上，"太极"的思想也是《周易》特别是《易传》哲学中的重要论题，而历代哲学史特别是宋明理学又相当重视对"太极"之义蕴的阐发与辩论。据此，唐君毅对于"太极"一义，也有深入系统的探讨。根据笔者的理解，唐氏对于"太极"之论的辨析，集中在两方面，一方面他论证古人一开始就揭示出太极为天地最原始的真实，这种揭示可以避免独断论，而保住其具有严肃的哲学意义与价值；另一方面，他全面深入考察宋明理学中的太极之论，将太极界说为一统体之理或生生之理，以批评今人将太极归为形式之理之说。下文分别述之。

首先，《周易·系辞上》有"《易》有太极，是生两仪，两仪生四象，四象生八卦"的说法。这一说法一开始就提出一个"太极"，以作为天地万象万物之原始。而后来到了宋代周敦颐的《太极图说》与《通书》以及张载的《正蒙》等，则直接将无形无象之"太极"、"太和"视作有形有象的万物之本源。例如《太极图说》开篇便说：

"无极而太极。太极动而生阳,动极而静,静而生阴。静极复动。一动一静,互为其根,分阴分阳,两仪立焉。"[1]这与上文所引《易传》的文字在义理上有相承的关系,但在表达上又有所不同。对此,唐君毅的思考是,我们凭什么在一开始就要点出太极是最原始的真实?这样不会陷入一种哲学上的独断论吗?唐君毅在自己设问之后,试图给出一个深入的理解,这就是通过辨析儒佛两家对现象的观法的不同,而对这一问题作出疏通。他认为,周敦颐标立太极,这体现出对现象流行的一种儒家式的观法,这种观法与佛家的观法不同。儒家式的观法是对现象界进行连续的顺观,佛家式的观法是对现象界进行去执的空观。佛家的去执的空观是这样的:当我们观一草或一木之缘芽生叶、缘叶生花的时候,我们观见芽中无叶,叶中无花。所以,现象是不从他生、不从自生,而是缘生性空的,因此我们不可执著现象有实性。可见,佛家侧重在去除人心对现象的执著,例如佛家认为人的心念往往先见到芽而执著在芽之后,然后见叶、花的生起,从而形成一种从芽生出叶的执念。但是,有一种观法,既可以没有虚妄的执念,而同时又可以真正地观体现象界,那就是顺观现象的连续流行。这就是儒家的观法。换言之,就是我们可以既不执著在芽、叶、花,而顺观草木的生长,便会感受到芽、叶、花是不断地连续流动的;我们再将视野放到天地间的一切现象,就会体知到天地间的一切宛如自天外飞来,也即自无尽无极之境飞来,而流行至无尽无极之境。品物流形,生生不息。这一天地原始的无尽无极之境,我们可以理解作无形无象的原始的真实。此原始的真实似寂然而实健动,能够表现为大化流行,所以是真实之有或无形之有。此有可称作"太极"、"乾元"或"诚"。而周敦颐标出"无极而太极"之说,则正体现出宋明理学

---

[1] (宋)周敦颐:《周敦颐集》,中华书局2009年版,第3—4页。

自觉地与佛学的观法拉开距离，同时也可避免哲学上的独断论。[1]

其次，太极之说，至宋明理学而更转精微系统。唐君毅总结认为，"太极"一名可以有七种义涵。换言之，太极可以表示为现象之总体、混沌之元气、天地之创造者、虚无之异名、全有之别称、一一特殊个体有其各自的原因与理由、生生之理或生生之道。唐氏指出，第七义即生生之理或生生之道，方是《易传》哲学下逮至宋明理学言太极之真义。在宋明理学中，最重视并善于言生生之理之道的哲学家是朱子。因为"朱子之所论，既近承周、张、二程之言生生之理生生之道，远本于《易传》之言生生之《易》，与《中庸》之言天之生物之道，而亦摇契孟子之言'生则恶可已也'，与孔子之言天道之见于'四时行百物生'之旨"[2]。他又指出，朱子以生生之理之道阐发太极之义，不但渊源有自，而且还善于通过理与气的关系，将太极之作为统体之理的义涵表出，同时又将太极之作为统体之理与太极之作为生生之理融合起来。唐氏将朱子太极之论与西方哲学形上学关联起来，指出太极之为生生之理、统体之理，并非西方哲学中的形式之理，也即强调事物之形式构造相状的理，而是相当于所谓实现之理、实现原则，但这种实现之理、实现原则有其自身的特色，其特色在于此理所创生的具体事物，是生生不穷之事；此理侧重在感通性、功能性、创生性上，并强调具体的万事万物如何如何得生得存得继得成，故称为生生之理。

另外，朱子以理气阐发太极之蕴，其所说的理除了与西哲的形式之理不同之外，其所说的气也与西哲如亚里士多德所说的质料不同。质料之说，指的是一物之质料可以通过变更此物之的形式而转为他物的质料，而在这个过程中，物的质料仍是其自身，也即质料有其定

---

[1] 具体内容参见唐君毅：《中国哲学原论·原教篇》，中国社会科学出版社 2006 年版，第 30—33 页。
[2] 唐君毅：《中国哲学原论·导论篇》，中国社会科学出版社 2005 年版，第 282 页。

质。但气的义涵则不同。朱子论气,指出气是依生生之理而生生不穷者,因此气可以称作"动态的有",这大概相当于真实的存在之义。气可化而为物,而当气之化而为物的时候,气是从无形质之有,化而为有形质之有;同时,气也可自有形质之有,退藏于密,从显归隐,再化而为无形质之有。这种气的生生化化、相继相成的无尽历程,其实就是《易传》的"一阴一阳之谓道"的另一种表述而已。而在气之流行生化的过程中,自然有理主宰通贯乎其中,作为生生之理、统体之理、实现之理。这样,气之一阴一阳、相继相成的无尽流行过程才得以保证和实现出来。总言之,唐君毅是要反复强调太极之理为生生之理,此理之生生,乃通过气的从无形而显为有形、从有形而复归无形的动态的流行生化过程而体认出来。这样的一种气论便与西哲执著在形相上的质料之说构成对比,前者可以统摄后者。唐君毅由此指出说:

> 则各物之依其功能作用,而互相感通变化之历程,亦即各物之广延性之互相延纳、互相摄入而归于超化之历程。而此万物之互相感通变化之历程,即不得只说为合以成——具无限形体之世界,而只当说为合以成为"无数之形体由有形而互相延纳摄入其形相,超化其形相,以成无形,由无形而再流出有形之世界"。此在中国名之为一大化流行,以气化为本,而不以形相为本之自然世界观之深义。①

综上,本节梳理了唐君毅对于"太极"一义的两方面的阐发,通过他的阐发与论证,特别是他对朱子太极论的辨析,"太极"思想及与此相关的"理气"之说,可以被理解作生生之理、统体之理,并

---

① 唐君毅:《哲学概论》,台北学生书局 2005 年版,下册,第174页。

体现出儒家乃至中国哲学的独特的观法。这一观法具有严格的哲学义涵,并且与其他观法以至西方哲学的相近观念做出对比。

六、总结

本章将唐君毅《周易》研究的大体思路与观点作出基本的梳理。总的来说,唐氏对于《周易》的研究,是哲学式的研究,也即阐发《周易》特别是《易传》中所蕴涵的义理与哲学。而他的《周易》研究则是与他的"一阴一阳之谓道"的感通哲学相为表里、相互丰富的,因此他的《周易》研究也可以通过"阴阳感通"或"感通之理"作出概括。围绕感通之理,唐氏作出了大约五方面的研探。第一,在《周易》为何会从卜筮之书转化为德义之书的问题上,他指出古人通过卜筮过程而引申出寂感之道,再由寂感之道而引申出生生之德、神明之知、修德工夫。第二,除卜筮外,《周易》还通过观象而修德,通过观象而体认到天地万物皆含蕴德义、具价值性。对于这个问题,唐君毅也是通过对感通之理的展示而揭出其内在过程的。第三,《周易》还含有关于天道与人性、天人性命的论述,唐君毅疏通了人的修德工夫、神明之知与天道、乾坤、性命的内在关系,并展示出这些内在关系包含着感通之理。第四,唐君毅进一步揭示出以《易传》为代表的天道论形上学的内在结构与机理,指出横观物象所成的相感相应之义,与纵观物象所成的相继相成之义,及这两者的互动交摄,构成了儒家式的天道论形上学的基本义涵。第五,无论是物象之相继义还是物象之相感义,都可以导出万象万物之大化流行,其根源皆在于太极。围绕太极的思想,唐氏从两个方面论证和呈现出其哲学性的义涵,从而扩发了《周易》的哲学意义与价值。

综合上述五方面,我们可以体会到唐君毅在中国哲学史研究上的深厚的洞悉力、穿透力、辨析力。中华文化思想,举其至要至大者,可以"天人合一"、"以德配天"两方面概括之。而这两方面思想则是内在相通的。天人合一要通过以德配天体会出来,以德配天则必然引致天人合一。因此这两方面又可以融合起来,表述为"天人合德"。同时,我们很容易发现这两方面思想都源自《周易》。但关于《周易》是如何引申出这两方面思想这一问题,历来体会者多,探析者少。唐君毅则通过将卜筮、观象与感通进行深层次的关联,从而丰富呈现出其内在脉络,引导出卜筮、观象过渡到天人合一、以德配天、天人合德的内在环节,值得重视。不过,唐君毅《周易》研究的视野相当宏阔,他对其中每一论题都可以左顾右盼、瞻前顾后,研读者如要得其枢要,研究者如要显其真章,都有一定的难度。希望本章的工作,能够大体如实地将唐氏《周易》研究的旨趣揭示出来。

这两章将唐君毅的易学思想与《周易》研究做出概述,正如前文所言,唐氏的易学与哲学思想皆可通过"阴阳感通"或"感通之理"来表达。而唐君毅的感通思想以及他对感通之理的揭示,在现代新儒学中有其价值和启示。前一章对此已略有提及,这里再作引申。首先,唐君毅对感通之理的展示,昭示出人文世界、意义世界和生活世界的重要性。现代新儒家(Contemporary New Confucianism)的主流思潮,是熊十力所发轫、牟宗三所建立起来的当代新儒学(Contemporary Neo-Confucianism),当代新儒学虽然不废体会,但它特别强调通过知性思辨的方式让中国哲学与儒学完成现代性的转化。特别是牟宗三先生,他十分强调吸取西方思辨之长即"方以智"以撑开中国"圆而神"的体会性哲学。不过,体会与思辨其实是互动互通、互相滋润的(其实熊、牟对此也有所认识)。另外,如果我们将体会与思辨两者作出对比的话,应该可以说,两者的确缺一不可,但体会实际上要较思辨要原本和基础一些。特别是现代新儒学越来越重视知识性、概念性、思辨性,而相对地忽略了人文性、实践性、生活性，这对于儒学的发展未必都带来正面的作用。同时，当代社会由于科学技术的主导和专业分工的强化，给人们带来了便利与高效，但同时也产生了深层次的存在、生活、意义等方面的危机。人们逐渐理解到一个健全完整的生活世界、意义世界、人文世界的重要性。而唐君毅则通过感通之理的线索与视野，彰显出生活世界、人文世界、意义世界的正面的价值与地位，这无疑具有深刻的当代性意义；这同时也体现出现代新儒学内部充满着多元性、可能性，人们难以对现代新儒学作出化约性、单一性的评断。

其次，唐君毅的感通哲学可以与马一浮新儒学思想作出融通。在二十世纪社会、文化、政治、经济的结构剧烈变化的背景下，现代新儒家如马一浮、熊十力、唐君毅、牟宗三等都触及到了感通问题的重要性，并对感通之理作出或多或少的阐发。此中，当以马一浮的感通思想最为精微，唐君毅的感通思想最为系统。两者侧重不同，各有胜义，彼此互补。马一浮的新儒学思想体现在他的六艺论中，在某种意义上说，六艺论是建立在《易传》所说的"寂然不动，感而遂通"的基础上的。《诗》《书》《礼》《乐》《易》《春秋》六艺，都是性德本体所自然流出的道理。所谓"自然流出"，就是感通之理。性德本体寂然不动，而一有所感，则有所通，从而通达出六艺之道，流出生活之真。因此，在马一浮看来，六艺就是一个本源而本真的意义世界，六艺就是人类思想中的圆教。马氏同时指出，中西方人类的一切思想与学术都可涵摄在六艺之中，一切思想与学术都是六艺的本源、衍生或变异形态。换言之，人类一切学术思想都是建立在感通之理的基础上。[1] 相应地，唐君毅也将其"生命存在"、"心灵境界"的哲学建立在感通的基础上，并主要从知识论、形上学的角度判摄、会通人类一切思想学术，并最终归于儒家的天德流行境以作为最高的圆教。因

---

[1] 参见刘乐恒：《马一浮六艺互摄论析论》，《汉学研究》（台湾）2013年第4期。

此，马、唐二氏都展示出以感通为基础的新儒学判教论。不过，两者的判教各有侧重，马一浮的判教着重阐发儒家的六艺圆教，并着重展示本源而本真的生活世界与意义世界，而相对地忽略了六艺圆教对于人类各种思想学术形态的曲通，忽略知识论等方面的系统训练与反省；唐君毅的判教则着重在对于中印西各种哲学思想的曲折融通与繁密互动，使之皆能释其囿限、向上一幾，但相对于马一浮，唐君毅不太注重对生活世界与意义机制的整全性、圆融性、脉络性的揭示。因此，马、唐两先生的判教论可以互动、互补、互成，由此或能形成新颖、独特、丰富的思想进路。在笔者看来，我们如果能实现这种融通，则或将可以调适牟宗三"一心开二门"的架构。这个架构旨在通过中国哲学的立场而沟通西方的民主与科学，然而人类的思想与学术形态甚多，不但有科学、哲学、民主政治，而且还有社会科学、法律、经济、艺术、文学等诸多形态。如果要曲通、融会这些思想形态，则非展示出一个丰富、圆融、本源、本真的生活世界不可。马一浮、唐君毅的思想对这个工作必有贡献。

总结地说，笔者以为，现代新儒学，在思想上（而不必在师承上）熊十力、牟宗三有其相承性，其相承性在于从体起用，通过本体之大用流行摄纳西方哲学、民主、科学。马一浮、唐君毅二氏亦有其相承性，其相承性在于性德感通，通过感通之道展示本真充盈之生活、意义世界。当今学界对后者的研究不及前者，但这种情况在现今或不久的将来应得到改变。

第八章　道德的形上学与寂感真幾——牟宗三对《易传》思想的新界说

与唐君毅先生一样，牟宗三先生也是当代新儒学的核心人物、熊十力新儒学思想的嫡派传人。牟先生既对传统中国哲学的方方面面都有深刻的把握，同时在西方哲学的习得与训练上则远过乃师。牟先生通过对西方哲学特别是康德哲学与德国理想主义哲学的融会与消化，创造性地彰显出中国哲学、儒家哲学的现代性意义与价值，并且由此揭出"道德的形上学"、"内在超越"、"两层存有论"、"良知坎陷"、"纵贯系统与横摄系统"等当代新儒学的命题，影响深远。[①]

不过，与马一浮、熊十力不同，牟宗三的新儒学思想并不主要通过对《周易》经传思想的诠释、发挥而引申出来。但这当然并不意味着牟宗三对《周易》经传缺乏深入的研探。他自己也有其系统而原创性的易学思想。牟氏的易学思想可以分为早期与晚期。早期牟宗三通过希腊自然哲学、怀特海的客观主义宇宙论思想来梳理《周易》的自然气化哲学。他在二十五岁就已经写出了《从周易方面研究中国之玄学及道德哲学》（后改名为《周易的自然哲学与道德函义》）一书。不过，后来牟宗三对此书并不满意，他力求摆脱早期对于《周易》与易学的气化自然论的解释，而转为儒家的道德形上学的解释。这主要是

[①] 关于牟宗三的哲学成就及其原创性的贡献，可参见刘述先：《论儒家哲学的三个大时代》，香港中文大学出版社 2008 年版，第 227—237 页。

因为他后来在哲学思想取向上有一个关键性的转进，也即从强调客体走向强调主体，从横观自然宇宙的方向走向纵观道德主体的方向。通过这一转进，他致力于阐发以道德主体性为特色的道德的形上学。围绕着这一创造性的工作，牟氏在《周易》经传中所汲取的相关思想资源，并不如他在《孟子》等经典中所汲取的资源那么丰富和系统，因为后者较之前者更为侧重道德主体性。不过，晚年牟先生的思想日渐成熟圆融，他对《周易》经传特别是《易传》的哲学义蕴也有比较系统的阐发。虽然牟氏晚年对《周易》经传并没有系统性的哲学著作，不过他曾有过关于《易传》哲学思想的讲座，这些讲座内容后来被整理为《周易哲学演讲录》等书。《周易哲学演讲录》大概体现出牟氏晚年的易学思想。因此，本文主要以《周易哲学演讲录》为中心，并参照牟氏的其他哲学著作与讲座文本，勾划出他对《易传》义理系统的界说。①

一、牟宗三对熊十力易学思想的继承与扩展

作为熊门嫡传弟子，牟宗三对于乃师的几个关键性思想做出了深入全面的继承与转进，这在易学思想上亦不例外。熊十力思想的关键

---

① 通过《周易哲学演讲录》研究牟宗三易学思想的文献有张健捷：《乾坤并建 超越内在——牟宗三后期易学思想研究》，《周易研究》2005 年第 5 期；田致远：《从〈周易哲学演讲录〉看牟宗三对儒家哲学的阐释》，《泰山学院学报》2009 年第 1 期；蒋玉智：《从自然主义道德论到道德形而上学——论牟宗三的易学思想》，《福建论坛》2010 年第 6 期；蒋玉智：《论牟宗三易学思想的演变》，《周易研究》2010 年第 2 期；黄冠闵：《牟宗三的感通论：一个概念脉络的梳理》，《中国文哲研究通讯》2009 年第 3 期；等等。本章在上述研究基础上，有如下的新拓展：一、论述牟宗三与熊十力易学思想的关系，对比熊、牟两人的易学思想；二、呈现出牟氏对于《易传》的诠释与其新儒学思想的内在关联性；三、系统展示出牟宗三关于"寂感真几"的思想，并通过将之与马一浮、唐君毅的感通论作出对比，以界定其感通说的特色与价值。

在于"翕辟成变",而通过"翕辟成变"的观点,熊氏又发挥出"体用不二"之说。他认为孔子的易学思想的就在体用不二。体用不二意味着体用一元、体用圆融,这不但意味着摄用归体,而且也更意味着从体起用,他要揭示出本体涵具大用流行、健动生生之理,本体通过翕辟成变的功能作用,而不断地充实推扩。据此,我们就不能够离用觅体、空守本体,而更应该充分重视通过从体起用、健动生生的精神,以融摄西方的哲学、科学和民主政治。另外,熊十力还通过对比佛、道、西方哲学,而彰显出儒家翕辟成变、体用不二、健动生生的特色。笔者认为,牟宗三的易学思想大体上继承了熊氏翕辟成变、体用不二的观点,只不过他用自己的方式表达出来而已。

  首先,牟宗三强调《易传》中所体现的儒家思想与佛道思想的对比。牟宗三特别重视《易传》,他认为《易传》体现的是儒家的义理,而非道家的义理。道家讲的是"有"、"无"问题,"无"是从"无为"的精神中脱胎出来的,因此"无"并不体现出存在论或存有论的向度,而是一个生活实践的概念。可以说,道家之"无"呈现出一种无限妙用的心境与境界,"有"是"无"这种境界的妙用与矢向性。因此,道家"有"、"无"皆属于"作用层",是境界作用,而并非属于"实有层"、"存有层"。概言之,道家是"境界形态的形上学",而与儒家"实有形态的形上学"构成明显的对比,因此儒家与道家是两个不同的形上学系统。① 因此儒家《易传》多讲"幽明"之理,而非"有无"之境。另外,相比于儒家,在严格的意义上说,佛家也缺乏存有论的向度。《周易》讲的是"乾元之道","乾元"是创生性的形上实体,体现出创生原则。而佛家精神的关键则在"缘起性空"、"根本无明"、"如幻如化",万法缘起,没有真实

---

① 参见牟宗三:《中国哲学十九讲》,《牟宗三先生全集》,台北联合报系文化基金会2003年版,第29册,第69—154页。

性可言。① 总之，佛家以"空理"为基础，而儒家《易传》则以"性理"为基础。② 而在《心体与性体》一书中，他更通过《儒佛体用义之衡定》一篇长文，逐一分析和论证了佛教诸宗即使有"体用"、"色心不二"、"体用不二"等说法，但此佛家的"体用"义是"虚体虚用"，而非儒家的"实体实用"，佛家的"体用不二"是"虚系无碍"的体用不二，而非儒家道德创造性的实体实用、相资相待的体用不二，从而试图通过严格的学理辨析，做严判儒佛的工作。③ 牟宗三上述对比《易》、佛、道的观点，继承了熊十力以佛道为"耽虚溺寂"、不识《大易》健动流行生生化化的立场，并对之作出更为具体充分的辨析。不过，熊十力并没有将儒道二家分别判为"实有形上学"与"境界形上学"，同时也没有坐实儒佛体用义的实质性差异，这些都可以说是牟宗三在熊十力的基础上所作的创造性诠释。

其次，牟宗三强调《易传》中承体起用、即用见体的向度。熊十力体用不二之说强调从体起用、即用见体，强调在见体的基础上不忽视对于功用层面或现象层面的关切与涵摄，并以翕辟成变、从体起用的向度为根据，力求学习、吸取、涵摄西方哲学思辨之长，促成中国哲学的现代性转进。牟宗三全面继承这个识见并阐扬之。他认为，与道家无为自然、佛家缘起性空的取向不一样，《周易》展示出

---

① 参见牟宗三：《周易哲学演讲录》，《牟宗三先生全集》，台北联合报系文化基金会2003年版，第31册，第23页。

② 笔者按：关于"空理"与"性理"的区别，唐君毅说得比较清楚系统。唐氏认为，"空理"的主旨在于通过切实的修养工夫，而去除与超越人心对于自我或现象的各种执著。这里，"空理"的"空"主要是空掉、去掉执著的意思。"性理"的义涵则最为集中地体现在程颐的"性即理"一句话。这里的"性"指的是人心中所固有的仁德。儒家通过道德修养工夫，体会到仁德本身就是实实在在的道理，这个道理有如从我心中命令我一定要做合理的事，一定不要做不合理的事，因此主观的性即是客观的天理。参见唐君毅：《中国哲学原论·导论篇》，中国社会科学出版社2005年版，第26—35页。

③ 参见牟宗三：《心体与性体》（一），《牟宗三先生全集》，台北联合报系文化基金会2003年版，第5册，第599—688页。

来的是一个即存有即活动、创生创造的乾元之道或形上实体。因此乾元之道作为形上实体，其根本特质在于承（从）体起用、创生大用。牟宗三将儒家的基本精神就界定为"承体起用"。他继承了熊十力对于仁与智、体与用的对比，同时拈出了《易传》"圆而神"、"方以智"的话头作出申发。他指出传统中国哲学的胜场在于其凸显出"圆而神"，但其对于"方以智"则发展得不够，因此中国哲学需要在此基础上拓展出"方以智"的架构与规模，以调整其不足，弥补其缺憾。"圆而神"是指对于本体体认得娴熟圆融，"方以智"则是指在体认本体的基础上撑开出来，重视对于功用、现象的分析和界说。他指出说："'圆而神'是动态，'方以知'是静态。方方正正一定属于智的。所以，我们常说两句话：西方文化属于方以智，东方文化属于圆而神。佛家也是这样，佛家讲圆而神。道家讲玄。西方文化没有达到圆的境地，但是它达到方以智，到处表现方以智的精神。科学、民主政治都是表现这个精神，英国人的精神就是方以智的精神。""对我们中国人来说吸收这个方以智的精神就叫作现代化。"① 同时，"圆而神"与"方以智"两者并不是对立的关系，因此中国的现代化进程也不能够离开或抛弃"圆而神"而单纯输入"方以智"。合理的方式是通过"方以智"而展开和落实"圆而神"，让"圆而神"在"方以智"的操作之中得到具体的体现。他说："中国文化精神是圆而神，它需要方以智的精神撑开。就像一个圆，没有一个十字架在里面撑开，它可以很大，也可以缩小到一个点。"② 从上可见，牟宗三的这种立场其实就是熊十力强调通过从体起用的向度而融摄西方哲学、科学和民主政治的立场的继承与引申而已。不过，熊十力提出了一个立场

---

① 牟宗三：《周易哲学演讲录》，《牟宗三先生全集》，台北联合报系文化基金会2003年版，第31册，第211—213页。
② 牟宗三：《周易哲学演讲录》，《牟宗三先生全集》，台北联合报系文化基金会2003年版，第31册，第215页。

和方向，牟宗三则往往通过他对于西学的深厚学养而做出具体的落实。在他看来，我们如果要达到从体起用，或者说要从圆而神转至方以智，是要经过一个曲折的习得、训练、思考、磨合的过程的，而不是明体就自然能达用、明白圆而神就自然能够获得方以智的，因此这并非一步到位之事。因此他说："中国人以前老习惯重视的智是'知周万物'、'范围天地之化而不过'这种智。这种智一定是 intellectual understanding（笔者按：直觉知性）。这种智不能成科学的。中国人 discursive understanding（笔者按：辨解知性）始终没有磨炼出来。"[1] 科学智性、民主规则等都是经过逐步磨合训练才能出来，只有这样才能转圆为方，转理性之内容表现为外延表现，转理性之作用表现为架构表现，而不是单纯提出一个立场和方向之后，它们就自动会来的。

在这里插入一句，牟宗三对于圆而神与方以智的对比的阐释，实际上是他的新儒家哲学思想"一心开二门"放在《易传》中的另一种说法而已。所谓"一心开二门"是指："康德的架构开两个世界——现象界（phenomena）和本体界（noumena），套在佛教的名词上说，就是'一心开二门'。在西方，noumena 方面开得不好，根据康德系统，noumena 是消极意义的。照佛教讲'一心开二门'，一心就是如来藏自性清净心，开真如门、生灭门。生灭门就是现象界。"[2] 牟宗三由此主张我们理应通过"一心开二门"的架构，根据自己的生命体验的基础，吸纳西方分析现象界内容的优秀成果（即民主、科学等），以实现出一个大综合。

另外，除了继承和发展熊十力承体起用的方向外，牟宗三还阐释

---

[1] 牟宗三：《周易哲学演讲录》，《牟宗三先生全集》，台北联合报系文化基金会 2003 年版，第 31 册，第 89 页。

[2] 牟宗三：《牟宗三先生晚年文集》，《牟宗三先生全集》，台北联合报系文化基金会 2003 年版，第 27 册，第 456 页。

了即用见体的义涵。他认为《系辞传》中最重要的句子是"一阴一阳之谓道",并指出这体现出"即用见体"。他赞同朱子的解释,并指出道是一体两面的。两面,是说道有气、神两面;神是体,气是用。所谓气,就是阴、阳。因此阴阳本身不即是道,但一阴一阳、阴阳互动,就是道的呈现。因此,根据朱子的说法,阴阳不即是道,但所以阴阳是道。牟宗三完全赞同这种说法。同时,他还指出,一阴一阳,这有如门的开关、开阖。因此一阴一阳就是道的动态的开阖过程,通过这个过程,变化在其中,但我们不能就此而直接说变化本身即是道。[①]很明显,牟宗三这种说法是熊十力"翕辟成变"、"翕辟是用"、"即用显体"的另一种说法而已。不过,牟宗三似乎很少直接发挥熊十力"翕辟成变"的观点,这可能是他不特别重视宇宙论方面的思考所致,他最为重视的还是道德的主体性以及道德的形上学的建立。

最后,牟宗三还诠释了三易之义。"不易"、"变易"、"简易"的三易之义,都是马一浮和熊十力两人的儒学与易学思想的基础与根据所在。熊、马两人对于三易的义涵有着相近的理解,同时亦各有侧重。牟宗三实际上继承了熊、马两人的三易论。但是,三易论在熊、马的思想中具有根本性、基础性的位置,而在牟宗三的思想中却不具有根本性的位置。不过,牟宗三的三易论仍然值得我们重视。他解释三易说:"阴阳就是讲变,变易中就有不易。不易作什么讲呢?不易就是说的道。变易说气,变化属于气啦。不易是理,简易就是'《乾》以易知,《坤》以简能。'"[②]他以不易为理,变易为气,简易为乾坤、理气合德。这与马一浮和熊十力的三易论都是相通的。不过,牟宗三讲"简易"或"易简"义则有自己的特色。他指出,简易之

---

① 参见牟宗三:《周易哲学演讲录》,《牟宗三先生全集》,台北联合报系文化基金会2003年版,第31册,第93—98页。
② 牟宗三:《周易哲学演讲录》,《牟宗三先生全集》,台北联合报系文化基金会2003年版,第31册,第143页。

"易"是指"《乾》知太始",体现出乾元的创生性、创造性原则;简易之"简"则是指"《坤》作成物",体现出坤元的终成性、完成性原则。乾坤简易是在根源的层次上、也即在基础存有论上层次上说的。天地人物最根源处其实是最单纯、简单之处。而因为这是最根源的层次,所以简易却是生命创造之力最强的地方。[①] 同时,牟宗三进一步指出王阳明的"良知"是就"宇宙本体论"的根源层次中申发出来,因此良知即简易。良知是简易的,这相当于康德所说的"自律道德",无须任何外在的条件、知识、经验、理性,直接自良知本心的自由意志之内在法则来作决定,从根源的层次作存在的决断,从而通过自我主体而开拓出一个真正而纯粹的自由世界。总言之,牟宗三通过乾坤创造、终成原则论简易,通过简易说良知,通过良知说道德自律与自由意志,最终以他的《周易》诠释会通了西方近代的主体哲学。这是牟宗三对熊十力、马一浮的三易说的拓展与申发。

二、牟宗三对《易传》思想的定位

牟宗三不但继承和扩展了熊十力的易学思想,而且还界定了《易传》在先秦儒家经典中的思想品格与位置。

与熊十力、马一浮不同,牟宗三并不特别认为《易传》可以直接体现孔子本人的易学思想,而倾向于认为这是孔门后学对孔子思想的发挥,是比较晚出的一部先秦儒家经典。他指出在孔子之前,"天"具有人格神的意味。天道高高在上,具有超越的意义;但天道贯注在人身上的时候,天道则又内在于人而成为人之性。因此,牟

[①] 参见牟宗三:《周易哲学演讲录》,《牟宗三先生全集》,台北联合报系文化基金会2003年版,第31册,第75—79页。

宗三借用康德的话头,指出天道既是超越的,同时又是内在的。从超越的一面说,天道具有宗教意味;从内在的一面说,天道具有道德意味。而在古代中国,古人对于天道的内在性的发掘逐渐超过对其超越性的探索,因此天道步步下贯为人之性。这样一来,古代文化就开启出"天道性命相贯通"的思想方向。从此人格神之天逐渐转化为形上实体之天。只有转化为形上实体之天,天之道下贯为人之性才得到真正的落实。而就人来说,人就不能不重视主体性,因为只有自我主体对此有着内在的觉悟与证成,才能体认出天道性命相贯通的实义。

在先秦经典中,对于天道性命相贯通的体认,有两大进路或系统。一个是《论语》《孟子》的系统,也就是孔子与孟子所揭示的进路。这个进路是"逆"的主观性进路,也即强调通过自心的仁、智、圣诸德性的呈现与充润,通过尽心知性的心性修养工夫,从而挺立道德主体性,由此内在地遥契并通至作为形上实体的天道。另一个则是《中庸》《易传》的系统。《中庸》《易传》在时间上后于孔子,体现出"顺"的客观性进路,强调从天道天命的角度来说性,也即"天命之谓性"[1],展示出天命流行的宇宙本体,乃是一创造性的大生命,此大生命贞定和确认出性命之源,因此以天命流行而为性,这就是所谓"乾道变化,各正性命"[2]。另外,牟宗三又指出,《论》《孟》与《易》《庸》虽然是各有侧重的两个系统,但前者挺立道德的主体性,而后者则通过客观性的原则以保证道德主体性的至诚无妄的渊源与根据。因此,这两个方向不同的系统实际上是内在相通的。[3]

---

[1] 《礼记·中庸》。
[2] 《周易·乾·彖》。
[3] 参见牟宗三:《中国哲学的特质》,《牟宗三先生全集》,台北联合报系文化基金会2003年版,第28册,第21—64页。

《论语》《孟子》系统	主观性进路
《中庸》《易传》系统	客观性进路

笔者认为，牟宗三对先秦儒家经典的上述界定是有道理的。例如古人往往《易》《庸》并称，体会其天命流行之境；又往往将《论》《孟》合言，参透其心性实践之力。同时，这种疏通有利于我们对儒学思想史特别是宋明理学进行清晰的界说。牟宗三就是通过这个思路（另加上《大学》一系，成为三系）以疏通和判别宋明理学有象山阳明系、五峰蕺山系、伊川朱子系这三个系统的。[①]根据这种判断，他奠立起他的宋明理学研究，撰成《心体与性体》这一大著，对中西哲学界影响深远。

另外，牟宗三对《易传》思想的定位可以解释为何他缺乏系统的易学思想著作。这是因为他特别偏重主观性进路，重视道德主体性的确立与挺立，所以在先秦经典中他特别偏重《论》《孟》。而《孟子》在心性与心性实践工夫上比《论语》更具体系统，所以对他来说《孟子》应是先秦儒学经典中最重要的著作。而在宋明理学中，最能挺立道德主体性、拓展《孟子》之蕴的是象山与阳明，因此牟氏对陆王一系亦予肯认。至于《易传》，则属于并非直接显示出道德主体性的系统，因此他虽然重视《易传》，但《易传》在牟氏新儒学思想中并不构成根本性、基础性的位置。

三、《易传》与道德的形上学

牟宗三新儒学思想具有许多面向，但其基石则在"道德的形上

---

① 参见牟宗三：《心体与性体》（一），《牟宗三先生全集》，台北联合报系文化基金会2003年版，第5册，第52—53页。

第八章 道德的形上学与寂感真幾 219

学"。"一心开二门"或"两层存有论"就是他的道德的形上学的一个体现。牟氏的"道德的形上学"的建立,是通过沟通与超越康德的道德哲学,并借助和发挥《论语》《孟子》一系思想而实现出来的。不过,道德的形上学虽然侧重在确立道德的主体性,但道德的形上学的最终完成,则可以通过《易传》"寂感真幾"的思想而揭示出来。在这一节中,我们先概述牟氏道德的形上学的命题是如何提出的,其次则梳理他是如何通过道德的形上学来理解《周易》哲学的。在下一节中,我们则集中对牟宗三的"寂感真幾"一义作出疏解。

牟宗三在《心体与性体》中独辟一章,论证他的"自律道德与道德的形上学"。在这一章中,他通过对康德哲学的借鉴与超越,显出道德的形上学的义涵。在他看来,康德区分了两个世界,一个是价值界、当然界,这一世界由自由意志——先验道德律所"掌管";另一个则是感觉界、经验界,这一世界由知性范畴——自然因果律所"掌管"。对于这两个世界,康德试图作出沟通,但不免强探力索,难臻圆融。牟宗三认为,孔孟儒学以及宋明理学因为具有一种自然而圆熟的智慧,因此当下就能够融合道德的当然性与自然的实然性,而直下便超化了康德的强探力索之病。牟氏指出,在西方哲学家中,只有康德才开始认真地认识道德意识本身。康德认为,真实的道德法则的建立,不能从经验建立,不能从"范例"引申,不能从情绪、脾性、性好等内容上作推演,同时也不能从上帝意志来建立。如果由这些内容而成立道德法则,那么这道德法必定是意志之他律而非自律之事。据此,康德将意志之他律总结为两类。第一类意志之他律是经验的他律。经验的他律,包括从幸福的原则而引出道德法则,或者从道德情感的角度而引出道德法则。康德将这两者皆视作经验的、后天的原则。对此,牟宗三赞同康德的说法,但他同时指出,康德将道德情感视作实然的、经验的内容,这将道德情感的涵义看得太狭窄了一些,因为道德情感可以上下其讲。向下讲,道德情感确实属于经验层面；但向上讲，则此道德情感可以是一种通过儒家的心性修养工夫，而呈现出来的既内在又超越的道德之心之情，这是康德所难以完全理解的。向上讲的道德情感，则正是此后牟宗三所发挥的道德的形上学的思想。第二类意志之他律是理性的他律。这种他律主要包括本体论的圆满之概念（如柏拉图传统）以及神学之圆满之概念，这两种他律并非经验层面而是理性层面的，但因为它们都不是意志的自律（Autonomy of the will）也是自由意志自身给他自己立法，都不是道德心灵的自作主宰、自树自立，因此这些理性的圆满概念都是外在的，都应该与经验层面的他律原则一样，被意志之自律的道德法则所全部剔除殆尽。而通过对经验与理性的道德他律的批评，康德试图建立自律而无条件的道德法则。同时，康德由道德法则的普遍性与必然性，进一步逼至意志的自律，而由意志的自律，而进一步逼至意志的自由。而意志的自由，在康德处，是一种预设或假定。

牟宗三在疏解康德的上述观点之后，指出康德已经能够通过道德之自律以观道德法则，显出"道德性当身之体"，这在西方哲学传统中已经是了不起的推进。同时，康德由此已经显出了道德理性的第一义，也即道德的"主体性"。不过，如果康德只将意志的自由视作一种预设或假定，这就阻碍了他从道德理性的第一义而推进至更深入的境界上去。在康德看来，自由意志属于睿智界，是超知识的。而对于意志自由的设准如何可能的问题，康德认为这是"实践哲学之极限"，并非人类理性所可以解答的。康德的理由是：第一、意志自由所表示的睿智界只是一消极的思想，因为意志自由并非知识的对象，并没有经验直觉作为其内容；第二、意志之自律性即是意志自由之形式条件，除此之外更无别义，此睿智界中的秩序与系统更无内容，而只是作为道德法则的普遍性，这些秩序与系统只是意志之自律性的一个展现而已；第三、意志自由如何可能的问题是不可解明的，理由是自由并不在可能经验中，我们对其并无经验直觉，故不能以了解知识对象的方式去了解意志自由如何可能；第四，道德自律的一个体现是人们能够自己对道德法则感兴趣，但我们为何自身对道德法则感兴趣，则是不可解明的，换言之，道德法则本身即是让我们感兴趣的，但我们对此不能再有什么理解了。上述四点，就是牟宗三所理解的康德为何将意志的自由视作一种预设、假定、设准的理由所在。对于康德的这些理由，牟宗三作出两点批评。首先，康德指出意志自由是不能通过概念性、思辨性的理性和方式，去作出辨析与理解，但这不能直接推出我们不能用任何理性任何方式去作出理解。其次，康德指出这是实践哲学的极限，其实这个观点也是有问题的，因为康德的理由只能表明经验知识和思辨理性的极限，而不是实践哲学和实践理性的极限。由此，牟宗三要在康德的基础上更进一步，指出如果康德只将意志自由视作道德自律之所以可能的预设，那么必定难以保障道德自律的落实。牟氏受到了熊十力的相关启发，指出意志自由本身并非预设，而是一种真真实实的呈现。

那么，意志自由的真实呈现是如何可能的呢？牟宗三指出，这不是思辨理性的问题，而是一个实践理性、实践智慧的问题。对此，牟氏大概分两步作出呈现。首先，对于道德法则本身为何会使得我们自身感兴趣的问题，他认为，这是康德对道德情感的理解不深入所致。因为道德情感之心，如前所述，可上下其讲，道德之情之心实可上提而成为如孟子所揭示的超越的本心，这种超越的本心自然地要求充润自身，而达致主客体的内在统一，并将这种统一呈现出来。这就是孟子所说的"理义之悦我心"[①]。其次，如果要说明意志自由本身之客观存在上的绝对必然性，那么这不再是依照一种形式或条件做预定的问题，因为"自由"本身已经被预定为最后的、无条件的，因此这个绝对必然性如何可能的问题，应该即是其真实性如何呈现出来或如何真

---

① 《孟子·告子上》。

实地呈现出来的问题。牟氏指出,这个真实呈现可以从先秦孔孟的仁学、心性之学,乃至宋明理学的性体心体之论中找到。这一性体心体之论可以通过《易传》的"寂感真幾"一义来表出。"寂感真幾"体现出牟宗三的道德的形上学的最终完成与落实。其云:

> 此道德的而又是宇宙的性体心体通过"寂感真幾"一概念即转而为本体宇宙论的生化之理,实现之理。这生化之理是由实践的体证而呈现,它自必"显诸仁,藏诸用,鼓万物而不与圣人同忧,盛德大业至矣哉"!它自然非直贯下来不可。……儒家惟因通过道德性的性体心体之本体宇宙论的意义,把这性体心体转而为寂感真幾之"生化之理",而寂感真幾这生化之理又通过道德性的性体心体之支持而贞定住其道德性的真正创造之意义,它始打通了道德界与自然界之隔绝。这是儒家"道德的形上学"之彻底完成。①

所谓"寂感真幾",指的是,道德情感本身可以通达至超越的本体、性体、心体、仁体的层面。在这一层面中,本体、性体、心体、仁体处于一个即寂即感、恒寂恒感的状态。换言之,也就是《易传》所说的"寂然不动,感而遂通天下之故"②。本体、性体、心体、仁体之寂然,即是自由意志之"本体";本体、性体、心体、仁体之自寂而感,即是自由意志之"大用"或"呈现"。同时,此种"大用"或"呈现"是不断地充润、推扩、流行出去的,并最终与天地宇宙相通,构成一种"天道性命相贯通"的圆满透彻之境。在这种境界中,本体、性体、心体、仁体既是内在的、主体的、自

---

① 牟宗三:《心体与性体》(一),《牟宗三先生全集》,台北联合报系文化基金会 2003 年版,第 5 册,第 186—187 页。
② 《周易·系辞上》。

我的，但同时又是超越的、客观的、天道的。道德情感之所以能够达致这种境界，完全是由寂而感的作用。牟宗三举孔子的仁的思想为例。他指出，"仁"具有"觉"与"健"二义。"觉"体现出仁体自身充满着自我感通的潜能。"健"则仁体自身能即寂而感，呈现出一种创造性的功能作用，这种功能作用最终通于整个天地宇宙。他指出说：

> 从上述的两种特性作进一步的了解，我们可以这样正面地描述"仁"，说："仁以感通为性，以润物为用。"感通是生命（精神方面）的层层扩大，而且扩大的过程没有止境，所以感通必以与宇宙万物为一体为终极，也就是说，以"与天地合德、与日月合明、与四时合序、与鬼神合吉凶"为极点。润物是在感通的过程中予人以温暖，并且甚至能够引发他人的生命。这样的润泽作用，正好比甘霖对于草木的润泽。仁的作用既然如此深远广大，我们不妨说仁代表真实的生命（Real life）；既是真实的生命，必是我们真实的本体（Real substance）；真实的本体当然又是真正的主体（Real subject），而真正的主体就是真我（Real life）。至此，仁的意义与价值已是昭然若揭。[1]

这一段话相当圆熟地展示出"仁"的"以感通为性，以润物为用"的特色。这里的"性"，是指出仁体的功能；这里的"用"，是指仁体的效验。可见，"仁"正是本体、性体、心体、仁体即寂而感所呈现出来的既内在又超越、既是主体又是客体、既是道德界又是形

---

[1] 牟宗三：《中国哲学的特质》，《牟宗三先生全集》，台北联合报系文化基金会2003年版，第28册，第32页。

上境的功能大用。这就是牟宗三所证立的"道德的形上学"。本体、性体、心体、仁体确然是道德的，但其同时又是通于形而上的天道的。以此反观康德的道德哲学，即可知康德只能证成道德的自律性、道德的主体性一层，而不能证立道德的形上学，因为后者是要通过实践理性呈现出来的。

在牟宗三看来，道德理性有三层义涵，用禅宗话头说，第一层是"截断众流"，第二层是"涵盖乾坤"，第三层是"随波逐浪"。他认为康德只达到"截断众流"之境，即截断和剔除道德地他律，而指出意志自由与道德法则的自主自律性。可惜他因为将意志自由、道德法则之自律视作一种预设或假设，而不视作真实地呈现，因此必然封闭了道德作为实践智慧而通达至形上境界之路。这就是康德不能进一步由道德理性的第一义走向其余二义的原因。不过，在这里（即《心体与性体》一书）牟宗三通过禅宗的三句之说来形容道德理性之三义，显得比较模糊。在另一个地方，他用主观、客观、绝对三义来说道德的形上学，则更显清晰。他以王阳明"致良知"为例做出解释，指出阳明的"良知"有三义：（一）主观义；（二）客观义；（三）绝对义。主观义是指人心的良知能够自己知是知非，良知就在自己当下知是知非中呈现。客观义是指主观的良知活动不但是人心本身，而且同时也即是天理。由此可见，良知所知之理，是良知自己所决定的，因而理不是外在的。一说到理，良知便有客观、普遍、必然义。良知的主客观二义说明了道德的可能，开出了道德世界。但是，良知不但体现出道德界，而且也开显出存有界或存在界。换言之，良知又是乾坤宇宙的根基，这就是良知的绝对义。因此良知不但是道德之源，而且是存在之基；良知不只是应该之决定，而且是存在决定。一切都在良知中呈现，无良知则无一切。这就是"良知底存有论意义"。牟宗三体认指出，从孔子的"仁"到王阳明的"良知"，儒家的思想中都含有一种形上学的意义。同时，因为良知既有主客观义，也有绝对义，所以儒家特别强调通过道德实践而达致大人与天地万物为一体的存在论、形上学境界。①

综上，前文概述了牟宗三"道德的形上学"的建立的过程与根据，并指出了道德形上学虽然侧重在阐发《论语》《孟子》一系的思想（如孔子的"仁"、孟子的"理义之悦我心"、王阳明的"致良知"等），但因为道德最终是通于形上之天道的，所以道德的形上学的完成，乃汇归于《中庸》《易传》一系的思想。其中，《易传》的"寂感真幾"一义，更可称为道德的形上学完成的标志所在。

另外，道德的形上学既已建立，晚年的牟宗三则特别通过《易传》的思想，来丰富其道德的形上学的义涵。他指出，儒家道德的形上学的规模和纲领其实也可以从《易传》中体认出来。《乾》卦象辞"大哉乾元，万物资始"，这乾元之道是天之所以为天的根源。乾元是创造性原则，创造万物，资始万物，让天地万物得以存在。故乾元之道是存在之理、实现原则。这就体现出了绝对性的形上学的义理。而相对于西方通过神学显此义理，传统儒家是通过道德显此义理的，因此《易传》含有道德的形上学。同时，《乾》卦显出的是创造性原则，这只是一个纲领原则；而乾道在其体现为元亨利贞、各正性命的过程中，乃藏有另一个原则，即《坤》卦的保聚或终成原则。《坤》卦的终成原则是在乾坤创造资始万物的过程中完成万物之为万物的。在牟宗三，《周易》含有王船山所说的"《乾》《坤》并建"的精神②，因此《乾》卦的创造原则与《坤》卦的终成原则共同构成了儒家道德形上学的义理规模。

---

① 参见牟宗三：《牟宗三先生晚年文集》，《牟宗三先生全集》，台北联合报系文化基金会 2003 年版，第 27 册，第 209—221 页。
② 当然，这里"《乾》《坤》并建"不是说乾坤为二元。牟宗三指出："《易传》乾坤并建，讲《乾》《坤》两卦都要首先了解两个基本原则，讲两个原则，但不是西方的二元论。"牟宗三：《周易哲学演讲录》，《牟宗三先生全集》，台北联合报系文化基金会 2003 年版，第 31 册，第 19 页。

乾元之道,《乾》《坤》并建奠定了道德的形上学的本体界、存在界。那么如何通过道德实践、德性修养来统摄并开显、呈现出乾元之道、形上本体呢?牟宗三引用其学生范良光的说法,指出一切道德修养都在《坤》卦中。《坤》卦《文言》讲"敬以直内,义以方外",敬即主敬,主敬体现出坤道的凝聚不散,从而通过主敬把握形上生命之真义、实义、道义;因此道义并非在主体之外,但道义可以扩展出来并呈现、落实在外在的社会、世界中。总言之,《坤》卦的敬义道德修养工夫,都体现出道德主体性,也即修养工夫的主体是本心、良知。通过道德主体之本心、良知的坤道实践,主体透入乾元之道,让乾元创造性在生活中如呈现出来,也即让天地宇宙之存在呈现出来,最终道德实践者成为大人、圣人,具有无量的德性生命,天道也不能违背这个德性生命,因此是"先天而天弗违";而大人因为与天道相通,故在现实中又不会违背天道,因此是"后天而奉天时"[①]。因此,在牟宗三,法《坤》的道德实践通过超越性的"先天而天弗违"与内在性的"后天而奉天时"而彰显出儒家道德形上学,因此这两句话是儒家道德形上学的纲领。通过纲领,显其规模;通过规模,确立论题。[②]

综上可见,牟宗三通过诠释《易传》而丰富其道德的形上学的论述,这同时也打通了《易》《庸》与《论》《孟》两大系统。他认为,《易传》所呈现出的道德主体性、道德形上学是理解中国哲学与儒学的核心所在,他甚至以此批评钱穆(1895—1990)、冯友兰、方东美等人把握不到这个儒家的"核心"所在。[③]

[①] 《周易·乾·文言》。
[②] 参见牟宗三:《周易哲学演讲录》,《牟宗三先生全集》,台北联合报系文化基金会2003年版,第31册,第19—62页。
[③] 牟宗三:《周易哲学演讲录》,《牟宗三先生全集》,台北联合报系文化基金会2003年版,第31册,第62页。

四、寂感真幾

牟宗三道德的形上学的最终完成，是通过"寂感真幾"一义而落实出来的。"寂感真幾"是《易传》的"寂然不动，感而遂通"之语的引申与凝练。我们知道，寂感之道、感通之道，是马一浮与唐君毅的新儒学与易学思想的核心与关键所在。而"寂感真幾"的说法虽然不是牟宗三新儒学思想的关键之处，但是牟氏对此的相应说法也颇有特色。

牟宗三"寂感真幾"的观点是通过"诚"、"感"、"神"、"幾"诸义及其关系而展现出来的。在牟宗三之前，周敦颐的《通书》对此揭示得最为透彻。《通书》沟通了《中庸》之"诚"与《易传》之"太极"，将《易》《庸》更为内在地融合成为一个系统。周敦颐《通书》说道："寂然不动者，诚也；感而遂通者，神也；动而未形、有无之间者，幾也。"[1] 牟宗三的论述多从这里申发出来。他指出，"诚"是道德创造之真源，其体本寂而其用不息。诚是客观的形上天道，同时也是主观的道德实体，圣人作为人道之极，能够将主观的道德实体与客观的形上天道内在地摄而为一。所以，天道至诚，圣人也至诚。这里面就体现出儒家的道德形上学之真义，此真义即可通过"诚"来表出，"诚"中蕴涵着"寂感真幾"的机制。其云：

> "寂然不动，感而遂通"是先秦儒家原有而亦最深之玄思（形上智慧）。濂溪即通过此两句而了解诚体。"寂然不动者诚也"，此就诚体之体说。"感而遂通者神也"，此就诚体之用说。总之，诚体只是一个"寂感真幾"。此为对于诚体之具体的了解

---

[1] （宋）周敦颐：《通书·圣》，《周敦颐集》，中华书局1990年版，第17页。

（内容的了解）。说天道、乾道，是笼统字（形式的、抽象的），故实之以"诚体"。诚体亦笼统，故复实之以寂感。濂溪"默契道妙"，即首先握住此最根源之智慧，而言之复如此其精微而顺适，非真有默契者不能也。……天道、诚体、寂感之为实体是道德的实体。道德的实体只有通过道德意识与道德践履而呈现而印证。圣人是道德意识道德践履之最纯然者，故其体现此实体（诚体）亦最充其极而圆满。所谓充其极而圆满，一在肯定并证成此实体之普遍性，即此实体是遍万物而为实体，无一物之能外；二是圣心德量之无外，实体之绝对普遍性即在此无外之圣心德量中而为具体的呈现。不只是一外在的潜存的肯定。①

正因为诚体是一种道德的实体，这种道德的实体通于形上天道，因此具有通透性与畅达性。故牟宗三侧重在揭示"诚"的"明达"的功能，此即周敦颐所说的"至正而明达"②。他说："诚则灵，一感应则能通天下的事。""你诚，天下的事情就能告诉你，一通全通。"③因此，诚体的明达功能乃引发心性本体有所感有所通。在牟宗三，这个"感"体现出道德的形上学的意义，是诚体的健动创化之肇始，而远非心理学意义的感动，两者处于不同的层次。他指出，《周易》下经首二卦是《咸》《恒》。《咸》就提示出存有论、形上学的感，这是宇宙天地间最基本的实体。而《恒》则讲夫妇之道，夫妇之道是存有论、形上学的感在人事、人道上的表现。④而感则必有所通，从而融

---

① 牟宗三：《心体与性体》（一），《牟宗三先生全集》，台北联合报系文化基金会2003年版，第5册，第350页。
② （宋）周敦颐：《通书·诚下》，《周敦颐集》，中华书局1990年版，第15页。
③ 牟宗三：《周易哲学演讲录》，《牟宗三先生全集》，台北联合报系文化基金会2003年版，第31册，第198页。
④ 参见牟宗三：《周易哲学演讲录》，《牟宗三先生全集》，台北联合报系文化基金会2003年版，第31册，第63—64页。

通主体与主体、自我与他者、本心与天道，达致自我与天地万物的一体通畅，并让天地事物得到通遂与安顿。

牟宗三再指出，由"诚"而"感"，由"感"而"通"，这是"神"的作用。牟宗三辨析了《易传》中有两种"神"的说法。一种是描述语，即赞叹天道阴阳变化的神妙，也即气化之妙，所谓"阴阳不测之谓神"、"知变化之道者，其知神之所为乎"① 即是。另一种则具有超越、本体的意义，并非只是气化，例如"神也者，妙万物而为言者也"② 即是。而作为本体的神，能够有其微妙的运用或作用。这种运用或作用能够让万物得以变化生生，没有作为本体的神的妙用，万物就不能变化生生。同时，牟宗三还指出，本体的神的作用是一种无限的作用，而非有限的作用。这可以通过《老子》"有之以为利，无之以为用"一句来诠解。这句话中，前者的用是利用的用，利用是有限制的，所以没有神之妙用，科学就是如此。后者则是此用之无化，成为无限的妙用。不过，相对道家老子，《易传》的无限妙用还体现为一种天命流行的道德实体之创造性作用，这使得儒家对于神的理解与西方人格神的宗教区别开来。③ 总的来说，牟宗三对神的阐发，也是本于周敦颐《通书》"发微不可见，充周不可穷之谓神"④ 一句而做出的敷衍。

那么，人们究竟如何才能把握住神的妙用呢？牟宗三揭示出"幾"的义涵。唯"知幾"才能"尽神"。对于"幾"的阐发，是牟氏在《周易哲学演讲录》中较具特色之处。首先，他指出道家有道家的玄思，儒家有儒家的玄思。道家的玄思从道的有、无着眼，是一种

---

① 《周易·系辞上》。
② 《周易·说卦》。
③ 牟宗三：《周易哲学演讲录》，《牟宗三先生全集》，台北联合报系文化基金会2003年版，第31册，第129—133页。
④ （宋）周敦颐：《通书·诚幾德》，《周敦颐集》，中华书局1990年版，第17页。

境界形上学；儒家的玄思则是一种妙运的创造性的实有形态。我们对于这种玄思，应该从《易传》中体会出来，儒家玄思就是通过《易传》中的"幾"而全部展开的。其次，他指出，幾的观念是从象数、占卜中引申出来的。占卜重视的是事件的发展，也即始、壮、究。而幾就是观始，也即从最开始、最具体、最动态的观点来看事件，在事物发动、生起的微妙起始中体会、察觉到在"动而未形"、"有无之间"①中事件将要变化的趋势。②正因为幾具有起始性，因此幾比势要原先，幾往下行就成为"势"，事件就成为一个人人可见可知的大势，就难以逆转和改变了。③同时，牟宗三指出，我们对于幾的把握，并不能靠逻辑推理，因为逻辑推理是成势之后的事，成势之后乃有物质化和量化，从而成就科学知识；对幾的把握则需要靠直觉的能力与力量。④另外，在牟宗三看来，幾还含有道德实践的工夫。幾发动的地方，其实就是诚体发动之处。诚体发动就是幾之动，也即意之动。诚体是超越层，幾、意是经验层。同时，因为诚体就是良知，因此意念的发动是好是坏，是善是恶，良知都能知道其个中幾微，因此人们就应该在现实生活中随时省察，做切实的修行修养工夫。⑤

综上，牟宗三借助周敦颐《通书》的相关说法，引申和阐发了《易传》的"寂然不动，感而遂通"的内在机制，这个内在机制就在于"寂感真幾"。诚体是道德性的天道实体，此实体至正明达，所以能感，能感则通。诚体之感通作用，是通过神的妙用推动和实现出来

---

① （宋）周敦颐：《通书·圣》，《周敦颐集》，中华书局1990年版，第17页。
② 参见牟宗三：《周易哲学演讲录》，《牟宗三先生全集》，台北联合报系文化基金会2003年版，第31册，第13—18页。
③ 参见牟宗三：《周易哲学演讲录》，《牟宗三先生全集》，台北联合报系文化基金会2003年版，第31册，第147—148页。
④ 参见牟宗三：《周易哲学演讲录》，《牟宗三先生全集》，台北联合报系文化基金会2003年版，第31册，第149—150页。
⑤ 参见牟宗三：《周易哲学演讲录》，《牟宗三先生全集》，台北联合报系文化基金会2003年版，第31册，第148页。

的。而神之妙用的关键在于知幾，亦即在于诚体或心体在动而未形、有无之间，知善知恶，从而使得道德的发动与呈现，有所保障，保持通畅。由此可见，"寂感真幾"的深意，乃在于将道德的形上学的呈现和实现，通过更为精微的角度勾画出来了。笔者认为，牟氏的"寂感真幾"之说，是否受到唐君毅的感通之说的影响，则不得而知。但两者的相关观点可以互相发明，是毫无疑问的。

五、总结

本章通过以《周易哲学演讲录》等文本为中心，梳理了牟宗三晚年的易学思想。总的来说，在牟氏看来，《易传》是由天道而下贯至人道的思想系统，《孟子》是由人道而上达至天道的思想系统，两个系统构成对比。牟宗三特别强调道德主体性、道德形上学的阐扬，因此牟氏从《孟子》中汲取的思想资源，要较其在《易传》中汲取的资源为丰富系。因此，与马一浮、熊十力、唐君毅不同，《周易》在牟宗三的新儒学思想中并不具有关键性的位置。但是，牟宗三对于《易传》义理系统的界说则颇有新意。首先，本文疏解并指出，牟氏易学思想是继承、扩展了其师熊十力的易学思想而来，并有自身的特色。其次，牟宗三明确以《论语》《孟子》为一个系统，《中庸》《易传》为另一个系统，由此延伸出他对于宋明理学的界说。他的这一区分蕴涵重要的思想性意义。再次，这一章概述了牟氏"道德的形上学"的建立过程，指出"寂感真幾"标志着道德的形上学之最终完成，本章还疏解了牟宗三是如何通过对《易传》义理的界说而丰富其道德形上学的。最后，本章勾画出牟宗三是如何通过诚、感、神、幾及其关系而展示出《易传》中的"寂感真幾"之义的。

总的来说，牟宗三的易学思想的主要特色在于其通过"道德的形上学"为中心,而透视《易传》的哲学精神,将《易传》哲学视作挺立道德的主体性、落实道德的形上学的思想资源。他重新阐发了"乾坤并建"之义,通过道德主体即本心、良知的坤道实践,透入乾元之道,展示道德主体本身乃满盈着创造性的健动力量。他的这种阐发,使得《周易》可以以道德的形上学的面向,参与中国文化的现代性转进。

现代新儒家易学思想研究文献辑要

一、相关学术论著选辑

廖名春、康学伟、梁韦弦：《周易研究史》，湖南出版社1991年版。

朱伯崑：《易学哲学史》，华夏出版社1995年版。

林安梧：《当代新儒家哲学史论》，台北明文书局股份有限公司1996年版。

杨庆中：《二十世纪中国易学史》，人民出版社2000年版。

刘述先：《论儒家哲学的三个大时代》，香港中文大学出版社2008年版。

陈来：《现代中国哲学的追寻：新理学与新心学》，人民出版社2001年版。

刘乐恒：《马一浮六艺论新诠》，上海古籍出版社2015年版。

郭齐勇：《熊十力思想研究》，天津人民出版社1993年版。

郭齐勇：《熊十力哲学研究》，人民出版社2011年版。

郭齐勇：《天地间一个读书人：熊十力传》，台北业强出版社1994年版。

郭齐勇：《中国哲学智慧的探索》，中华书局2008年版。

景海峰：《熊十力哲学研究》，北京大学出版社2010年版。

王汝华：《熊十力易学思想之研究》，台北花木兰文化出版社2009年版。

滕复：《马一浮思想研究》，中华书局 2001 年版。

陈明彪：《牟宗三的汉代易学观述评》，台北花木兰文化出版社 2009 年版。

李杜：《唐君毅先生的哲学》，台北学生书局 1982 年版。

赖贵三：《易学思想与时代易学论文集》，台北文津出版社 2007 年版。

赖贵三：《台湾易学人物志》，台北里仁书局 2013 年版。

Umberto Bresciani, *Reinventing Confucianism: The New Confucian Movement* (Taipei: Ricci Institute, 2001).

Liu Shu-hsien, *Essentials of Contemporary Neo-Confucian Philosophy* (Westport: Praeger, 2003).

Tu Wei-ming, *Humanity and Self-Cultivation: Essays in Confucian Thought* (Berkeley: Asian Humanities Press, 1979).

二、研究论文与硕博论文辑录

黄黎星：《乾坤大义的现代启示（上）——当代新儒家易学思想综论》，《周易研究》1998 年第 1 期。

黄黎星：《乾坤大义的现代启示（下）——当代新儒家易学思想综论》，《周易研究》1998 年第 2 期。

杨庆中：《中国易学研究在 21 世纪》，《中国哲学史》2001 年第 4 期。

郭齐勇：《现代新儒家的易学思想论纲》，《周易研究》2004 年第 4 期。

史怀刚：《现代新儒家易学思想特点论略——以马、熊、牟、唐四先生为中心》，《北方论丛》2011 年第 1 期。

王汝华：《"知变化之道者"的三种视角——由梁漱溟、熊十力、马一浮的易学观点切入》，《孔子研究》2014 年第 5 期。

刘乐恒：《"复性"与"创性"——马一浮与熊十力关于〈周易〉思想的论辩及其意义》，《哲学与文化》（台湾）2014 年第 11 期。

陆宝千：《马一浮之易学——儒学新体系之基础》，《"中央研究院"近代史研究所集刊》（台湾）1995 年第 24 期。

高迎刚、马潜龙：《论马一浮"六艺之学"视野中的易学研究》，《周易研究》2005 年第 2 期。

杨淑琼：《马一浮〈易〉学观略论——以〈观象卮言〉为核心之探讨》，《兴大中文学报》（台湾）2007 年第 22 期。

周山：《马一浮的易学研究——读〈观象卮言〉有感》，《周易研究》2009 年第 6 期。

李永亮：《略论马一浮视野中的三易之义》，《周易研究》2012 年第 1 期。

王汝华：《观"象"玩"辞"、观"变"玩"占"——由四个面向观马一浮易学》，《周易研究》2012 年第 6 期。

龚鹏程：《马一浮易学管窥》，《中国文化》2013 年第 1 期。

周丽莎：《论马一浮的易之三义思想》，湘潭大学中国哲学硕士论文，2013 年。

程波：《马一浮易教统摄观研究》，山东大学中国哲学硕士论文，2014 年。

李焕明：《熊十力先生的易学》（上），《中华易学》1988 年第 1 期。

李焕明：《熊十力先生的易学》（下），《中华易学》1988 年第 2 期。

王汝华：《熊十力易学思想之研究》，《台湾师范大学国文研究所集刊》（台湾）1992 年第 36 期。

黄黎星：《熊十力"易"学思想述评》，《中国文化月刊》（台湾）1998 年第 224 期。

任俊华：《熊十力的新易学》，《船山学刊》2000年第4期。

郑炳硕：《熊十力之〈周易〉新诠释与儒学复兴》，《周易研究》2002年第6期。

杨自平：《熊十力体用不二之"易"外王思想》，《哲学与文化》（台湾）2003年第5期。

邓秀梅：《论熊十力先生的易学思想》，《华梵人文学报》（台湾）2004年第3期。

廖崇斐：《熊十力〈读经示要〉易学思想之方法论省察》，《鹅湖》（台湾）2004年第3期。

王汝华：《姜斋千载是同参——熊十力之船山学述评》，《高雄师大学报》（台湾）2004年第16期。

贡华南：《从"相"到"象"——熊十力哲学的易学归向》，《周易研究》2007年第1期。

林世荣：《熊十力〈易〉学"理论设准"研究》，《淡江中文学报》（台湾）2007年第16期。

林世荣：《熊十力〈易〉外王学述评》，《龙华科技大学学报》（台湾）2007年第12期。

林世荣：《熊十力〈易〉学辨伪证论》，《兴大人文学报》（台湾）2008年第40期。

郭胜坡：《论熊十力易学的基本哲学路向》，《周易研究》2009年第5期。

郭丽娟：《熊十力易学方法论探析——兼评熊氏对待〈周易〉文本的态度》，《河南师范大学学报》2010年第3期。

程旺、孔德涛：《熊十力乾坤易学略论》，《济宁学院学报》2010年第4期。

郭丽娟：《熊十力易学的新发展及其创新》，《四川大学学报》2010年第4期。

郭丽娟：《熊十力"易学"譬喻方法探析》，《山西师大学报》2010 年第 5 期。

吕伟：《体用之间——熊十力体用哲学研究》，南开大学中国哲学硕士论文，2010 年。

潘朝阳：《从乾坤到熊十力的存在空间》，《国文学报》（台湾）2012 年第 1 期。

王义：《熊十力易学思想研究：体用不二的乾坤翕辟》，《北京社会科学》2012 年第 12 期。

邹建强：《熊十力易学初探》，山东大学中国哲学硕士论文，2014 年。

张二平：《梁漱溟论中国文化复兴的易学路向》，《哲学与文化》2014 年第 2 期。

赖贵三：《省思唐君毅、牟宗三、徐复观〈易〉学的时代意义与价值》，李瑞全、杨祖汉编：《中国文化与世界：中国文化宣言五十周年纪念论文集》，中坜："中央"大学儒学研究中心，2009 年。

徐朝阳：《从"礼玄对举"到本体论理解：论唐、牟二先生对王弼易学之诠解所呈显的哲学史意义》，《先秦两汉学术》（台湾）2009 年第 11 期。

黄诗玉、骆凤文：《论唐君毅先生之易经"大和原理"》，《宜宾学院学报》2001 年第 1 期。

赖惠姗：《唐君毅之易学研究》，台湾师范大学国文学系硕士论文 2006 年版。

黄冠闵：《唐君毅的境界感通论：一个场所论的线索》，《清华学报》（台湾）2011 年第 2 期。

邓秀梅：《唐君毅先生解朱子"太极动静"评析》，《当代儒学研究》（台湾）2013 年第 2 期。

邓立光：《象数易学义理新诠——牟宗三先生的易学》，刘大钧编：《大易集述》，巴蜀书社 1998 年版。

王兴国：《论牟宗三哲学中的易学研究》，《周易研究》2002 年第 5 期。

张健捷：《乾坤并建　超越内在——牟宗三后期易学思想研究》，《周易研究》2005 年第 5 期。

程林：《牟宗三对胡煦易学思想的发掘》，《中国哲学史》2006 年第 2 期。

张义生：《牟宗三早期易学思想研究》，南京大学中国哲学硕士论文，2007 年。

田致远：《从〈周易哲学演讲录〉看牟宗三对儒家哲学的阐释》，《泰山学院学报》2009 年第 1 期。

黄冠闵：《牟宗三的感通论：一个概念脉络的梳理》，《中国文哲研究通讯》（台湾）2009 年第 3 期。

李进鹏：《牟宗三易学思想研究》，西北大学历史学硕士论文，2009 年。

蒋玉智：《论牟宗三易学思想的演变》，《周易研究》2010 年第 2 期。

蒋玉智：《从自然主义道德论到道德形而上学——论牟宗三的易学思想》，《福建论坛》2010 年第 6 期。

焦瑞锋：《牟宗三易学思想探析》，曲阜师范大学中国哲学硕士论文 2010 年版。

田致远：《牟宗三易学思想述评》，北京师范大学中国哲学硕士论文，2010 年。

杨自平：《徐复观论〈易〉析论》，《鹅湖学志》（台湾）2013 年第 2 期。

附录：论孟子的"外推"思想

内容摘要："外推"是在当今社会多元化、全球化的背景下，为科际整合、文化互动而提出的哲学主张。本文通过疏释孟子的相关思想，揭示出孟子具有"外推"的思想，可以丰富外推哲学。同时，本文还通过分析孟子思想中"反己"与"外推"的对比与互动关系，展示出孟子思想含有沟通现代性与后现代性的智慧，可为当代社会的良性发展提供助益。

关键词：外推、原初慷慨、对比、反己

正文

孟子哲学以"心性"为基础，通过"性善"、"仁义"、"知言"、"养气"等论述扩展了孔子仁学的义涵，对此学界早有深入研究，毋庸赘述。同时，孟子对于孔子仁学以及先秦儒学的扩展与阐发是相当丰富的，并深远地启示后人。特别是人类社会在现代向后现代转进的过程中，引生出诸多困境和危机，而孟子的相关思想则可以为这些困境和危机提供良性导引，让人们走出困境、转化危机。本文则通过疏解、诠释孟子的"外推"思想，揭示出孟子不仅强调"道德主体性"，同时也强调"走向他者"，并主张"道德主体性"与"走向他者"的互动与融通，这个思想对于人们走出现代性的困境与危机、建构积极和开放的现代—后现代社会有所助益。

一、"外推"思想与策略的提出

"外推"（Strangification）思想是晚近欧洲建构实在论（constructive realism）关于科际整合的知识论策略，沈清松教授作为建构实在论的参与成员之一，将这一策略推广至哲学、文化和宗教的研究中去。沈氏"外推"策略的旨趣在于超越现代性（modernity）过度强调主体性（subjectivity）的弊病，并为后现代与当代社会的良性发展寻找建设性的思想基础。沈氏认为，现代性包含三个主要特征，即主体哲学、表象文化和理性化历程。由近代哲学之父笛卡尔开始，人多被认为是认知、权利和价值的主体，近代哲学思潮就是主体哲学的延伸、反省与扩充的潮流。同时，人以自己为主体，则会以自然世界为客体，在这个格局下，主体会通过建构各种表象以表现主体自我、表达客观知识和控制客体世界。另外，为了客观知识和主体意识的开展，现代性因著近代科技的影响而表现为一个理性化的历程，这个历程的一个极端形态是工具理性蚕食价值理性。沈氏指示，现代性以及上述三个内容，在推动社会进步与发展方面带来深远积极的意义，是人类的思想遗产，但同时现代性包含了内在的困境和矛盾。现代性中，主体哲学、表象文化以及工具理性的泛化容易导致二元对立的思维，由此形成主体与客体的二元对立、表象与实在的二元对立、理论与经验的二元对立等等，这种二元逻辑是一种主体对客体的宰制性思维，容易缺乏对于他人的关怀、对于自然的护育、对于超越的敬畏，并在社会发展中导致现代与传统的不连续性，因此对人类的良性和谐发展带来深层性困境。[①]

---

① 参见沈清松：《沈清松自选集》，山东教育出版社 2005 年版，第 39—60、445—449 页。

针对现代性的困境，后现代思想猛烈批判主体的膨胀，并将现代性的表象文化转化为拟象文化，更且要求从理性走向多元。不过，后现代思想的这种批判容易使自身走向相对于虚无，因此如何构建正面的后现代思想，是人们应该重视的内容。沈教授通过融合他对现象学、诠释学与怀特海哲学的研究，认为其"对比"方法和"外推"策略可以对此做出贡献。所谓"对比"（contrast），是指多元因素在差异与互补、连续与断裂等张力关系中得到结构性与动态性的互动与前进。对比情景中的多元因素既差异又对立、既对立又关联地处于一个结构性与经验性之场中，同时这个对比结构能够在时间之轴上既断裂又连续地动态流转、开放生生，从而形成动态的对比。对比方法为纠正现代性中传统与现代的二元对立、主体对客体的二元宰制等问题，带来积极的思想意义和校验。[1] 同时，对比情景中诸对比因素的互动，还需要"外推"的思想与策略得到支援和实现。所谓"外推"，就是要走出主体自身，走向对比情景中的他者（the other），并在向他者无私关怀与开放的过程中成就自身、相互成全。同时，外推思想的关键一步也即走向他者，其思想基础在于伦理学上的慷慨之德或原初慷慨（original generosity）。换言之，人自身原初就具有对于他者的无私慷慨之赠予的德性与意欲，通过原初慷慨，人有着走向他者的慷慨行为，由此外推得以实现。从这个意义上说，原初慷慨、外推乃先于对比情景中的相互性、互动性与创造性，后者只有建立在慷慨和外推的基础上才是可能的。

沈氏认为，外推思想可以在全球化、多元化的情景下，为社会的良性和谐进展，为科技、文化、宗教、哲学等学科的自身优化与互动整合提供思想动力与策略援助。因此，外推不仅仅是思想与观念，而且具有知识论策略的意义。他指出，外推有三步策略。第一步是"语

---

[1] 参见沈清松：《现代哲学论衡》，台北黎明文化事业公司 1994 年版，第 1—28 页。

言外推"(linguistic strangification),也即将一个文化世界的语言、意义和价值通过另一世界可理解的语言和表达方式呈现出来,如果无法进行外推,则应对自身文化世界加以反省与调整,再进行外推。第二步是"实践外推"(pragmatic strangification),也即在某一社会组织与脉络下产生的科学与文化理论,应放在另一社会组织与脉络下作出实践,若还能运作发展,则此理论通过实践外推而含有更多真理;若不能外推,则亦须对自身作出反省与调整。第三步是"本体外推",也即将自身对于存在或本体的经验与迂回,接近或置于另一世界中作出呈现,而宗教的外推尤其涉及到本体外推。对于这三个步骤,沈氏以佛教中国化为例,指出佛教的"格义"就是语言获取与语言外推的过程;而佛教因应中国政治、经济、社会的脉络而较成功确认出佛教主张孝顺、产生出丛林制度等,都是实践外推的过程;另外佛教的"空"、"性"等思想则与道家的"无"与儒家的"诚"等做出互动,从而推动三教融合,此即本体外推。根据沈氏的看法,上述外推三步骤可以广泛地应用于科际整合、跨文化哲学互动与宗教交谈中。①

综上,笔者认为,外推思想在现代向后现代转进的过程中,将具有积极的作用。首先,它是对后现代思想中他者哲学的丰富与调整。后现代思想的奠基者提出走向他者的思想,以替代主体哲学。沈氏的外推思想与策略,能够进一步展示出走向他者的基础在于自身的原初慷慨,同时对走向他者的具体过程与策略作出论证。另外,它还丰富了他者的义涵。外推所走向的他者并不仅限于他人,而应广泛地包括他人、自然与超越界,②因此他者在沈氏看来应是"多元他者"

---

① 上述内容参见沈清松:《沈清松自选集》,山东教育出版社 2005 年版,第 39—60、445—449 页;另参见 Vincent Shen, "Appropriating the Other and Transforming Consciousness into Wisdom: Some Philosophical Reflections on Chinese Buddhism," *Dao: A Journal of Comparative Philosophy* 12(2003): 43—62。
② 参见沈清松:《沈清松自选集》,山东教育出版社 2005 年版,第 48—49 页。

(multiple others or many others），这可以说是对他者思想的丰富与调整。[①] 其次，它为现代与后现代社会中科技、文化、哲学、宗教等领域（包括领域内、领域间）的善化、互动与丰富提供思想基础与具体策略支援。对于这一点，前文已做出交待。这里，笔者认为，其实外推的策略应可以再加以广泛化，也即举凡走向他者的慷慨行为与朝向过程，其中如果具有良性导向与积极启示者，都可以提升为外推的策略。最后，相对于中国哲学与文化而言，外推的提出启发我们考察中国哲学与文化中的一些未被完全重视的思想资源。中国哲学与文化充满着在对比情景中对于他人、自然、天道等他者的注意与关切，通过对这些资源的研究与讨论，可以展示出中国哲学与文化一些新的思想向度，本文讨论孟子的"外推"思想就试图向这方面努力。

另外，沈氏的外推思想与策略特别重视原初慷慨、走向他者的向度，但是如果没有主体或自身的自我善化与回归本真，原初慷慨与走向他者就不可能实现或者缺乏充盈的意义。因此除了重视外推外，我们还需要重视主体与他者、自我与他人的张力与对比关系，并探讨这一关系中所蕴含的意义和价值，以作为对外推思想的补充与调整。

二、孟子的"外推"思想

作为中文术语，"外推"一词来源于对《孟子》"推恩足以保四

[①] 郭齐勇教授认为："中国哲学家处理自我与他者的关系没有西方人的种种困难。实际上，'他者'的说法是西方话语。所谓自然的他者、社会的他者、终极的他者的概念，都是西方式的。中国人没有这样的看法，自然，他人、天道都不是'他者'，而是自身或自己的一部分，或是自己有机联系在一起的整体。这里，我们姑且仍用这一概念。"参见郭齐勇：《中国哲学智慧的探索》，中华书局 2008 年版，第 13 页。的确，"他者"（the Other）一词仍略带有一种自他之间的疏异性，尚难以全幅展示出中国哲学所普遍主张的自他无间、摄他归自的思想向度，不过因为要置于中西对比、全球化互动的情景下对孟子思想做出论述，本文仍沿用沈教授"多元他者"这一术语。

海，不推恩无以保妻子"①等论说的概括。实际上，不仅"外推"一词来自《孟子》，兼且《孟子》书中也含有较丰富的"外推"思想。本文即通过参照前述外推思想与策略，分析孟子关于外推的思想基础、外推的内容等的相关展示。

首先，孟子"外推"思想具有一个存有论和本体论的基础。众所周知，孟子主张"万物皆备于我矣"②，这种说法不是一种知识论上的唯心论（epistemological idealism），而是要提点出万物与我自身在存有的根源上是一体相通、活泼无间的。换言之，我与万物在根源上是对比而非对立的关系，也即我与万物本来就处在一个对比情景之中；在此情景中，万物与我虽然具有差异性，但这种差异性是建立在相通互补性的基础上的。同时，我与万物之所以能够相通，是因为我与万物都根源于"诚"或"天道"。孟子谓"反身而诚，乐莫大焉"③，又谓"诚者天之道也"④，这指出了"诚"或"天道"是人与物相通的根源与基础。同时，孟子指出"至诚"则必能"动"⑤；换言之，人如果完全回归到他的存在根源上去的话，就能够无所间断地与万物互动互通、互相成就，这可谓天地间之至乐。同时，人与天道相通，从根本上说是人的本性与天道相通，所以说"知其性则知天矣"⑥，而人的本性即是"仁心"或"本心"，因此仁者或保有其本心者便能够与天道相感相通；在这个相感相通的状态中，仁者自然会形成走向他者、关怀他者、敬爱他者的慷慨意欲与行为，所以说"仁者爱人"⑦。综上，在孟子看来，"仁心"是外推的基础，这正如他自己所说："天子不

---

① 《孟子·梁惠王上》。
② 《孟子·尽心上》。
③ 《孟子·尽心上》。
④ 《孟子·离娄上》。
⑤ 《孟子·离娄上》。
⑥ 《孟子·尽心上》。
⑦ 《孟子·离娄下》。按孟子"仁者爱人"之说本自孔子答樊迟问仁语。《论语·颜渊》："樊迟问仁。子曰：'爱人。'"

仁，不保四海；诸侯不仁，不保社稷；卿大夫不仁，不保宗庙；士庶人不仁，不保四体。"①

其次，孟子强调每个人本源、自然地具有慷慨之德。孟子思想中隐含了一个思想，即人之所以有这种慷慨之德，则是因为天道至诚的生生不已，使得仁心也原初地具有无私、慷慨的动力。② 人的这种慷慨之德具有无私地走向他者、分享自身、成己成物的意欲或欲求；但同时人也可以遮蔽以至丧失这种慷慨之德，即原初的善的意欲或欲求停顿下来，享受眼前、不思进步、贪求私利，导致自私与自利。孟子对这两种状态是有所自觉的。一方面，他强调"可欲之谓善"③、"所欲有甚于生者"④，这样的意欲或欲求是一种仁心、仁爱的不容自己，相当或接近于原初慷慨，也即孔子所谓"我欲仁，斯仁至矣"⑤的"欲"。同时，在自然状态下，这种慷慨之德是流动不息、不断朝向他者的。这是因为，作为慷慨之德的基础的仁心或本心，是不断处在与天地万物相感相通的状态之中的，所以孟子指出"天下之言性也，则故而已矣，故者以利为本"⑥，人的德性具有一个自然的利导与顺势，会不断地充盈和通达出来，因此人性中仁义礼智所体现出来的四端，也即朝向于他者的恻隐之心、辞让之心等，经过人自身的自我扩充与向外推扩，就会"若火之始然，泉之始达"⑦，源源不断，新新不已。正因为慷慨之德是一个流动不息、不断朝向他者的过程，所以具有这种慷慨德性的社会精英与领导者（即君子）能够关怀、爱护

---

① 《孟子·离娄上》。
② 孟子谓"诚者，天之道也"（《孟子·离娄上》），又谓"《诗》曰：'天生蒸民，有物有则，民之秉夷，好是懿德。'孔子曰：'为此诗者，其知道乎！'故有物必有则，民之秉夷也，故好是懿德"（《孟子·告子上》）。
③ 《孟子·尽心下》。
④ 《孟子·告子上》。
⑤ 《论语·述而》。
⑥ 《孟子·离娄下》。
⑦ 《孟子·公孙丑上》。

他者的欲求。作为普通老百姓来说，最基本的欲求就是生之欲求、食之欲求、色之欲求、固定财产之欲求等，进一步就是受教之欲求、参与政治之欲求、维护社会公正之欲求等。君子关怀、爱护他者，则自然会"所欲与之聚之，所恶勿施尔也"①，并根据民众欲求的先后轻重程度，通过制民恒产、社会保障、庠序之教、保障民意等具体而非抽象的仁政措施使得百姓满足各方面欲求，这在当今社会仍具有现实性与可操作性。②而从根本上说，这是君子透过原初、无私的慷慨之德，走出自身、走向他者、成就他者的基本体现。

另一方面，孟子也强调人在后天也容易放失本心或仁心，使慷慨之德受到遮蔽，从而享受眼前、不思进步、贪求私利，导致自私与自利。这个时候人们就再也不能走出自身、走向他者，而只能封闭在主体之中。《孟子》书中所提到的齐王独自好乐、独自狩猎、独自好货、独自好色而不与民同之共之，所有这些想法与行为无疑是人我睽隔、上下冲突的根源。面对君主的这种负面的想法与行为，孟子首先强调君主要开拓心胸，从自私与自利的域限中解脱出来，并转化为慷慨之意与慷慨之行。具言之，即是劝请君主与民同乐、与民同欲、与民同利，做到乐民之乐、忧民之忧。这种方法也是王道之一端，即通过与民同乐同欲的扩充，齐王就可能理解到人心本源而自然地需要走出自身、走向他者，从而施行王道措施，造福百姓。不过，孟子这种方法只是表面性的，只是救弊之方，孟子自己认识到根本的方法仍是要君主直接地回归到仁心或本心上去；具体地说，就是通过"寡欲"③等节制、淡化后天之利欲的方式，从而得以存心养性，心性既得到存养，则原初的慷慨之德行和意欲就会

---

① 《孟子·离娄上》。
② 参见郭齐勇：《原始儒家的正义论——以〈孟子〉为中心》，郭齐勇：《中国哲学智慧的探索》，中华书局 2008 年版，第 174—183 页。
③ 《孟子·尽心下》。

自然地生发起来并不断朝向他者,从而保民而王,这正如朱子注所说:"盖力求所欲,则所欲者反不可得;能反其本,则所欲者不求而至。"[1]孟子的这种外推思想亦具有现实的意义,也即放在当代社会脉络中,行政者、行使权力者应一方面关怀人民并满足其正常正当的欲望;另方面则需善化自身、回归善性,以此保持一种良性的外推意向以引导社会。

再次,在仁心感通与原初慷慨的基础上,孟子展示出"外推"的具体环节,这就是"亲亲"、"仁民"、"爱物",换言之,即走向父母、走向他人、走向自然,并在此基础上走向超越界。《尽心上》篇记:"孟子曰:君子之于物也,爱之而弗仁;于民也,仁之而弗亲。亲亲而仁民,仁民而爱物"[2]。就是说,君子在外推、走向他者的实践过程中,会根据他者的实际位置以及自我与他者实际上的远近关系,对不同的他者作出有次、有序的关切与成全;而在外推的本体基础以及外推实践的效验上,则是全面普遍地走向并成全一切他者,以体现出公正公平。而在外推实践的层面上,最重要的是推向伦理中的最重要他者即父母兄弟,以孝弟、爱敬的德行无私地感谢和报答他们对于自己成长的正面影响。孟子说:"仁之实,事亲是也;义之实,从兄是也。"[3]作为人性、本心的仁心,包含仁义诸德,同时仁心能够让人走出自身,生起对于诸多他者的原初的爱敬之意,这种爱敬之意首先会引向与自己最密切相关的重要他者即父母兄弟身上,并在这个过程中充实为事亲从兄等亲亲的德行。同时,仁心的感通是从不间断、从不封闭的,因此当走向重要他者的德行即亲亲得到满盈与充实的时候,原初的爱敬之意与慷慨之德通畅无阻地得到了实现,于是生出快乐与感动,所谓"乐之实,乐斯二者(按

---

[1] (宋)朱熹:《四书章句集注》,中华书局1983年版,第211页。
[2] 《孟子·尽心上》。
[3] 《孟子·离娄上》。

即事亲从兄），乐则生矣，生则恶可已也，恶可已，则不知足之蹈之、手之舞之"①。这种不断走向他者的喜悦经过父母兄弟而会进一步推向陌生他者。孟子说："老吾老以及人之老，幼吾幼以及人之幼。天下可运于掌。"②将亲亲之情外推于广大的老百姓，就会无私地贡献出对老百姓的仁慈的德行与仁政的制度，让老百姓得到生活、身心、性命上的安顿。当仁民的德行、制度得到充实后，盈满于走向他者之喜悦中的君子更会进一步外推至万物万类，无私慷慨地爱惜和护育自然万物，而不去戕害、征服和破坏自然。而当君子经过"亲亲而仁民，仁民而爱物"的不断走出、不断外推、不断向他者开放的过程后，自己、他人与万物都得到了意义与价值上的成就，进行外推的君子同时也就沉浸在自身与整个天地相互参赞化育的喜悦之中，这就是"万物皆备于我"的至诚境界。《中庸》能够将上述外推环节概括出来：

> 唯天下至诚，为能尽其性；能尽其性，则能尽人之性；能尽人之性，则能尽物之性；能尽物之性，则可以赞天地之化育；可以赞天地之化育，则可以与天地参矣。③

孟子的外推思想为沈氏"多元他者"之说作出支持。在孟子思想中，仁心的发动由近而远，走向重要他者（父母兄弟）、走向他人（百姓万民）、走向自然（万物）、走向超越界（天地），仁者便在此无私慷慨与爱敬之意地走出中自利利他，并成就出全方位的丰富与和谐，也即成仁或仁的成就。这正是建构正面的后现代社会所亟须的思想资源。

---

① 《孟子·离娄上》。
② 《孟子·梁惠王上》。
③ 《礼记·中庸》。

最后，孟子思想中也含有一二外推的实践策略，可供当代社会借鉴。对比孟子思想与当代外推哲学，两者的时代背景与关注问题有所不同。外推哲学的旨趣是要解决当代社会在多元化、全球化、后现代的过程中所遇到的困境和问题。在外推策略上，它多体现为知识论的策略。孟子思想的旨趣则是要关注如何在思想与社会混乱的时代护育儒家慧命、延续儒家血脉的问题，关注诸侯国以何种方式统领中国的问题。他所处的时代也远不是一个跨文化、多元化、全球化的情景，而当时各种思想形态（如儒道墨名法诸家）则或可归为同一文化世界中的各种衍生性思想。因此在解决思想与社会问题的方法与策略上，他多采取维护儒家、严判王霸等带有"护教"倾向的策略。正因为两者的这种差异，因此"语言外推"、"本体外推"等建立在全球多元化背景下的策略，在孟子思想中并不完全具备，因此孟子思想中谈不上有什么完整系统的外推策略。所以要在策略的层面系统对比孟子与当代外推哲学，可能并不构成一个全面丰富、富有成果的论题。不过，如果一定要与沈氏"外推"的三步策略作对比，孟子思想中倒有些"实践外推"的意味与导向。在孟子看来，尧舜汤武文王周公所构建起来的社会形态是一个王道社会，施行仁政，而他所处的社会则是一个霸道社会，在这个社会中各诸侯和君主都崇尚武力、发展功利，以求通过强力而"欲辟土地，朝秦楚，莅中国而抚四夷也"[①]，从而达到统一中国的目的，因此诸君主大多不相信王道社会的价值观能够放置在霸道社会的脉络中得到运作发展。而孟子则指出，即使是在崇尚强力和功利的社会中，以仁心为本的王道思想与仁政实践并非迂远无用，实际上它能够通过仁心外推与仁政施行的双向互动，在当时的社会中起到强烈的获聚民心、培养国本的实际作用，从而同样达到位中国而抚四夷的愿景。虽然孟子这种"实践外推"策略并不

---

① 《孟子·梁惠王上》。

为当时诸侯所采纳，从而无法验证其策略的可行性，但它在后世社会中起到了抑制极端的功利主义和极权主义、善化社会导向的作用，这也在某种程度上展示出其可普遍性的潜力。总言之，由于时代背景等的不同，孟子与沈氏的三步"外推"策略并不构成系统全面的对比与互发，但孟子曾展示某种"实践外推"的意味与导向，则可供当代社会借鉴。

综上，通过参照沈清松教授的"外推"思想与策略，我们可以看到孟子具有广义的"外推"思想，对于外推的存在论基础、外推与慷慨之德、外推的具体环节、外推与多元他者，甚至外推的一二策略，孟子都有所涉及。在存在论基础上，孟子体认出来源于天道的"仁心"是外推的存在论基础；在外推的伦理学基础上，孟子据"仁心"而展示出人们自然具有爱敬、关切他者的慷慨之德，同时也正视慷慨之德受到遮蔽的后果及其救治之方；在外推的具体环节上，孟子严谨地举示出"亲亲"、"仁民"、"爱物"之序；在外推与多元他者的论题上，孟子揭示出人与各种他者的多元互动以至参赞关系；除思想外，在外推策略上，孟子虽缺乏全面的外推的知识论与实践策略，兼且孟子的时代背景与思想关切并不在此，但是孟子在霸道社会讨论王道实践的可行性与必要性，则可以给当代社会的"实践外推"策略提供借鉴。

三、"反己"与"外推"的对比与互动

通观孟子的思想，我们很容易发现到，孟子不仅展示出"外推"思想乃至策略，要求人们通过仁心的感通作用走出自身、走向多元他者，同时他还主张要"反求诸己"（《孟子·离娄上》），也即要求不断在生活世界中、在与他者的关联与互动中走回自身、向内

反省。①

首先，孟子认为人们在外推的过程中其外推受到阻碍，这时候首要的方法就是要返回自身，检验自身的问题。孟子说：

> 孟子曰：爱人不亲反其仁，治人不治反其智，礼人不答反其敬。行有不得者，皆反求诸己，其身正而天下归之。《诗》云："永言配命，自求多福。"②

所谓"爱人"、"治人"、"礼人"都出自外推的要求，都是走向他者的行为。在这过程中，如果遇到关怀他人而他人不亲近自己、领导他人而他人不甘受领导、礼敬他人而他人没有回应等情况，这时候根本的方法就是要回到自身，检验自己是否不仁、不智、不敬、不忠，从自身着眼。为什么在外推受阻的情况下，人需要返回自身？这是因为外推的基础就在于自身。孟子说："仁者如射，射者正己而后发。发而不中，不怨胜己者，反求诸己而已矣。"③"射"就是外推、走向他者，外推首先需要端正自己的位置与方向，如果遇到"发而不中"也即外推受阻的情况，就自然地要反省自己的位置与方向。孟子还指出，无论外推的范围有多远，最终都可以收摄并反归自身，他说："天下之本在国，国之本在家，家之本在身。"④这种说法与《大学》的修身、齐家、治国、平天下是同一思想系统，都要揭示无论如何外推，最终都可以逐节、逐步回归到外推的基础即自身来作出反省

---

① 按：沈清松教授对于"外推"与"内省"的互动关系亦有所涉及，本文则要通过对孟子思想的分析，对此关系作出深入的展示。参见沈清松：《城市之道——一个现象学与中国哲学的省思》，沈清松著：《跨文化哲学与宗教》，台北五南文化事业出版公司2012年版，第396—398页。
② 《孟子·离娄上》。
③ 《孟子·公孙丑上》。
④ 《孟子·离娄上》。

与检证。

其次，反求诸己从根本上说就是要尽心知性，确立道德主体性。《孟子》一书的《离娄上》篇多论及反己的必要性，而《离娄下》篇则略有论及反己最终所达致的效验与境界。《离娄下》篇记：

> 孟子曰：君子深造之以道，欲其自得之也。自得之，则居之安；居之安，则资之深；资之深，则取之左右逢其原，故君子欲其自得之也。①

这里，孟子指出反己也即"自得"之后，就呈现出一个居安资深、左右逢源的自由自如的本然状态与气象，并通过这种状态与气象揭示出主体自身具有一个深刻的存在与本体根据。而这个存在与本体的根据就是本源的心、性。孟子往往通过将自身置于一种具有尖锐张力的情景中来突显出心的基础性位置，如描述齐宣王见牛将用以衅钟而不忍其觳觫、并生起不忍之心，②又如描述人们自身乍见孺子将入于井而迸显出四端之心，③又如描述人们自己见到亲人被委之沟壑而其颡有泚，从而生起本源的仁孝之心，④等等，都展示出心对于自身的基础性地位。同时，人们通过心的致思功能与体证理解，能够进一步确立出不忍之心、四端之心、仁孝之心等都是人的本性的自然呈露，此人的本性即仁、义、礼、智等德目，而这些德目皆可为"仁心"这一德性之总相所涵摄。而仁心作为人的本性，是流行畅通的天道所赋予的，孟子由此总结谓"尽其心者，知其性也；知其性，则知

---

① 《孟子·离娄下》。
② 参见《孟子·梁惠王上》。
③ 参见《孟子·公孙丑上》。
④ 参见《孟子·滕文公上》。

天矣"①。综言之,在孟子思想中,一方面反求诸己最终是要达致尽心知性;另一方面尽心知性需要通过自身自心的思与证、而非外在的求索而达致,心性并不在自身之外。因此,牟宗三先生以"仁义内在,性由心显"八字方针解读孟子思想,可谓简要精辟。同时,牟先生还指出,通过心性的确立、仁义的保持,孟子确立起"真实主体性"(real subjectivity)、"道德主体性"(moral subjectivity),让人的尊严与自由挺立起来。②不过,牟先生"道德主体性"之说需要作出调适,孟子所确立的道德主体性并非西方现代性中封闭的、实体的主体性,而更是一种开放的、意向性的、随时走向他者的主体性。

再次,反求诸己是为了更好地外推。换言之,反己与外推并非是二元对立、互不相干的,而是在相互对比的张力下将得到互动与融通,从而成己成物。反己与外推之所以能够互动,正如前文所言,是因为孟子的道德主体性是在本源上就向着他者开放的主体性,因此人们越能够反求诸己,就越能够更好地外推;越更好地外推,就越能成就主体性。孟子谓"其身正而天下归之"③、"有大人者,正己而物正者也"④、"未有仁而遗其亲者也,未有义而后其君者也"⑤等等,都体现出道德主体性的确立、人的本性的善化能够让人们自身更好地走向他者、成就他者,并让自身在成就他者的过程中成就自身。实际上,在某种程度上这也是先秦儒家的共识,如孔子"修己以敬"、"修己以安人"、"修己以安百姓"⑥以及"夫仁者,己欲立而立人,己欲达而达人"⑦的思想,又如《中庸》"能尽其性,则能尽人之性"、"君

---

① 参见《孟子·尽心上》。
② 参见牟宗三:《中国哲学的特质》,牟宗三著:《牟宗三先生全集》,台北联合报系文化基金会2003年版,第28册,第65—73页。
③ 《孟子·离娄上》。
④ 《孟子·尽心上》。
⑤ 《孟子·梁惠王上》。
⑥ 《论语·宪问》。
⑦ 《论语·雍也》。

子笃恭而天下平"①的思想，都揭示出自身本性的善化、盈满与成就，必然会带来对他者的无量关怀与护育，从而成就自他、参赞天地。

最后，在孟子的思想中，虽然反己与外推能够在对比中互动融通，但究其实两者的地位并不是平行的。在轻重层次上，反己较之外推更根本、更重要。人们先要能反求诸己、发明本心，才能走向他者、扩而推之，此即孟子所谓"先立乎其大者，则其小者弗能夺也"②、"先王有不忍人之心，斯有不忍人之政矣"③。所谓先立乎其大者，就是后世所说的发明本心、显豁出不忍人之心，也即挺立道德主体性，在此基础上方有外推可言。孟子这种反己重于外推、本心确立然后得以外推的思想向度，后儒多有所继承，比如后世儒者主张"明体"才能"达用"，确立"内圣"方能推出"外王"等思想，都可以在孟子思想中找到根据。不过，这里会引出一个问题，即完成反己、确立大本、发明本体之后，是否自然能够外推，自然能够达用？对于这一问题，后世有不同看法。宋明理学的主流尊尚孟子思想，并往往通过对孟子的阐释主张明体则必能达用、举本则末在其中、反己则自然能够外推。而清初王船山等人虽继承宋明理学，但他鉴于明亡之痛，也批评宋明儒过重反己工夫和内圣之学，致使他们只求反己明体，而不能进一步向扩充外推的实学上用力。王船山与宋明理学在孟子阐释上的对比张力，在现代新儒学中有所延续。现代新儒学的两位代表人物熊十力与马一浮围绕孟子思想中这一问题有过一场辩论。熊十力十分契心于孟子的扩充、推扩之说，他继承船山思想，指出本心本体无时不在流行扩充之中，因此主体无时不在推扩中成就自身。同时，他还指出反己明体只是具有外推的潜能而已，而这种潜能则需要人们通过自身永不间断的正智扩充之力而得到实现，因此熊氏批评宋

---

① 《礼记·中庸》。
② 《孟子·告子上》。
③ 《孟子·公孙丑上》。

明儒往往以为做到反己、明体就算足够，而不再加以外推的努力以实现外推、达用。由此，他强调在现代的背景下，人们自身需要发挥外推之力，通过学习西方与现代的语言、哲学、科学等，从而让本心本体在现当代的脉络与世界中得到呈现，以此引导社会良性发展。[①] 相比之下，马一浮对熊氏此说甚不以为然，他继承宋明理学的主流看法，认为反己明体则自然能够外推达用，但如果偏重在外推达用上，则很容易遮蔽本心本体这一大本大源。他同时引用孟子之说批评熊十力道：

> 先立乎其大者，而其小者从之，精义入神，所以致用，未有义理不明，而可以言功业者。若其有之，亦是管仲器小之类，非所贵也。[②]

马一浮明显是主张人们只要反己明体，就已经足够了，其余的外推之事，是会自然而然就能推致的。可惜熊、马的这一辩论最终了无共识。对于孟子而言，这一问题其实是后世所引申出来的，因此孟子似乎并未对此作出具体的交代。笔者认为，熊、马围绕孟子思想的诠释与论辩是现代新儒学对"反己"与"外推"两者关系的最有深度的思想讨论，并富有当代性的启示意义。与前述王船山与宋明理学在孟子阐释上所构成的对比一样，学界对于熊、马的相关辩论尚无定论。但因为这是另一个较复杂的问题，并非本文论述重点，所以本文仅将孟子诠释史的这一线索展示出来，以提示出孟子思想中所含有的"反己"与"外推"的对比张力，便约而已足。

[①] 熊十力：《十力语要》，《熊十力全集》第4卷，湖北教育出版社2001年版，第399—407页。
[②] 马一浮：《与熊十力书》，《马一浮全集》，浙江古籍出版社2013年版，第2册，第490—491页。

综上，孟子思想不仅包含了"外推"，也包含了"反己"。孟子指出在外推的过程中遇到阻碍，首先是要反求诸己，省察与检讨自身。同时，反己的最终效验与境界是尽心知性、确立开放的道德主体性。另外，反己与外推具有对比性的张力，两者在对比中得到互动与融通。因此，反己是为了更好地外推，外推的过程也是成己的过程。最后，我们指出孟子认为反己较之外推更重要、更为根本，只有达致反己才能有效外推。

四、结语

本文通过借鉴当代哲学中的"外推"思想与策略，考察孟子的"外推"思想，并讨论孟子思想中"反己"与"外推"的对比与互动关系，以丰富我们对于孟子思想的理解，并试图在此中获得当代性启示。通过论述，本文认为，尽管"外推"思想与策略是在全球化、多元化的情景下，为了科际整合、文化互通而提出的思想与策略，尽管孟子并未具备完整的外推策略，但是这不妨碍孟子具有丰富的"外推"哲学的思想基础，并给当代社会提供思想借鉴意义。

首先，孟子的外推思想丰富了外推哲学，并为正面的后现代主义提供出来自前现代的思想资源。外推哲学基本上是以对比哲学为背景引导，以原初的慷慨之德为思想基础，以走向多元他者、对多元他者的关怀为特征，以语言、实践与本体的外推为策略。对于这个哲学主张，孟子思想中对于"诚"、"天道"、"仁心"、"本心"的揭示，有助于丰富我们对于外推的存有论与本体论基础的确认；同时，孟子据"仁心"而展示出人们自然具有爱敬之意、慷慨之德，则可支持和丰富外推哲学的伦理学基础；另外，在外推的具体环节上，孟子提出以"亲亲"、"仁民"、"爱物"为次序的外推环节，这一方面表现出他并不仅仅朝向作为他人的他者，而是普遍性地朝向多元他者、天地万物，另一方面则表现出孟子的外推是有先后、有次序的；最后，孟子还提出过一二外推的策略，这种策略集中在实践的外推上。孟子上述思想适足以为后现代思想批判现代性、建设正面的后现代主义提供来自东方儒学的经验与识见。今后学术界如进一步建构并确立正面的后现代性，则应该重视并阐释孟子思想中的资源，将之提升为建构正面的后现代性的内容。

其次，孟子思想中"反己"与"外推"的对比与互动，包含有沟通现代性与后现代性的智慧。我们知道，主体性与主体哲学的确立是近代哲学与现代主义的基石，以主体哲学为基石的现代性已经给人类带来主体膨胀、欲望扩张、人我对立、环境破坏等深层性问题，并给现代性自身带来一系列困境。针对这个困境，后现代主义一方面解构现代性中的主体哲学、表象文化、工具理性，而另一方面则通过走向他者、对比外推、重视差异等思想努力从解构走向建构。不过，人类从现代性到后现代之间多少会出现一些断裂的情况；同时，现代性思想对主体性的确立也并非一无是处，它呼唤人类突显主体尊严、展示自由精神、建设民主社会、完成自我解放、肯认个体权利，这些都是现代性的正面价值，需要为后现代社会所继承和调整。因此，如何在现代与后现代的断裂中让两者获得良性的对比、互通、沟通，是中西思想家所要共同致力的课题。

笔者认为，孟子思想中"反己"与"外推"的对比与互动，可以为此提供思想助益。一方面，孟子通过反求诸己、尽心知性以确立道德主体性，确立主体自由的思想基础，挺立主体的尊严与价值；另一方面，他又在确立道德主体性的基础上走出自身、走向他者，寻找人与世界的和谐，建立起外推的向度；而这两方面又并非是对立的，而是在对比与互动中得到相互与双向的成就。孟子之所以能够综合起上述两方面向度，是因为孟子的道德主体性是一个开放的主体性，此主体奠基在仁心的感通作用上，所以能够不断自我走出、不断关怀他者、不断实践外推。从这个角度来看，孟子思想既能够延续并调整近现代主体哲学，也能够在此基础上走向他者，与多元他者在差异中得到互补、丰富与和谐。当今我们正处于现代性建设尚未完成、正面的后现代观念亟待引入的时期，也即处于"第一次启蒙"与"第二次启蒙"相互交织的阶段，在这个阶段中，孟子的上述思想对于我们走出社会乱象、建立良性社会无疑具有正面价值。不过，在当今背景下，我们还不应局限在对孟子思想作出孤立的阐释，而应该发挥外推精神，将孟子上述思想参与至当今科技、人文、宗教、哲学、政治、社会的具体互动的情景中去，以作出实质性贡献。

参考文献

（魏）王弼：《王弼集校释》，中华书局1980年版。

（宋）周敦颐：《周敦颐集》，中华书局2009年版。

（宋）程颢、程颐：《二程集》，中华书局1981年版。

（宋）朱熹：《朱子全书》（修订本），上海古籍出版社、安徽教育出版社2010年版。

（宋）朱熹：《四书章句集注》，中华书局1983年版。

（元）黄泽：《易学滥觞》，影印文渊阁《四库全书》第24册，上海古籍出版社1987年版。

（清）赵在翰辑：《易纬》（附论语谶），中华书局2012年版。

裘锡圭主编：《长沙马王堆汉墓简帛集成》，中华书局2014年版。

徐震堮：《世说新语校笺》，中华书局1984年版。

马一浮：《马一浮全集》，浙江古籍出版社2013年版。

熊十力：《熊十力全集》，湖北教育出版社2001年版。

唐君毅：《中国哲学原论·导论篇》，中国社会科学出版社2005年版。

唐君毅：《中国哲学原论·原性篇》，中国社会科学出版社2005年版。

唐君毅：《中国哲学原论·原道篇》，台北学生书局2008年版。

唐君毅：《中国哲学原论·原教篇》，中国社会科学出版社2006年版。

唐君毅:《中国文化之精神价值》,台北正中书局 1979 年版。

唐君毅:《文化意识与道德理性》,台北学生书局 1986 年版。

唐君毅:《生命存在与心灵境界》,台北学生书局 2006 年版。

唐君毅:《哲学概论》,台北学生书局 2005 年版。

牟宗三:《牟宗三先生全集》,台北联合报系文化基金会 2003 年版。

萧萐父:《萧萐父选集》,武汉大学出版社 2013 年版。

刘述先:《论儒家哲学的三个大时代》,香港中文大学出版社 2008 年版。

郭齐勇:《熊十力哲学研究》,人民出版社 2011 年版。

杨庆中:《二十世纪中国易学史》,人民出版社 2000 年版。

赖惠姗:《唐君毅之易学研究》,台湾师范大学国文学系硕士论文,2006 年。

刘乐恒:《伊川理学新论》,岳麓书社 2014 年版。

后 记

拙著为笔者在博士后出站报告《现代新儒家易学思想研究》的基础上，进行增补、修改、润泽而成。笔者从2011年1月—2013年3月共两年多的时间中，在武汉大学哲学学院从事中国哲学方面的师资博士后研究。在这段时间内，笔者得到了合作导师郭齐勇教授的指导。同时，笔者还感谢参加本人出站答辩的田文军、胡治洪、欧阳祯人（张杰）、丁四新、高华平教授，他们对笔者的报告都给出了指引性的意见。另外，本研究亦曾得到中国博士后基金的资助，在此向中国博士后基金会致以诚挚的感谢。笔者最后还感谢武大国学院将拙著不吝收入"珞珈国学丛书"。

本书书稿写毕，笔者真正地感到这只是一个整理得比较清晰的读书笔记而已，离真正的学问尚有很远一段距离。这段时间我常常想起熊十力先生"为人不易，为学实难"的话，感到这句话十分的深切而有味！首先，学问与做人同样都是不容易的。学问里面，做人里面，都蕴涵着真实活泼的理想、意义、精神。学问和做人之所以都不易，都甚难，是因为我们要真切理解到其中的理想、意义、精神，并且消化之，实践之，融会之，这并不是容易而轻松的事。在这个过程中，我们需要几多的担当、勇气、毅力、忧患、信念，并同时将之曲折尽致地化为自我提升之助缘。其次，熊先生这句话也揭示出，为人与为学同时还是相通互润的关系，为什么为人与为学都不易，都甚难呢，这又是因为为人需要为学来做深度的指引，为学则需要为人来做真实的根基。缺乏学问的人生，或未能真切疏导人生中含蕴的理想与价值。而没有生命的学问，此又有何足道呢？如果我们承认，真实的生命与真实的存在是相通的话，那么不能与生命相通的学问，最终也会辗转化为戏论而已。为学与为人的这种双向互动的关系，使得为人与为学都不易，都甚难。据此，笔者想到自己从硕士开始而有志于学，到现在已经有十余年了，这期间实尚未达致真正地为学与为人，并使之内化成为恒久之德，而只能说自己对这个道理，从朦胧、浮泛而逐渐地走向清晰、自觉。因此，在这期间自己所出版的《伊川理学新论》《马一浮六艺论新诠》以及这本拙著，只是自己走向真正地为学与为人途中尚不成熟的思考研探。不过，我可以借着这三本拙著的出版，给以前的求学研思过程做出一个总结和交代。此后，我更要真切地为人与为学。因为虽然为人与为学都不易，都甚难，但是我相信艰辛与曲折的过程，同时也是心灵、生命、存在的意义，充实而通透地呈现出来的过程。不诚则无物，缺乏真正的为人与为学，焉有真正的生命与存在呢？

谨将这一小书献给雅南与朗朗。

今年清明节期间，郭齐勇老师邀请两岸儒家学者到湖北黄冈拜祭熊十力、徐复观二先生墓。郭老师嘱咐笔者撰写两祭文。笔者顺便录出在此，以表示对现代儒学诸公的感念与感谢之情。祭熊公文云：

敬维先生，卓有高风。发强刚毅，启导群蒙。早治唯识，华梵圆融。归宗大《易》，思睿观通。探赜索隐，造论奇雄。翕辟成变，健动是崇。体用不二，蕴意丰隆。尽心知性，万化含中。晚岁独立，难与俗同。乾坤衍义，阐扬儒功。孰谓孤冷，悲怀外充。摒弃浮浅，清明在躬。永慕前哲，敬表深衷。瞻望北斗，斯道无穷。备礼洁诚。伏惟尚飨。

祭徐公文云：

　　敬维先生，勇者不惧。与民同怀，专制是诉。能恶不仁，作狮子怒。先武后文，坚苦自树。阐发士魂，涵容吞吐。发愤著书，拨开云雾。忧患何来？敬德之故。艺术精神，孔庄有路。两汉源流，纵横独步。前贤已矣，载瞻载顾。国族无穷，江山永慕。备礼洁诚，伏惟尚飨。

文虽陋劣，情意实殷云。

　　　　　　　　　丙申年春　清庐居士于珈山之麓宜君子居